노인주택의
정책과 관리

| 김동배 · 유병선 편저 |

POLICY AND MANAGEMENT OF
RETIREMENT HOUSING

학지사

머 리 말

1970년대부터 전 세계적으로 노인문제가 사회적 주요 관심사로 등장하게 되었다. 특히 우리나라에서는 2000년대부터 저출산 · 고령화 현상이 심화되어 이것이 국가의 미래를 좌우하는 문제로 인식되기에 이르렀다. 장수 사회가 되었으나 장수 노인들의 경제적 · 신체적 · 사회적 현실은 여러 가지 문제를 야기하고 있으며, 국가는 이를 해결하기 위해 많은 노력을 경주하고 있다.

그중에서 주택문제는 우리나라에서 새롭게 등장하는 노인의 욕구에 관한 것으로서 그 중요성이 점점 더해 가는 것에 비해 사회적 관심이 아직 미약하다. 젊은층의 노인부양 의식이 점차 약해짐에 따라 노인이 홀로 사는 가구가 점차 늘어나고 있다. 노인들도 경제력이 허락하는 한 자녀와의 동거를 회피하는 상황이지만, 안정된 노인생활을 위한 주택정책 역시 미비하다.

개인의 경제력과 건강 정도에 따른 적절한 노인주택은 무엇인가? 노년기에 어디에서, 누구와, 어떤 모습으로 사는 것이 가장 좋을까? 우리 사회에는 이에 관한 구체적인 대안이 제시되어 있지 않다. 선진 외국에서는 오래전부터 '주거선택(housing option)'이라는 개념이 정립되어 있었다. 이는 사회가 다양한 형태의 노인주택을 설치하고 노인 개인이 자신의 기호에 맞는 주택을 선택할 수 있도록 하는 것이다. 물론 여기에는 자신의 경제적 능력을 고려한 '부담 가능한 주택(affordable housing)'이라는 개념도 포함되어 있다. 아직까지 이렇다 할 노인주택정책이 정립되어 있지 않은 우리나라에서 선진 외국의 노인주택정책을 고찰하고 우리나라에 적합한 노인주택정책을 고안하는 것은 시의적절한 일이라

하겠다.

노인주택은 소비자인 노인 자신의 선호도 중요하지만, 제도를 만드는 정부와 이를 설치 · 운영하는 기업과 관리자의 인식도 중요하다. 노인들이 살 주택을 건설한다는 차원뿐만 아니라, 산업발전과 노인복지 차원에서도 고려해야 할 것들이 많다. 따라서 이 책은 크게 두 영역으로 나뉜다. 첫째는 우리나라를 포함한 여러 나라의 노인주택정책과 노인주택의 형태를 살펴보고 비교하는 것이다. 둘째는 노인주택 운영과 관련되는 것으로서 서비스, 헬스케어, 마케팅, 금융, 3세대 동거주택, 디자인 등의 현황을 점검하고 제안하는 것이다.

이 책은 2010년 연세대학교 사회복지대학원 노인복지전공 과목으로 개설된 '노인주택'을 수강한 석 · 박사 과정 대학원생들의 기말 보고서를 기초로 하였다. 그때로부터 시일이 꽤 지났기 때문에 틀은 그대로 유지하면서 새로운 정보를 추가하고 수정에 수정을 거듭하여 최종 원고를 작성하였다. 그 당시 석사과정 학생이었던 사람은 지금 박사과정에 들어와 있고, 박사과정 학생이었던 사람은 학위를 받고 대학에서 강의를 하고 있기도 하다. 글쓴이 소개에는 학위명과 현재 직책을 기재하였다.

이 책으로 노인주택정책의 발달이 미진한 우리나라 상황에서 노인주택이 다양하게 개발되는 계기가 마련되기를 바란다. 노인이 경제적으로 부담 가능한 주택에서, 자신의 신체적 및 심리적 특성에 맞게 디자인된 실내외 공간에서, 건강하고 쾌적한 노년의 삶을 보내는 데 도움이 되는 제도가 마련되기를 바란다. 나아가 이 책으로 촉진된 노인주택산업이 미래 한국 사회의 성장동력이 되는 데에도 기여할 수 있기를 바란다. 마지막으로 흔쾌히 출판에 동의해 주신 학지사 김진환 사장님께 감사의 말씀을 드린다.

대표 편저자

김동배

차 례

제2부 노인주택 관리

제 1 부

노인복지 정책

제1장

영국의 노인주택정책

김현정

영국의 노인복지정책의 기본 방향은 노인이 일반인과 같이 건강하고 독립적인 생활로 인간의 기본적인 권리를 추구할 수 있도록 지원하는 데 초점을 두고 있다. 이러한 맥락에서 노인주택정책 또한 지역사회보호(community care) 중심의 정책을 시행하고 있다. 영국 정부가 노인주택에 특별한 관심을 기울이는 것은 노인에게 주택은 단순한 주거공간이 아니라 건강과 복지에 결정적인 영향을 미치는 요인이라고 보기 때문이다. 이 장에서는 영국의 노인인구 변화, 노인주택정책 변화, 노인주택유형, 지역사회보호에 근간을 둔 케어(care)와 서포트(support)에 대해 살펴보고자 한다.

1. 영국 노인인구 변화

1) 영국 노인인구 변화

영국은 1920년대에 이미 노인인구비율이 7%로 접어들어 고령화사회에 진입하였고, 1960년대에는 14% 이상으로 고령사회가 되었다. 영국 통계청(Office for National Statistics: ONS, 2013)에 따르면 1993년에 15.8%였던 노인인구비율이 2003년에 16%로, 2013년에는 17.6%로 상승하였고, 앞으로 매해 0.2% 꾸준히 상승하여 2033년에는 22.9%까지 증가할 전망이다. 또한 2007년 이전까지 안정적이었던 노인인구비율이 최근 들어 상승세를 보이고 있는데, 과거에 비하여 고령화가 급진전되는 것은 베이비붐 세대의 고령화와 관련이 있다(ONS, 2012).

영국의 16세 미만 인구비율은 1995년 이후 지속적으로 감소하고 있으며, 연금수혜연령에 해당하는 남성 65세, 여성 60세 이상의 노인인구의 평균증가율은 1981년에서 2007년 사이에는 1% 미만이었으나, 2006년과 2007년 사이에는 약 2% 정도 증가하였다(ONS, 2012). 이러한 변화 역시 베이비붐 세대의 여성 인구가 연금수혜연령으로 진입한 것에 기인한다.

[그림 1-1]은 2012년을 기준으로 한 영국의 연령대별 인구구성비의 추계현황을 보여 준다. 16세 미만의 경우 인구구성비가 시간의 흐름에 따라 낮아지는 경향을 보이고, 16~64세의 경우 2008년 이전에는 다소 상승하다가 그 후 지속적인 하강 추세를 보인다. 반면에 65~84세 및 85세 이상의 연령대는 오히려 상승하는 경향을 보인다.

한편, 기대여명 및 인구성장률 추계를 보면, 영국의 인구 성장률은 2002~2013년에 0.6%대를 유지하고 있으나, 2018~2019년에 0.65%로 최대치를 보여 준 후, 2024~2025년을 기점으로 0.5%대로 낮아져 하향 추세가 지속될 것으로 예상된다([그림 1-2] 참조). 인구성장률이 낮아지더라도 출산율의 저하로 고령화

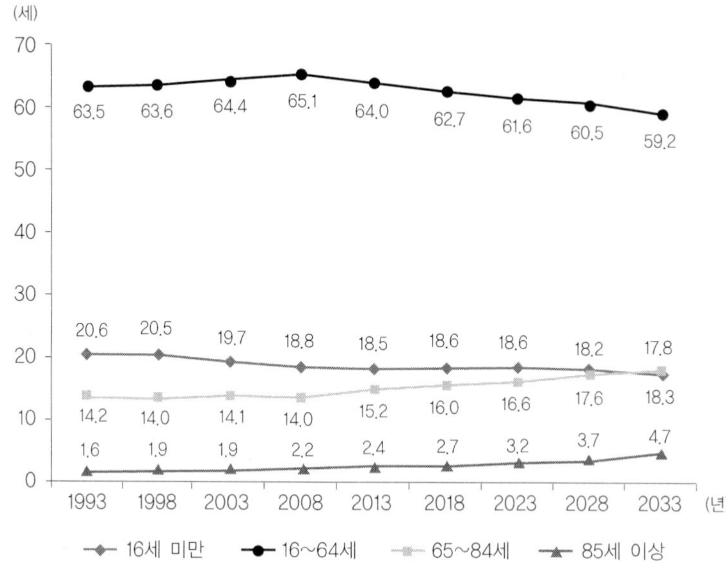

[그림 1-1] 2012년 기준 연령대별 인구구성비 추계

출처: Office for National Statistics (2013).

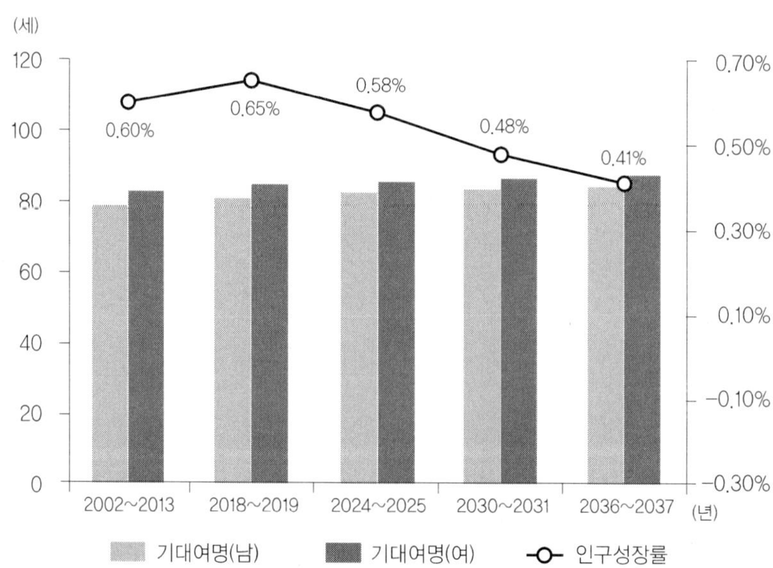

[그림 1-2] 기대여명 및 인구성장률 추계

출처: Office for National Statistics (2013).

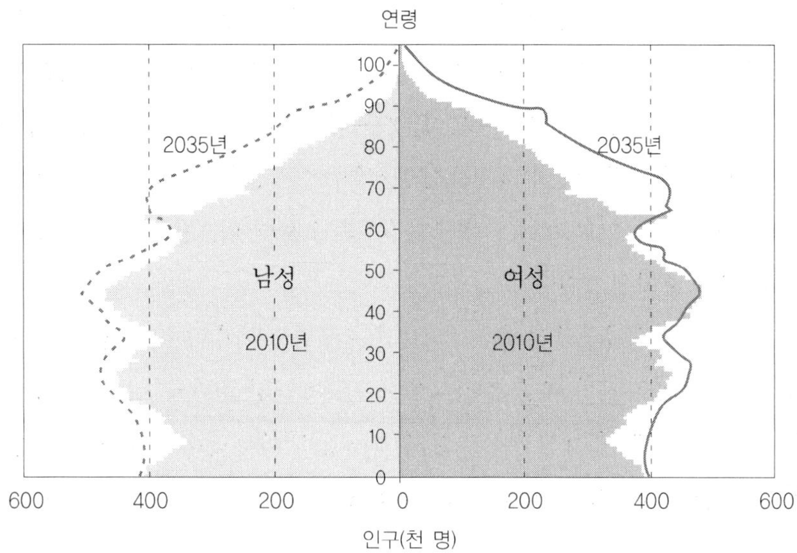

[그림 1-3] 2010년과 2035년의 영국 인구구조

출처: House of Lords (2013).

는 진전될 것이며, 특히 남성에 비해 여성의 기대여명이 높아서 여성 노인의 고령화가 상대적으로 심화될 것으로 보인다.

2010년과 2035년의 인구구조 피라미드를 보면, 출생자 수는 크게 늘어나지 않지만 65세 이상의 노인인구는 다른 연령대에 비해 상대적으로 높은 인구 증가를 보일 것으로 예상된다. [그림 1-3]을 통해 앞서 언급한 고령화의 경향을 다시 한 번 확인할 수 있다.

2) 영국 노인가구 변화

노인가구의 변화 양상은 가구유형, 가구구성 연령 등의 변화를 통해 확인해 볼 수 있다. 영국 지역사회와 지역정부부(Department for Communities and Local Government: DCLG)의 2009년 주택 관련 통계에 따르면 노인가구는 2006년을 기준으로 매해 25만 2천 가구가 평균적으로 증가하여 2031년에는 29% 상승된 2,782만 가구에 이를 것으로 예상하고 있다. 특히 독신가구의 증가가 괄목할 만한데, 2006년에는 전체의 31%(682만 가구)였으나, 2031년이 되면 약 1,090만 가구로 39%로 증가할 것이다. 이러한 독신가구의 증가는 평균가구의 크기에 영향을 주어 2006년 평균 2.32명이었던 가구의 규모가 2031년에는 평균 2.13명으로 줄어드는 양상을 보일 것이다.

65세 이상 노인가구의 특성을 살펴보면, 부부만으로 이루어진 가구는 220만 가구로 가장 많고, 1인 여성 가구(187만 가구)와 1인 남성 가구(76만 가구) 순으로 높게 나타났다. 즉, 1인 가구가 263만 가구를 넘어서 전체 노인가구의 절반 정도를 차지한다고 볼 수 있다([그림 1-4] 참조).

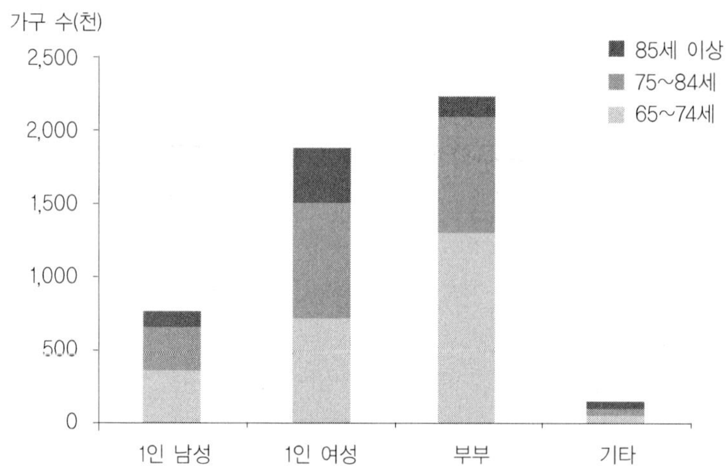

[그림 1-4] 노인가구의 가구특성

출처: Pannell, Aldridge, & Kenway (2012).

가구주의 연령에 따른 가구 수에 관하여 〈표 1-1〉을 살펴보면, 노인가구주의 가구비율이 2011년에 27%이고, 2016년에는 28.5%, 2021년에는 29.4%로 점차 증가할 것으로 예상된다. 노인의 연령대 중에서는 65~74세의 전체 변화율이 높게 나타나며, 해당 연도의 연령대별 비교에서는 75세 이상 노인가구주 가구 수가 점차 늘어날 것으로 예상된다.

〈표 1-1〉 가구주의 연령에 따른 가구 수

연령대	2011년		2016년		2021년		전체 변화 (천)	전체 변화율 %
	가구 수 (천)	%	가구 수 (천)	%	가구 수 (천)	%		
15 ~ 24세	810	3.7	809	3.5	785	3.2	−25	−1.1
25 ~ 34세	3,094	14.0	3,259	14.1	3,324	13.7	230	10.4
35 ~ 44세	4,195	19.0	4,091	17.6	4,344	17.8	149	6.8
45 ~ 54세	4,322	19.6	4,644	20.1	4,496	18.5	174	7.9
55 ~ 64세	3,732	16.8	3,771	16.2	4,229	17.4	496	22.5
65 ~ 74세	2,974	13.5	3,399	14.6	3,429	14.1	456	20.7
75 ~ 84세	2,143	9.6	2,263	9.7	2,544	10.5	401	18.2
85세 이상	832	3.8	979	4.2	1,157	4.8	325	14.6
합계	22,102	100.0	23,215	100.0	24,308	100.0	2,206	100.0

출처: Department for Communities and Local Government (2013).

〈표 1-2〉 1인 가구의 가구주 연령에 따른 가구 수

연령대	2011년		2016년		2021년		전체 변화 (천)	전체 변화율 %
	가구 수 (천)	%	가구 수 (천)	%	가구 수 (천)	%		
15 ~ 24세	222	3.3	205	2.9	183	2.5	−40	−6.6
25 ~ 34세	794	11.7	832	11.8	841	11.4	47	7.8
35 ~ 44세	889	13.1	882	12.5	940	12.7	50	8.3
45 ~ 54세	966	14.2	1,054	14.8	1,029	13.9	62	10.2
55 ~ 64세	1,020	15.1	1,026	14.5	1,149	15.5	129	21.3
65 ~ 74세	989	14.6	1,076	15.2	1,040	14.1	51	8.4
75 ~ 84세	1,332	19.6	1,351	19.1	1,459	19.7	127	21.0
85세 이상	571	8.4	653	9.2	751	10.2	180	29.6
합계	6,783	100.0	7,079	100.0	7,392	100.0	606	100.0

출처: Department for Communities and Local Government (2013).

한편, 1인 가구의 가구주 연령별 비교에 따르면 65세 이상 노인이 2011년에 약 289만 가구로 전체의 40% 이상을 차지하고 있다(〈표 1-2〉 참조). 이러한 1인 가구의 노령화는 2021년까지도 지속되어 그 비율은 약 40%를 유지하나, 가구 수는 2011년에 비해 35만 8천 세대(44%) 증가하여 2021년에는 325만 세대에 이를 것으로 추정되고 있다. 이처럼 인구구조의 변화는 가구구성에도 영향을 주며, 가구 수의 증가는 물론, 독신세대의 증가 및 독신세대의 고령화를 촉진하고 있다.

2. 영국 노인주택정책 변화[1)]

여기서는 영국의 노인가구의 주택점유 형태와 노인주택정책 변화를 살펴보고자 한다.

1) 노인가구의 주택점유 형태[2)]

영국 노인가구의 주택점유 형태는 크게 자가소유(owned)와 지방정부 및 비영리 부문의 사회임대(social rented), 민간임대(private rented)로 나누어 볼 수 있다.

첫째, 자가소유는 주택의 소유권을 전적으로 개인이 갖고 있는 경우로서 노년기에서는 연령이 낮을수록 높게 나타난다. 자가점유율이 60대는 74%, 70대는 65%, 80대 이상은 50%로, 일반적인 관점에서 노인의 경제적 취약성을 고려하면 영국 노인의 연령대별 자가소유 비율을 이해하기 어려울 수 있다. 그러나 이러한 현상은 영국 내에서도 일시적인 현상이다. 대처 수상의 보수당 집권으로

1) 강미나, 김혜승, 전성제(2007), 저출산고령사회위원회(2006), 박재간, 손화희(2008), 하성규(2006)를 참고하여 정리하였음.

2) DCLG(2006)의 자료를 참고하여 정리하였음.

1980년에 공공임대주택에 따른 자가소유 확대의 내용을 담고 있는 「주택법(Housing Act)」이 실시되었고, 그 당시 45세에서 64세 사이의 세대주에게 제공된 공공임대주택이 56만 세대에 이르는 것으로 추정된다. 이때 주택을 소유하게 된 연령층이 현재의 노년층으로 옮아가면서 현재의 젊은 노인인구(young-old)가 다른 연령대에 비해 자가소유의 비율이 현격하게 높은 것으로 나타나고 있다.

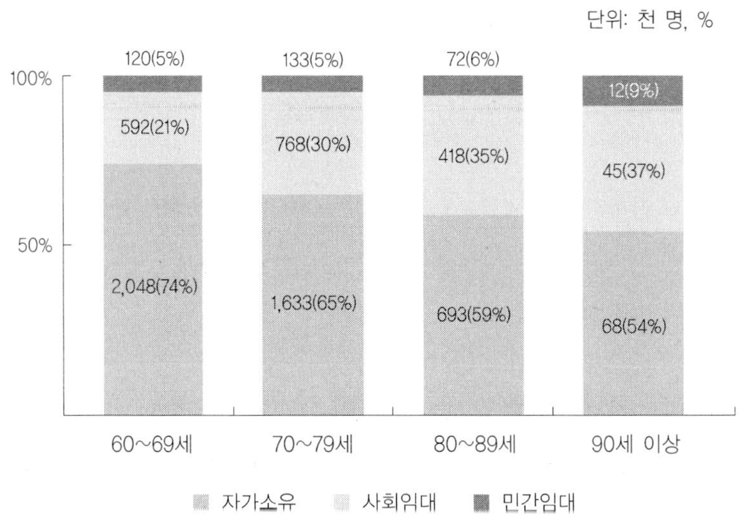

[그림 1-5] 노인가구의 주택점유 형태

출처: Department for Communities and Local Government (2006).

2011년 영국의 주거 실태조사에 따른 주택점유 유형별 연령의 분포를 보여 주는 [그림 1-6]을 살펴보면, 자가소유 방식에 있어서 65세 이상 노인의 경우 본인 소유의 자산형태로 취하는 비율이 높고, 30대와 40대는 융자를 통한 자가소유의 비율이 상당히 높게 나타났다.

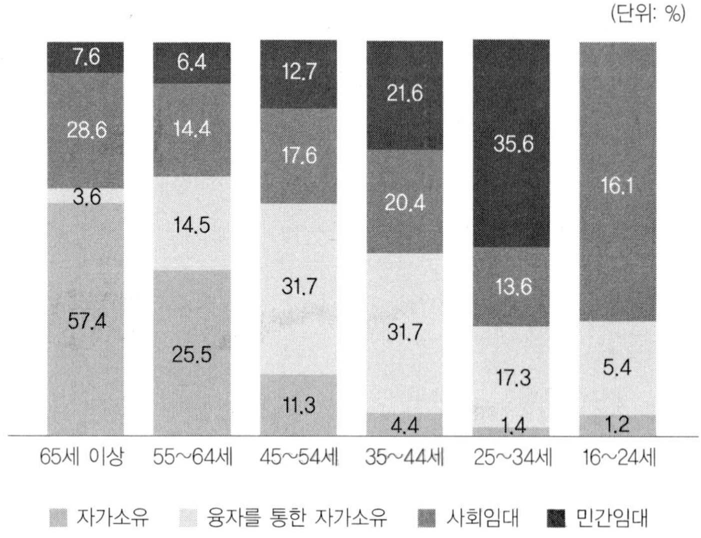

[그림 1-6] 주택점유 유형별 가구주 연령대 분포

출처: Department for Communities and Local Government (2012).

둘째, 사회임대 방식이 있다. 지방정부에 의한 공공임대주택은 물론이고 비영리 민간 부문에서 주택 소유권의 일부만을 살 수 있도록 하는 공동소유(Shared Ownership) 제도를 도입하고 있다. 주택의 사회임대 비율은 70대는 30%, 80대는 35%, 90대 이상은 37%로 60대의 21%에 비해 연령이 높을수록 상대적으로 그 비율이 높아지는 경향을 보이는데([그림 1-5] 참조), 이는 영국 정부가 보호시설(sheltered accommodation)과 사회임대시설(socially rented supported accommodation) 같은 노인을 위한 부담 가능한 주택(affordable housing) 공급정책이 반영된 것으로 해석된다. 사회임대의 경우 노인의 점유율이 전체의 28.6%이고, 그다음으로 35~44세의 점유율이 20.4%로 노인을 제외한 다른 연령대에 비해 상대적으로 높게 나타났다([그림 1-6] 참조).

끝으로, 기업의 영리 목적에 의한 민간임대 주택에 거주하는 비율은 자가소유나 사회임대 방식에 비해 그 비율이 현저히 낮으며, 연령대별로 약 6.4~35.6%에 불과하다. 그 대신 민간임대의 주 점유 연령층은 25~34세인 것으로 나타났다

([그림 1-6] 참조).

2011년이 되면 노인의 자가소유는 608만 정도로 확대되며, 연령대도 현재보다 고령화될 추세다. 또한 노인의 90%가 일반주택에 거주하며, 나머지 10% 중 각 5% 정도씩 일반 보호주택(sheltered housing)과 식사서비스가 제공되는 중증노인 보호주택(very sheltered housing)에 거주하고 있는데, 이는 영국의 노인정책이 지역사회보호에 초점을 맞추고 있기 때문이다.

영국은 1840년대에 주택문제에 대한 공식적인 조사를 실시하였고, 도시지역의 열악한 주거환경이 사회문제로 대두되기 시작하였다. 또, 주택정책을 처음으로 실시한 것은 노동자 계층의 주거지역이 비위생적이어서 이에 대한 주거환경 개선을 위한 제도적 조치였다(하성규, 2006). 여기서는 노인을 주요 대상으로 하여 주택정책이 소개되었던 1940년대부터 최근에 이르기까지의 노인주택정책 변화를 알아보고자 한다.

2) 노인주택정책의 변화

(1) 노인주택정책의 과거

1944년에 보건부(Department of Health)가 발간한 주택매뉴얼(Housing Manual)을 통해 처음 노인용 주택건설에 대한 관심이 촉발되었고, 1950년대에 이르자 지방자치단체들이 노인전용주택 관련 조례를 제정하기에 이르렀다. 1954년에 「주택수리 및 임대법(Housing Repair and Rents Act)」에 의해 주택수리 및 개조 보조금 지원 정책이 시작되었고, 이는 현재까지 주택 관련 주요 정책으로 자리 잡고 있다(박재간, 손화희, 2008).

1962년에는 Peter Townsend의 노인홈 실태조사 보고서인 「The Last Refuge」를 통해 케어시설에서는 개인의 사생활이나 독립성이 보장되지 못한다는 주장이 나왔다. 시설생활은 다른 사람들과 대화를 하거나 즐거움을 찾을 기회가 거의 없으며 비인간적인 환경에서 죽을 날만 기다리는 모습으로 설명되었고, 그 당시 큰 파장을 일으켰다(강미나, 김혜승, 전성제, 2007). 이 보고서를 통해 시설화되지 않은 케어 형태인 보호주택(sheltered housing)의 확대가 노인의 인권을 확보하기에 적절한 대응이라는 주장이 힘을 얻게 되었다.

이후 보호주택은 저소득 허약노인들을 위한 핵심적 정책이 되었다. 공공에서는 1961년의 「주택법」 제정으로 지방자치단체가 대량의 보호주택을 보급하였다. 민간에서도 비영리기구인 주택협회가 노인용 주택을 공급하는 경우 보조금을 지급하는 등 공급 지원책이 마련되었다. 1972년에는 「주택재정법(Housing Finance Act)」에 따라 저소득 임대주택 거주 노인을 위한 주거급여(housing benefit) 제도가 시행되기도 하였다.

1979년 대처가 이끄는 보수당이 집권하면서 주택정책도 변화하였다. 공공예산삭감정책으로 지방자치단체에 의한 보호주택의 공급은 감소하였다. 또한 1980년의 「주택법」 시행으로 공공지출 억제, 공공임대주택 불하, 사설임대 규제완화 등을 표방하여 주택의 자가소유 확대를 강조하기에 이른다. 이로써 구입을 전제로 한 민간자본의 활발한 유입과 공공임대주택건설 억제 등을 통해 노인주택정책이 시설보호나 보호주택의 증설보다는 현재 살고 있는 집에서 잘 살 수 있도록 지원하는 정책으로 전환되었다.

그러나 이 시기는 주택문제와 관련하여 노인의 다양한 욕구가 발생함에 따라 기존과는 다른 노인주택정책으로 이어졌는데, 은퇴주택(retirement housing)과 서비스와 케어가 반영된 중증노인 보호주택(very sheltered housing)이 그 예다. 은퇴주택은 고소득 노인의 고령자용 고급주택에 대한 욕구가 증가함에 따라 민간자본에 의한 또 다른 노인주택시장으로 공급이 활기를 띠기 시작하였으며, 중증노인 보호주택은 보호주택이 포괄하지 못하는 취약 노인에 대한 다각도의 관심이 생기면서 식사 제공 등의 서비스와 케어가 반영된 주택이다. 이러한 다양한 노인주택이 생기면서 노인의 선택의 폭 또한 커졌다.

과거 노인주택과 관련한 주요 정책은 주택의 공급 차원이었다면, 1990년에 「국민보건서비스 및 지역사회보호법(National Health Service and Community Care

Act)」이 발표되면서 노인주택 관련 정책은 노인의 주거환경을 보다 거시적으로 지원하는 정책으로 탈바꿈하는 중요한 계기가 되었다. 이로써 자신의 집에서 생활하면서 필요한 전문 보건의료서비스, 이동서비스, 전화확인서비스 등의 다양한 대인서비스를 제공받을 수 있게 되었다. 필요시에 주간보호나 단기보호시설의 이용이 가능해져서 지역사회 노인을 위한 복합문제에 대한 종합 서비스로서의 노인주택정책이 시도된 것으로 평가된다(저출산고령사회위원회, 2006).

(2) 노인주택정책의 현재[3)]

영국의 노인복지정책과 노인주택정책은 분절되어 있는 별도의 정책이 아니다. 노인복지정책의 기본 방향이 노인들의 건강하고 독립적인 생활 영위를 통한 기본권을 확보하는 것이라면, 노인주택정책은 '자기 집에서 지역사회의 일원으로 참여하며, 최대한 안락하고 안전하게 최고의 건강상태로 가능한 한 오래 살아갈 수 있도록 하는 것'으로(장영희, 2007), 복지정책을 보완하는 일관된 정책의 방향을 취하고 있다. 또한 정부는 노인주택정책을 고령사회의 노인문제 해결의 핵심적 사항으로 보고, 2006년에는 'Quality and Choice for Older People's Housing: A Strategic Framework'를, 2008년에는 'Lifetime Homes, Lifetime Neighbourhoods: National Strategy for Housing in an Ageing Society'를 발표하여 지방정부의 정책 실현을 위한 지침을 제공하였다.

① 노인주택정책에 대한 관점 변화

영국 정부의 고령화 및 노인주택 정책에 대한 관점은 [그림 1-7]과 같이 요약될 수 있다. 이것은 주택만을 다루는 별도의 정책을 펼치는 것이 아니라 사회서비스와 건강서비스를 함께 아우르는 형태로 정책을 진행함을 의미한다.

첫째, 연령차별에 반대한다(anti-ageism). 즉, 노년기를 빈곤, 의존, 죽음에 이르

3) 저출산고령사회위원회(2006), DCLG(2008), DWP(2005)를 참고하여 정리하였음.

는 과정으로 이해하기보다, 건강하고 활동적이며, 사회경제적 활동에 참여하고, 사회에 기여자로서의 새로운 노인상을 보여 주고 있다.

둘째, 활기찬 노후(active aging)와 독립성(independence)을 강조하며 신체적 건강(good health), 가능한 환경(enabling environment)의 조성과 그에 대한 사회적 지원(social support)을 강조한다. 이를 위해 다양한 건강서비스(health service), 주택서비스(housing service), 사회서비스(social service)가 필요하다.

셋째, 주택에 대한 선택권(choice for housing)을 강조한다. 노인들이 원하는 주택의 형태와 케어 및 서포트의 다양한 옵션(option)들을 제공하고 스스로 적절한 주택과 그에 맞는 서비스를 선택할 수 있어야 한다는 것이다. 이를 통해 독립성을 높이고 삶의 질을 높일 수 있다고 본다.

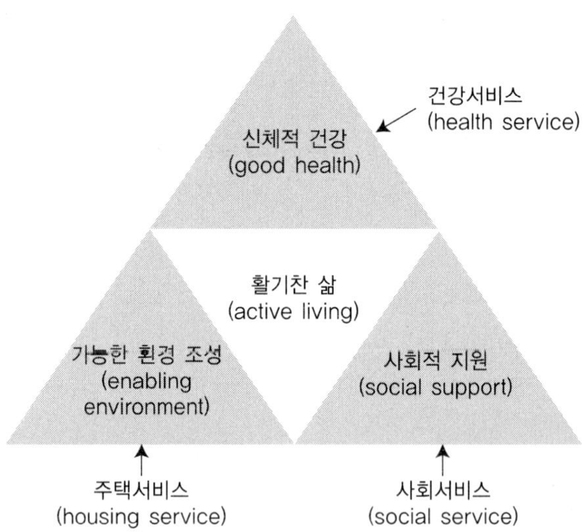

[그림 1-7] 독립성의 삼각형(The Triangle of Independence)

출처: Department for Communities and Local Government (2008).

② 노인주택정책의 기본 방향 및 원칙

'Quality and Choice for Older People's Housing: A Strategic Framework' 에는 노인주택정책 관련 정부와 서비스 제공자들이 가져야 할 기본 방향으로 5가지 사항을 제시하고 있다.

첫째, 통합적(integrated)이어야 한다. 모든 부문, 계층, 부서들이 통합적으로 협력하여야 한다. 둘째, 종합적(holistic)이어야 한다. 노인의 모든 문제 및 욕구를 포괄할 수 있는 노인주택정책이어야 하며, 그 사안에 따라 즉각적인 대처에서부터 미래의 필요에 대응하기 위한 장기적 계획까지 포함하여야 한다. 셋째, 포괄적(inclusive)이어야 한다. 특정한 집단의 특수한 필요에 대응할 수 있어야 하는데, 흑인이나 소수인종, 동성애자, 여성 노인, 몸이 약한 노인, 정신적 혹은 육체적 장애가 있는 노인 등의 욕구도 간과해서는 안 된다. 넷째, 참여적(involving)이어야 한다. 노인들이 주거 서비스 및 프로그램의 개발과 평가의 전반적인 과정에 참여하여 직접 욕구를 반영할 수 있어야 한다. 마지막으로, 예방적(preventative)이어야 한다. 노인들이 건강과 이동성을 유지할 수 있는 예방적 활동을 하도록 개입하여야 한다는 것이다.

이러한 기본 방향은 사회·경제적 지속가능성(sustainability)이라는 원칙을 준수하는 가운데 실행 가능한 전략들을 구상하고 실현하여야 한다(DCLG, 2008). 경제적 지속가능성의 원칙에 따르면 주택정책은 공공과 민간의 자원 유입을 극대화함은 물론, 동시에 노인을 경제적으로 활동적인 상태로 유지시킬 수 있어야 한다. 즉, 노인의 건강유지로 인한 활동성은 의료비의 과도한 지출을 막으며, 활발한 사회참여는 경제적으로 그 가치를 환산하였을 때 매우 중요한 사회기여의 효과를 발휘하게 된다. 한편, 사회적 지속가능성의 원칙도 지켜져야 하는데, 주택정책은 노인의 평등, 사회연대, 사회적 배제의 해결, 신체적 건강, 건강한 삶(well-being) 등의 문제를 개선할 수 있어야 한다. 영국 정부는 이러한 기본 방향과 원칙을 준수하는 가운데 노인주택정책을 실현하고 있으며, 이는 정책평가의 기준으로 적용되어 일관된 정책 실현을 가능하게 한다.

③ 영국 정부의 노인주택정책기구와 전달체계

노인의 다양한 욕구를 반영한 주택 및 주거지원서비스의 합리적 수행을 위해 정부는 2001년 3월에 노인주택개발그룹(The Housing and Older People Development Group: HOPDEV)을 설립하였다. HOPDEV는 지역사회 및 지방정부 부서(Department for Communities and Local Government)의 지원을 받으며, 중앙정부 및 각 부처, 비영리조직들을 모두 포괄하는 대표기구다. 2001년부터 노인과 주택문제에 대한 정부 정책 및 사업을 관리, 감독하고 조직화하는 역할을 담당해 왔다. 주요 업무의 내용은 주택전략 수립, 소수인종 노인을 위한 서비스, 반연령차별(anti-ageism), 정보 및 서비스(information & service) 등 4개의 중점 사항에 집중한다.

이 독립기구는 각각의 하위 그룹들이 다른 민간 및 정부 기구들과 노인들을 위한 서비스 업무를 수행하기 위해 체계적인 조직 간의 연계, 파트너십을 통한 서비스의 통합화를 위한 전략적인 연구를 진행해 왔으며, 노인들에게 주거를 거점으로 한 서비스의 연결성을 강조하는 정책을 꾸준히 반영하여 왔다(저출산고

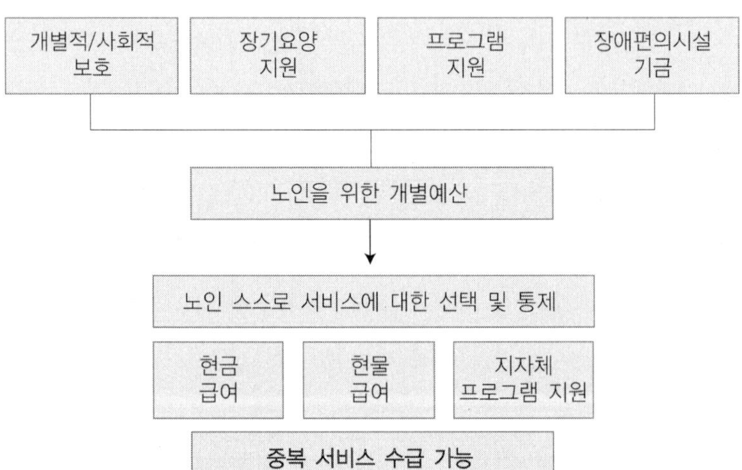

[그림 1-8] 개별예산 전달과정

출처: Department for Work and Pensions (2005).

령사회위원회, 2006). 그 결과 2005년 노동연금부(Department for Work and Pensions)는 정부의 노인을 위한 전략 목표를 담은 「Opportunity Age」를 발표하였고, 노인은 서비스에 대한 자기선택과 통제를 행사하는 적극적인 존재로 제시되었다. 이 보고서를 계기로 다양하고 통합된 서비스를 통해 삶의 질의 향상을 목표로 기존의 다양한 지원체계를 소개하고 통합하는 시도를 거듭하였다. 그 예로 [그림 1-8]은 구체적인 개별예산 전달과정으로, 주택은 물론 주거환경을 지원하는 다양한 서비스들이 노인의 선택권을 강조하고 있음을 확인할 수 있다.

노인에게 투입되는 예산은 개별적 · 사회적 보호, 장기요양 지원, 프로그램 지원, 장애편의시설기금(disabled facilities grant) 등 다양하고 통합된 서비스 시스템 속에서 노인이 선택하고 통제할 수 있으며, 서비스의 극대화를 위해 예산 집행은 현금이나 현물로 유연하게 사용될 수 있다. 여기서 무엇보다 강조되는 것은 노인의 선택권이고, 그 선택권은 서비스 포괄성과 구체성을 근간으로 한 것이라 볼 수 있다.

3. 영국 노인주택유형과 주요 정책

영국의 노인주택유형은 크게 일반주택, 노인전용주택으로 구분된다. 일반주택은 소유형태에 따라 크게 자가소유, 사회임대, 민간임대의 3가지로 구분되며, 노인전용주택은 자가 또는 임대 형태로 공급되는데, 여기서는 식사서비스 등의 서비스가 제공된다. 또한 보호주택보다 중증의 치매나 중풍 노인들이 전문화된 간호서비스를 받을 수 있는 시설보호는 주로 임대 형식으로 운영된다. <표 1-3>은 주택유형에 따른 주거복지 프로그램을 개괄한 것이다.

〈표 1-3〉 노인주택유형별 주요 주거복지 프로그램

선택 가능한 점유유형		소득보조	주거급여	개량지원	지역사회 서비스	역저당융자
일반주택	자가소유	○	–	○	○	○
	사회임대	○	○	–	○	–
	민간임대	○	○	○	○	–
노인전용주택 (자가, 임대)		○	○	○ (자가인 경우)	○	○ (자가인 경우)
시설 (임대)		○	–	–	–	–

출처: 장영희(2007).

1) 노인을 위한 일반주택정책

영국은 노인의 90%가 자가 혹은 임대로 일반주택에 거주하고 있으며, 이에 따른 다양한 주거복지 프로그램은 주택공급정책 이상으로 중요한 정책적 비중을 갖는다. 따라서 자가 및 민간 임대주택 등의 민간 일반주택의 물리적 상태나 개선에 관한 사업은 중요한 주거정책의 일환이다. 지방정부는 관련 법에 의한 법적인 권한을 갖고 있어서 주택이 불량한 상태이거나 개선이 필요할 경우 지주와 협의하고, 필요시에는 법적인 조치도 취할 수 있는데, 환경담당관(environment officer)이 배치되어 해당 업무를 수행하게 된다(강미나, 김혜승, 전성제, 2007).

지방마다 지방정부가 직접 운영하거나 자원조직이 운영하는 주택개량기구(Home Improvement Agency)를 두고 주택개량 촉진을 위한 실질적인 업무를 수행한다. 주택 수리 및 개선을 위한 보조금 제도의 집행이 그 구체적인 업무에 해당되는데, 이는 부동산의 가치와 연령의 상한선을 두고 소득 자산 조사를 통해 지급된다.

1996년에 제정된 「주택보조금, 건설 및 재개발법(Housing Grant, Construction and Regeneration Act)」에는 수급자격과 다양한 보조금 유형이 명시되어 있는데, 그 내용은 〈표 1-4〉와 같다.

〈표 1-4〉 주택수리보조금 유형

유형	내용
주택개량보조금 (house renovation grants)	주택의 법정 최소기준을 맞추기 위한 수리, 단열, 물탱크, 파이프, 계단, 목욕실 내부 편의확충 등 비교적 고비용의 개량과 수리 지원
공용공간수리보조금 (common parts grants)	공동주택의 공용공간을 개량하며, 주거공간의 3/4 이상이 점유 상태일 것. 비용은 모든 거주자가 공동으로 부담하며 자산조사 후 시행
공동주택보조금(house in multiple occupation grants: HMO Grants)	공동주택건물의 수리를 목적으로 지주가 신청하여 진행
공동수리(group repair)	여러 채의 주택을 대상으로 외장 관련 공사를 동일업자에게 진행할 경우 통상 50% 보조
재정착보조금(relocation grants)	슬럼재개발 철거민이 동일지역에 새 주택을 구입할 경우 신청 가능한 보조금으로, 보상금 대부분을 비용으로 충당
소규모주택개량보조금 (home repair assistance)	노인, 장애인, 공공부조수급자가 거주의 안전과 편의도모를 위해 기본 설비를 설치하거나 개량수리 등 5천 파운드 이내의 소규모 작업을 대상으로 함
장애인 편의시설보조금 (disabled facilities grants)	장애인이 5년 이상 계속 거주할 예정인 경우 가족 또는 집주인이 신청하며, 주택 내외의 이동편의를 위한 설비 제공

출처: 장영희(2007) 재구성.

이러한 주택수리보조금은 그 규정이 노인이 이해하기에 까다롭고, 특히 주택수리기간 동안 경험하게 되는 혼란 때문에 적극적으로 선택하기도 쉽지 않다. 그리고 노인의 경제적 취약성을 고려하여 소득자산조사의 규정에 있어서 노인을 배려한 기준을 설정하였으나 노인들의 낮은 이용은 개선되지 않았다. 이 문제에 대응하기 위해 지역사회에 기반을 둔 보호와 주택개조(care-and-repair) 사업이 시작되었다

보호와 주택개조 사업은 자원조직이나 주택조합 등이 추진하며, 제도의 접근성이 낮은 노인이 주택을 개량하는 과정에서 기술 및 재정적 정보를 제공받을 수 있도록 지원하는 것을 주요 골자로 한다. 이 사업이 실질적인 성과를 보이자

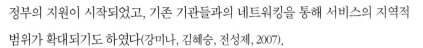

정부의 지원이 시작되었고, 기존 기관들과의 네트워킹을 통해 서비스의 지역적 범위가 확대되기도 하였다(강미나, 김혜승, 전성제, 2007).

그 밖에 주택을 소유하고 있으나 소득이 충분치 않은 노인들의 경우 자산을 유동화할 수도 있는데, 자산유동화는 자가소유자가 자산을 부동산에 묶어 두지 않고 현금으로 이용할 수 있는 수단으로 활용할 수 있다. 이를 통해 노인은 자기 집에서 계속 생활하면서 생활비, 주택수리비 등을 충당할 수 있게 된다. 다양한 금융상품에도 불구하고 저소득층의 경우 소득의 확보로 보조금을 잃게 되거나, 주택 상황에 따라 유동화가 쉽지 않아서 비현실성이 문제로 지적되고 있다(강미나, 김혜승, 전성제, 2007).

2) 노인을 위한 보호주택정책

보호주택은 영국의 대표적인 노인전용주택으로, 영국의 보호주택은 세계 여러 국가에 서비스가 제공되는 노인전용주택 모델로 확산되었다.

(1) 보호주택

보호주택(sheltered housing)은 도움이 필요한 노인들을 위한 대표적인 주택정책으로 지방정부나 주택조합이 필요 대상자를 사정한 후 배분한다. 주거급여를 받는 경우에는 비용을 내지 않을 수 있고, 필요시 부가서비스에 대해서는 실비를 부담하게 된다. 보호주택은 주로 대중교통 이용이 편리하고 편의시설 이용이 용이한 곳에 위치한다. 일반주택처럼 홈헬퍼 및 방문간호 서비스를 추가로 이용할 수 있으며, 이때 제공되는 서비스는 보호주택 내 관리인(warden)이 정기적인 지원 계획에 따라 제공하는 서비스와는 구별되는 별도의 서비스다.

보호주택은 보통 60세 전후로 입주가 가능하며, 소득제한 등은 규정되어 있지 않다. 보호주택에 입주하기 위해서는 자신이 거주하는 지역의 지방정부나 HA에 신청하고,[4)] 이미 공공주택의 임차인인 경우 교환(transfer) 신청을 하면 된다. 임대료는 본인 부담이 불가능한 부분에 대해서는 보조받도록 되어 있다. 카테고리 $2\frac{1}{2}$형 보호주택으로 이사하기 위해서는 사회서비스부의 지역사회복지요원의 평가 결과에 따르며, 이 경우 지역주택국과 계약한다. 간호가 필요한 경우에는 주변 요양원으로 이사할 것을 권유하고 있지만, 퇴거는 어디까지나 입주자 본인이 결정한다(유병선, 2006).

보호주택은 제공서비스에 따라 구분되는데, 〈표 1-5〉에 제시된 보호주택의 유형은 카테고리 1에서 카테고리 $2\frac{1}{2}$로 나아갈수록 서비스의 범위가 점차

〈표 1-5〉 보호주택의 유형

분류	카테고리 1	카테고리 2	카테고리 $2\frac{1}{2}$
주택	독립주택 원룸형(32.6m²) 1침실형(34m²)	독립주택(거실, 부엌, 욕조, 화장실) 원룸형(30m²) 1침실형(34m²)	독립주택(거실, 부엌, 욕조, 화장실)
공용실	-	공용실, 세탁실, 전화실	공용실, 세탁실, 전화실, 식당, 주방, 입욕 가능 욕실
서비스	-	긴급알람시스템 및 관리인 배치	긴급알람시스템 및 관리인 배치에 의한 24시간 관리/최저 1일 1회 식사서비스
집합규모	10~20호	20~35호	40호 이상
비고	고령자를 배려한 설계	카테고리 1에 관리인(긴급통보대응/지역의료체계 연계)이 배치된 형태로 관리인 1인은 전체 호수 관리	카테고리 2와 요양원의 중간단계로 다소 악화된 고령자를 위한 유형

출처: 저출산고령사회위원회(2004).

4) 지방정부와 비영리 주택협회(Housing Association: HA)는 사람들의 욕구를 최대한 충족시키려는 목적을 갖고 있으며, 신청자의 우선순위 기준을 갖고 있다. 신청자는 ① 현재의 주택에서의 물리적인 조건 때문에 주거욕구가 발생하거나[예를 들어, 장애가 있기 때문에 2층으로 올라가거나 욕실이나 침실을 이용하기에 현재 주거가 적합하지 않은 경우 공영주택(council housing)에 대한 우선순위가 있다.], ② 건강악화, 장애, 가족이나 친구로부터 고립 등과 같은 의료적 이유나 사회적인 이유로 이동을 해야 하는 경우, ③ 주택을 구입할 수 없는 경우, ④ 신청자가 가족이나 친구와 가까이 있기를 원하는 경우 그 지역에 신청할 수 있다(Age Concern, 2004: 유병선, 2006 재인용).

확대되며 집합의 규모도 커지는 경향이 있다. 카테고리 $2\frac{1}{2}$의 경우는 카테고리 2와 요양원의 중간단계로 다소 기능이 악화된 고령자를 위한 케어와 서비스가 결합된 보호주택의 유형이다.

(2) 지원주택

지원주택(supported housing)은 노인만을 대상으로 하는 유형은 아니나, 노인이 가진 취약성으로 인해 지원주택의 이용자들 중 노인의 비율이 상당히 높은 편이기 때문에 노인전용주택으로 많이 이야기되고 있다. 지원주택은 보호주택의 대안 모델로서 긴급알람시스템(emergency alarm system)에 의해 응급상황 대처는 가능하나 관리인의 배치가 필수적인 요소는 아니다. 독립성 유지를 위해 추가적 지원이 필요한 경우, 구체적으로 장애와 관련된 주택 개조나 특별한 시설이 있는 주택을 필요로 하는 사람들이 거주하게 되는데, 보호주택보다 지원 수준이 낮은 주택은 모두 포함된다. 노숙인, 노인 등 다양한 취약계층을 위한 주거지원 프로그램이 결합된 주택을 통칭하는 개념으로 독립적인 생활이 어려운 이들을 위해서 필요한 다양한 지원과 함께 주택을 제공하는 것이다(강미나, 김혜승, 전성제, 2007).

(3) 은퇴주택[5)]

은퇴주택(retirement housing)은 보호주택과 함께 영국의 노인주택의 대표적인 유형이다. 보호주택은 주로 정부나 지방자체단체에서 공급하는 공공주택인 반면에 은퇴주택은 고소득 은퇴자를 대상으로 하기 때문에 민간임대업자도 공급할 수 있는 주택유형이다. 보통 10~40호 정도의 소단지가 많으며, 최대 70호를 넘지 않는다. 1인용은 10평, 2인용은 14.7평으로 공공이 공급하는 은퇴주택의 경우 60세 이상을 대상으로 공급하나, 민간분양의 은퇴주택은 55세 또는 60세 이

5) 은퇴주택의 내용은 유병선(2006)의 내용을 인용함.

상 입주할 수 있다. 소유권은 평생임차권(leasehold) 형식으로 판매되며, 그 형식이 다양하다.[6] 이 경우 구입 가능한 비용안(affordabilities)을 마련하고 있다. 임대(leasehold scheme)나 공동소유(shared ownership scheme)의 방식이 그 예인데, 임대의 경우 70%만 본인이 소유하고 나머지 30%는 주택협회가 소유하는 방식이고, 공동소유는 주택을 부분적으로 소유하고 나머지에 대해서는 임대료를 지불하도록 하는 제도다. 이뿐만 아니라 노인이 평생 계속적으로 살 수 있는 주택구입을 지원하기 위한 종신거주권(Lifetime Occupancy)을 두어 은퇴주택의 구입을 지원하는 제도도 있다. 또한 구입자금 이외에 서비스료, 보증금, 세금, 사용료를 지불해야 한다.

영국 노인이 자신의 주택을 담보로 자산을 활용할 수 있는 역모기지 방식에는 Home Reversion[7] 및 Home Income Plan[8]이 있다.

영국에서 은퇴주택의 모든 관리조직은 ARHM(Association of Retirement Housing Managers)에 등록되어 ARHM 실천 규약[9]을 준수해야만 한다. 때문에 민간소유

---

6) ① 종신거주권(종신임차권): Lifetime Lease 또는 Lifetime Occupancy로 표현되며, 구입할 때 남은 여생 동안 종신토록 거주할 수 있는 권리를 구입하는 것을 의미한다. 주택자산(properties)은 시장가격 이하로 판매되며, 만약 다시 이사를 해야 하는 경우가 되면 구입자금을 아주 조금 되돌려 받을 수 있다.

② 공동소유권(shared ownership): 일부 비영리 주택협회는 주택자산(property) 가치를 비율로 살 수 있도록 운영하기도 한다(예를 들어, 25% 또는 50%). 그리고 나머지는 임대료로 지불하는 방식이다. 이 경우 임대료에 정기적인 서비스비용이 더해진다.

③ 임차권 방식(Leasehold Schemes for the Elderly: LSE): 이것도 일부 비영리 주택협회에 의해 운영되는 방법으로 거주자는 임차권(lease)의 70%만 구입하고, 나머지 30%는 비영리 주택협회가 소유하는 방식이다. 이것을 팔면 시장가격의 70%를 되돌려 받을 수 있다(Age Concern, 2004).

7) Home Reversion은 자택을 매각하고 그 매각금으로 종신연금을 구입하는 제도다. 매각 처분 비율은 100%, 75%, 50% 중에서 자유롭게 선택할 수 있다.

8) Home Income Plan은 고령자가 주택을 담보로 대부를 받고 그것을 자금으로 종신연금을 구입하는 제도다.

9) Association of Retirement Housing Managers(ARHM) Code of Practice는 England와 Wales의 민간회사와 비영리 주택협회의 보호주택과 은퇴주택을 관리하는 업체를 규제한다. 모든 관리주체는 ARHM의 회원으로 등록해야 하며, 멤버십 조건에 규약을 준수하도록 하는 규정을 두고 있다. 또한 이 규약은 Secretary of State for the Environment에 의해 승인받아야 한다. 이것은 모든 규약이 법적으로 묶이는

은퇴주택도 높은 수준의 관리기준에 의해 관리되고 있다. 또한 보호주택과 은퇴주택 거주자는 부당한 대접을 받았을 경우, 옴부즈맨 서비스(Ombudsman Services)를 통해 불만을 제기할 수 있다. 은퇴주택 분양에 대해서는 법적으로 보증하고 있으므로[10] 소비자가 은퇴주택을 구입할 때에는 NHBC에 등록된 개발업자가 지은 주택을 사거나 NHBC 보증(NHBC's Buildmark)을 제공하는 공급주체의 것을 선택해야 한다. 또한 모든 구매자는 구매자 정보와 계약서 또는 관리증서를 받도록 법으로 규정하고 있다. 한편, 은퇴주택은 자녀나 친척이 소유할 수도 있지만, 거주는 일정 연령의 사람(55세 또는 60세)만이 할 수 있다(Age Concern, 2004).

〈표 1-6〉 은퇴주택 지원 내용

구분	지원 내용
임대	• 지방정부 또는 비영리 주택협회가 관리하는 곳에 입주할 경우 'HOMES mobility scheme' 신청 • 자산이 16,000파운드 이하 또는 저소득인 경우 주거급여를 통해 임대료 보조 • 단지관리자서비스 이용 가능 • 주택 시설 및 기타 공공시설 운영은 은퇴주택기구(retirement housing scheme)에서 지원
구입	• 55~60세를 최저 연령기준으로 우선적 구매 기회 부여 • 구입을 희망하나 소득 및 자산의 한계가 있는 경우: 임차권방식 단지(Leasehold Scheme), 공동소유권 단지(Shared Ownership Scheme), 종신거주권(Lifetime Occupancy) • 주택단지(Housing Scheme), Individual Housing Scheme을 포함하고 있으며, 이러한 정보는 정부와 긴밀한 연관을 확립한 비영리 단체 및 조직들이 구체적이며 체계적으로 제공

출처: 저출산고령사회위원회(2006).

것은 아니더라도 관리를 잘하지 못할 경우는 법원이나 Leasehold Valuation Tribunal에서 관리회사에 대해 법적인 절차가 가해질 수 있다는 의미다. ARHM Code는 Commonhold and Leasehold Reform Act 2002의 내용에 합당해야 한다(ARHM Code of Practice '05).

10) 거주자의 권리를 보호하기 위한 중요 법률은 National House Building Council(NHBC) Sheltered Housing Code of Practice로 이 법률은 1990년 4월 이후에 지어진 모든 은퇴주택에 적용된다.

은퇴주택은 임대나 구입을 통해 거주할 수 있으며, 주거급여를 통해 임대료를 보조받을 수 있고, 단지관리자서비스(scheme manager service) 이용으로 독립된 주택에서 거주하면서 겪는 어려움을 해소할 수 있는 지원책이 마련되어 있다. 단지관리자서비스는 노인들의 생활 전반의 욕구를 확인하는 파트타임의 방문전담매니저를 둘 수 있는 프로그램으로 24시간 이용 가능하다. 2003년 4월 이후 지자체의 거주자지원 프로그램 기금(support people fund)을 통해 지원을 받을 수 있다.

3) 시설거주 노인을 위한 정책

시설거주 노인을 위한 케어홈(care home)[11]은 상대적으로 높은 수준의 케어가 필요한 사람들에게 제공되는 주택으로 자신의 방이 있지만 나머지 공간은 공동생활공간이어서 독립된 주택의 형태로 보기는 어렵다. 대표적으로 레지덴셜홈(residential home), 요양원(nursing home), 단기보호(respite care)가 있다.

레지덴셜홈은 장기적 케어 및 지원을 제공받기 위해 거주하는 곳으로 24시간 케어지원이 이루어진다. 이곳에서 생활하는 노인은 세탁, 옷 입기, 목욕, 약 복용 등 일상생활의 전반적인 활동을 지원받을 수 있다. 레지덴셜홈에 근무하는 직원은 전문대학 전공 정도의 수준을 갖추어야 한다. 이곳의 노인들은 대부분 지방정부의 사회서비스 기금으로 소득지원을 받을 수 있다.

요양원은 민간자원조직, 지방정부, 보건 기관 등이 운영하며 간호서비스가 제공된다. 이곳의 직원 역시 전문대학 전공 정도의 수준을 갖추어야 하며, 이곳에서는 레지덴셜홈보다 더 높은 수준의 서비스를 받게 된다.

단기보호 사업은 일시적으로 재가 케어가 어려운 경우나 수발자의 휴식을 위

11) 케어홈은 상대적으로 높은 수준의 케어가 필요한 사람들에게 제공되는 주택으로 우리나라의 요양원에 해당하는 정도의 케어가 제공된다.

한 경우 레지덴셜홈이나 요양원에서 특정 여석을 지정하여 운영하기도 한다.

4. 영국 지역사회보호

지역사회보호는 지역사회 노인의 케어 관련 욕구와 상태에 대한 조사 후 세부적인 개입이 이루어지도록 되어 있다. 그러나 지역사회보호는 비공식 자원의 부담을 확대하면서 국가 재정 지출을 줄이기 위한 시도이며, 시설에서의 적극적인 보호를 선택할 권리를 무시하고 독립성만을 촉진하는 방향으로 몰아간다는 비판도 제기되고 있다. 영국의 지역사회보호는 일반주택의 노인거주자에게만 제공되는 것이 아니라 1990년 이후 국민보건서비스(National Health Service)와 「지역사회보호법(Community Care Act)」이 제정되면서 보호주택의 거주자들도 지역사회보호 서비스를 이용할 수 있게 되었다(유병선, 2006). 지역사회보호의 유형으로는 홈케어(home care)와 텔레케어(telecare)가 있다.

홈케어(homecare)는 커뮤니티 케어 사정에 따라 소셜케어 조사위원회(Commission for Social Care Inspection)에 등록된 케어제공자에 의해 개별케어가 제

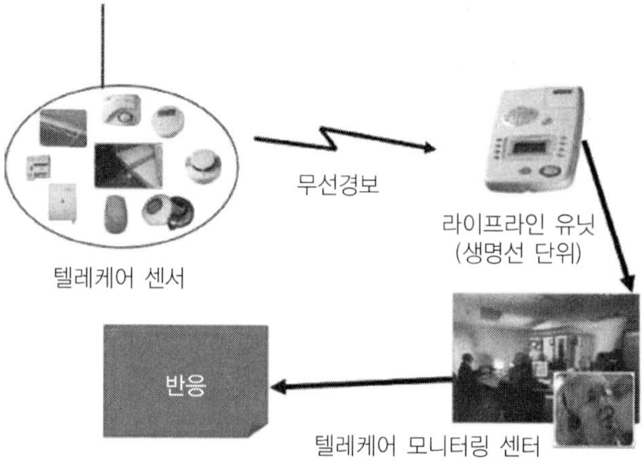

[그림 1-9] 텔레케어 시스템 구성도

공되는 것으로 이용자의 재정 사정에 따라 시간당 비용이 책정된다. 텔레케어(telecare)는 만성질환자와 고령자를 대상으로 인터넷, 휴대폰 등을 활용해 혈압 측정, 응급상황 알림 등을 지원하여 건강관리와 독립적 생활을 지원하는 것이다. 텔레케어 프로젝트를 시행 중에 있으며, 20007년부터 시행된 이 프로젝트에는 총 1,200만 파운드가 투입되었다(김성동, 류호경, 민선정, 2013).

1) 거주자지원 프로그램

2003년 4월부터 도입된 통합적 지역 프로그램으로 원조가 필요한 다양한 대상을 목표로 하나, 혜택을 받는 노인그룹의 비율이 다른 대상에 비해 높아 노인을 위한 주거지원 프로그램으로 인식되고 있다. 영국 정부는 2005년부터 보호주택 거주자뿐 아니라 민간주택의 임차인, 자가점유자도 이용 가능한 폭넓은 서비스임을 명확히 하였다(저출산고령사회위원회, 2006). 거주자지원 프로그램(supporting people)의 활성화로 보호주택에 대한 수요는 오히려 축소되고 있는 것으로 분석된다(강미나, 김혜승, 전성제, 2007).

노인을 위한 거주자지원 프로그램의 내용을 살펴보면(〈표 1-7〉 참조), 일상생

〈표 1-7〉 노인을 위한 거주자지원 프로그램 서비스 내용

지원업무	관련 내용
일상생활기술훈련	일상생활 변화에 대응하는 기술 제공 (예: 배우자 사망에 따른 독거생활 변화대처)
급여 및 대인보호서비스	지역사회보호 및 다양한 급여의 신청 등에 대한 지원
사회지원망 구축	사회지지체계 형성
정서적 지지	고독, 스트레스 등을 감당하도록 상담서비스 제공
주거 관련 서비스	주택 관련 단순 작업 원조를 위한 인력소개 및 주택개선을 위한 정보제공(보호와 주택개조 사업)
지역사회 알람서비스	지역사회 안정망 형성 및 응급 원조

출처: 저출산고령사회위원회(2006) 재구성.

활기술훈련, 급여 및 대인보호서비스, 사회지원망 구축, 정서적 지지, 주거 관련 서비스, 지역사회 알람서비스(community alarm service) 등 포괄적인 재가서비스를 포함하고 있다.

거주자지원 프로그램은 중앙정부가 프로그램의 핵심적인 부분에 책임을 지고, 지방정부는 서비스 제공자와 조직체들과의 계약을 통해 대상자에게 필요한 통합적 서비스를 제공하는 체제를 갖추고 있다. 또한 지자체를 통해 거주자지원 프로그램 기금에 의해 효율적 자금지원체계를 갖추고 있다. 그러나 관련 종사자의 부족, 개념의 혼돈, 인위적인 서비스 구분에 의한 사각지대 발생 등의 문제가 제기되었다. 한편, 2003년부터 제도의 재정비에 따라 서비스의 체계화가 이루어지고 대상범위는 확대되었으나, 종전에 무료로 제공되던 서비스가 유료로 전환되어 이용자의 비용 부담발생에 따른 불만이 새로운 문제로 야기되기도 하였다.

2) 정보서비스

노인의 주거 관련 욕구는 주택뿐 아니라 재정, 건강상태, 케어의 접근성 등에 따라 복잡하게 얽혀 있고, 정보의 내용도 해당되는 내용을 전반적으로 다루어 줄 수 있어야 한다. 따라서 중앙정부, 지방정부, 기타 공공기관 등에서 제도적 기반을 갖춘 정보 전달체계가 있으며, 대도시에는 주거상담센터가 개설 · 운영되어 오프라인을 통한 상담서비스를 제공하고 있다.

[그림 1-10]에서 보듯, 노인의 주택 관련 정보서비스는 집단의 특성에 맞는 접근이 이루어지고 있다. 위험(risk)과 자원(resources)을 기준으로 저위험이며 개인적 · 사회적 자원이 풍부한 집단(LEVEL 1)에게는 웹사이트나 단체 이메일 등을 통해 국가정책 정보를 전달하고, 위험과 자원이 중간 수준인 집단(LEVEL 2)에게는 지역의 관련 기관을 통한 개인적인 접근을 시도하는 등 노인의 사회 · 경제적 상태를 고려하여 정보를 전달한다. 그리고 고위험이며 개인적 · 사회적 자원이 부족한 집단(LEVEL 3)에게는 지역의 주택선택서비스(local housing option services)

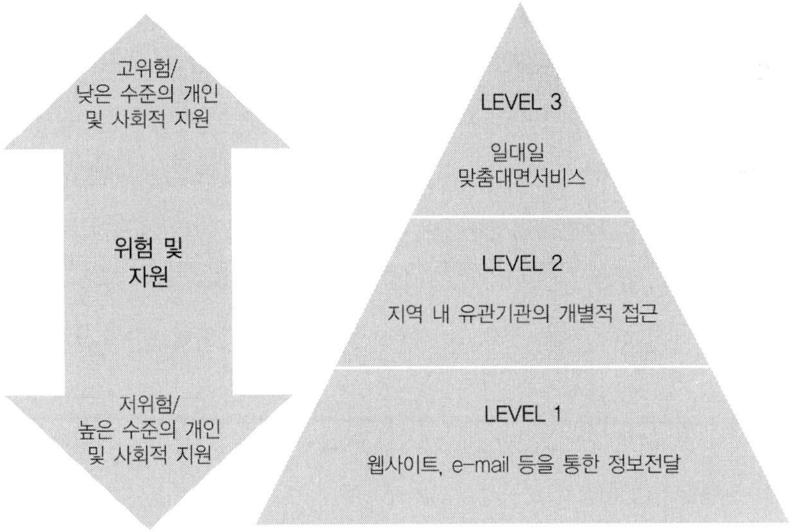

[그림 1-10] 주택 관련 정보 및 지원 서비스

출처: Department for Communities and Local Government (2008).

를 일대일 대면서비스로 제공하는 등 노인의 사회 · 경제적 상태를 고려한 전략적 정보 서비스를 제시하고 있다. 이러한 전략의 성공적인 수행을 위해서는 정부와 외부 기관의 체계적인 파트너십이 필요하고, 성공적인 네트워킹을 통해 기존의 산재된 정보들을 연결하여 효율적으로 전달하는 방안을 강구하려는 노력이 필요하다(DCLG, 2008).

LEVEL 1에 대한 접근의 일례로 Age UK(Age Concern에서 명칭 변경)라는 민간단체는 노인이 온라인을 통해 주택에 관한 정보를 확인할 수 있도록 유관기관의 홈페이지와 접근 가능한 정보의 종류를 안내하며(www.ageconcern.org.uk), 분기별로 민간 은퇴주택과 보호주택 거주자를 위한 AIMS(Advice, Information and Mediation Service)라는 뉴스레터를 발간하고 있다. 여기에는 노인이 수거생활에서 경험하는 다양하고 실질적인 이슈들을 다루고 있어서 실생활에 반영할 수 있도록 도움을 주고 있다.

5. 영국 노인주택정책의 한국에의 시사점

영국의 노인주택정책은 지역사회보호 중심의 복지정책의 일환으로 노인이 지역 내에서 가능한 한 독립성을 유지하며 살 수 있도록 지원한다는 일관된 방향을 고수하고 있다. 1960년대에 등장한 보호주택과 1980년대에 등장한 은퇴주택 이외에 새로운 주택유형이 발생하여 정책 방향이 변화하였다고 보기는 어렵다.

그러나 21세기에 들어오면서 주택에 대한 선택권을 강조하면서 쾌적한 환경에서 생애주기에 적합하고 신체 · 심리적 변화에도 대응할 수 있는 주택의 설계를 강조하여 이를 보완할 수 있는 법적 · 제도적 기반들이 갖추어졌다. 일부에서는 독립성의 강조가 오히려 시설생활을 선호하는 또 다른 선택권을 간과한다고 비판하지만, 「지역사회보호법」에 의한 정책의 실행은 노인의 활동성과 생산성에 초점을 맞춘 일관된 정책으로 평가된다. 더욱이 정책 실행의 원칙과 평가에 있어 경제적 · 사회적 지속가능성을 기준으로 삼고 있다는 점은 현재 우리나라의 노인주택정책에 시사하는 바가 크다.

영국의 주택정책에 있어서 중요한 정책 중 하나가 바로 주택 수리 및 개조에 관한 내용이다. 국내의 최저기준 미달 가구는 72만 500가구로 추정되는데, 이 중 28만 5,300가구가 독거가구이며, 노인가구는 이 중 21.4%를 차지하고 있어서(김혜승, 2007) 주택 수리 및 개조 프로그램은 우리에게도 중요한 과제다. 영국의 경우 노인이 거주하는 주택의 개조 및 수리를 지원하는 정책이 실효를 거두기 위해서는 보호와 주택개조에 있어서 민간과 공공의 협력이 필요했다. 정보에 대한 접근성이 낮은 노인의 특성을 고려하면 영국의 예는 좋은 본보기가 될 수 있을 것이다.

끝으로, 공급정책이든 수요정책이든 노인주택정책의 핵심은 노인의 욕구를 반영한 정책적 시도만이 성공할 수 있다는 점이며, 이를 간과해서는 안 될 것이다. 우리나라 고령자의 희망거주상태에 대한 조사 결과를 보면(김혜승, 2007), 일반적으로 일반주택에서 독립생활을 가장 선호하며, 무배우 상태이거나 건강이 나빠지더라도 희망하는 주택의 형태가 독립성이 보장되는 일반주택이라는 점은 변화가 없다. 물론 건강이 나빠진 상태에서 일반주택의 높은 선호는 소득이 낮을수록 높게 나타나는데, 시설입소에 따른 비용부담이 고려된 결과로 해석된다. 이 점을 고려하더라도 현재 노인의 주택에 대한 선호가 독립성이 보장되는 일반주택이라는 점에서 체계적인 재가복지서비스가 보장되는 가운데 노인가구를 통합적으로 지원하는 주거지원 프로그램이 중요함을 확인할 수 있다. 노인주택의 공급정책과 수요정책은 결국 노인의 독립성 보장을 근간으로 하여 건강 관련 프로그램, 사회적 지원과 함께 통합적이고 포괄적으로 고려되어야 한다는 점을 주지하여야 할 것이다.

참고문헌

강미나, 김혜승, 전성제(2007). 노인주거복지 제고를 위한 종합계획 수립연구–고령자 생활패턴 분석을 통한 주거환경 편리성 개선방안 연구. 경기: 국토연구원.

김성동, 류호경, 민선정(2013). 한국산업기술평가관리원 KEIT PD Issue Report, May, 2013, Vol 13-5, 39-56.

김혜승(2007). 최저주거기준을 활용한 2006년 주거복지 소요추정 연구. 경기: 국토연구원.

박재간, 손화희(2008). 영국과 스웨덴의 노인복지정책. 서울: 학지사.

유병선(2006). 고령사회의 노인주거 복지과제. 경기: 한국학술정보.

장영희(2007). 고령화시대 노인주거복지 정책방안. 서울: 서울시정개발연구원.

저출산고령사회위원회(2004). 고령사회에 대비한 주거환경 개선방안.

저출산고령사회위원회(2006). 고령사회 주거지원 종합대책.

하성규(2006). 주택정책론. 서울: 박영사.

Age Concern (2004). Buying Retirement Housing.

ARHM (2005). ARHM Code of Practice '05.

Department for Communities and Local Government (2006). Quality and Choice for Older People's Housing: A Strategic Framework.

Department for Communities and Local Government (2008). Lifetime Homes, Lifetime Neighbourhoods: National Strategy for Housing in an Ageing Society.

Department for Communities and Local Government (2009). Housing Statistical Release, Household Projections to 2031.

Department for Communities and Local Government (2012). English Housing Survey: HOUSEHOLDS 2010/11.

Department for Communities and Local Government (2013). Household Interim Projections, 2011 to 2021, England.

Department for Work and Pensions (2005). *Opportunity Age.*

House of Lords (2013). Ready for Ageing?

Office for National Statistics (2012). Statistical Bulletin, 2011 Census: Population Estimates for the United Kingdom, 27 March 2011.

Office for National Statistics (2013). 2012-based National Population Projections.

Pannell, J., Aldridge, H., & Kenway, P. (2012). *Market Assessment of Housing Option for Older People.* New Policy Institute.

제2장
스웨덴의 노인주택정책

정지홍

스웨덴의 노인복지정책은 노인인구의 증가 추세에 따라 노인도 일반 주민과 더불어 생활하도록 하여 지역사회보호를 강화하는 방향으로 나아가고 있다. 스웨덴은 노인주택정책을 크게 일반주택에 거주하는 노인에 대한 프로그램과 시설에 거주하는 노인에 대한 주거복지 프로그램으로 나누어 서비스를 제공하고 있다. 이 장에서는 스웨덴의 노인인구 변화, 노인주택정책 변화, 재가노인을 위한 정책, 노인주택유형에 따른 주거복지 프로그램에 대해서 살펴보고자 한다.

1. 스웨덴 노인인구 변화

1) 스웨덴 노인인구 변화

2011년의 인구는 약 948만 명으로, 2050년에는 약 1,128만 명으로 증가할 것으로 예상된다.

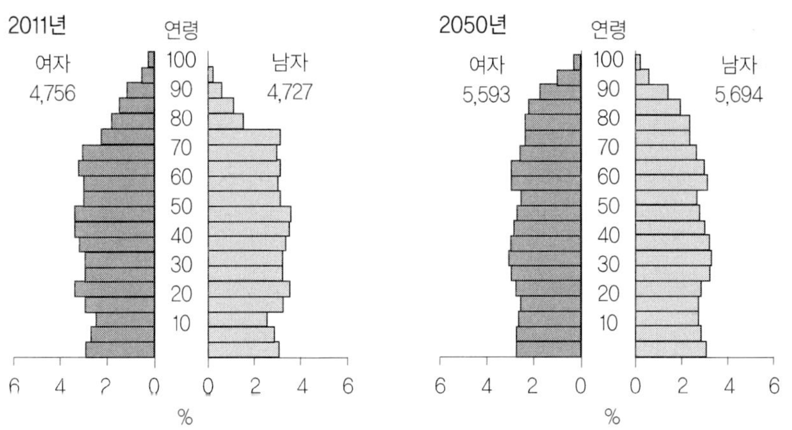

[그림 2-1] 성별 및 연령대별 인구구성(단위: 천 명)

출처: Statistics Sweden(스웨덴 통계청) 홈페이지(http://www.scb.se).

스웨덴은 1890년에 65세 이상 노인인구가 전체 인구의 7%를 넘어섰으며, 그 후 85년이 지난 1975년에는 그 비중이 14%를 넘어서면서 고령사회로 진입했다. OECD 국가의 평균 노인인구비율이 15%인데, 스웨덴은 2011년에 19%로 상대적으로 높았다(OECD, 2013). 기대수명 역시 여성 노인은 82.9세이고, 남성 노인은 78.9세로, 기대수명이 점차적으로 증가하고 있다.

스웨덴 전체 인구의 17% 이상인 160만 명이 65세 이상 노인인구이며 연금을

〈표 2-1〉 스웨덴 노인인구 추계 (단위: 명, %)

	65세 이상 인구	
	인원수	전체 인구 대비
2005년	1,565,000	17.3
2020년	2,056,000	21.2
2030년	2,303,000	22.9
2040년	2,464,000	23.9
2050년	2,478,000	23.6

출처: Ministry of Health and Social Affairs (2007a).

받고 있는 것으로 나타났다. 〈표 2-1〉에서 보는 것처럼 30년 후의 65세 이상 노인인구가 전체 인구 중 가장 큰 부분을 차지하게 되며, 이는 대부분의 인구가 비생산층 인구가 되는 것을 의미한다. 특히 [그림 2-2]를 살펴보면 2015년을 기점으로 75~84세에 해당하는 노인층의 증가 속도가 가파르게 나타나고, 2025년 전

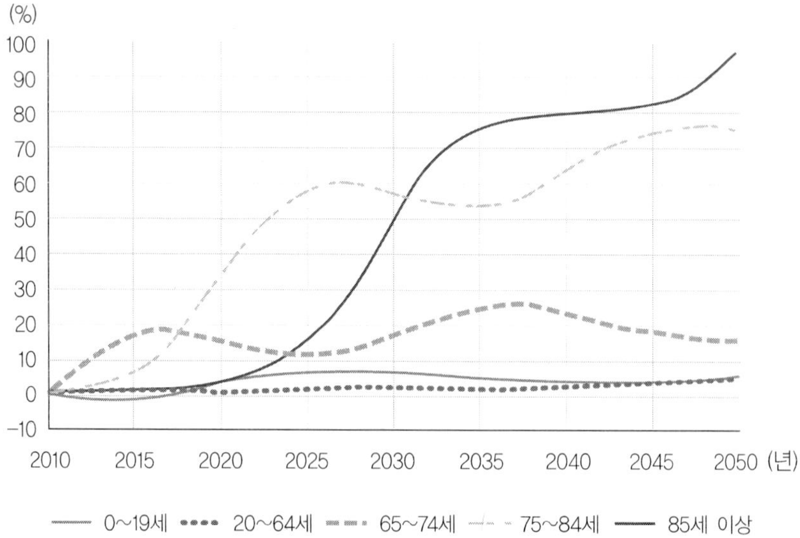

[그림 2-2] 연령대별 인구비율 추이

출처: Statistics Sweden(스웨덴 통계청) 홈페이지(http://www.scb.se).

후로는 85세 이상 고연령 노인인구의 증가폭이 상승할 것으로 예상된다.

스웨덴은 GDP의 3.6%를 노인의 장기요양(long-term care)을 위한 케어서비스 영역에 사용하고 있으며, 이는 OECD 국가 중 2위에 해당할 만큼 노인인구에 지출되는 비용이 크다(OECD, 2013). 1980년에는 40만 명의 노인이 지방정부 가사지원(municipal home help)을 받고 있거나 노인홈 또는 요양원(nursing home)에 거주하고 있었다. 그러나 2005년 통계를 보면 이러한 서비스를 받는 노인의 수가 24만 5,000명으로 줄어들었다.

2) 스웨덴 노인의 거주현황

스웨덴 전체 노인의 93%는 일반주택에 거주하며, 7%는 노인주거시설에 거주하고 있다(Ministry of Health and Social Affairs, 2007a). 전체 노인의 약 18%는 공공주택에 거주하고 있는데, 시설에 거주하지 않는 노인들에게는 공공주택을 최우선적으로 임대받을 수 있는 자격이 부여된다. 한편 65세 이상 노인들 중 절반 정도는 아파트가 아닌 단독주택에 거주하고 있어서 노인들의 단독주택 거주비율이

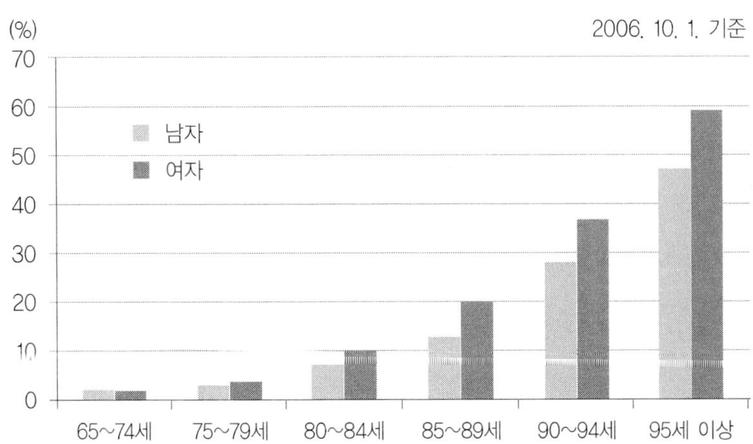

[그림 2-3] 노인주거시설 거주 인구비율

출처: Ministry of Health and Social Affairs (2007a).

꽤 높은 편이다(주은선, 2004).

2. 스웨덴 노인주택정책의 변화과정과 조직

1) 노인주택정책의 변화과정[1)]

스웨덴 노인복지의 기본 방향은 소득 · 의료 · 주택 · 사회서비스를 보장하여 지역사회에서 노인 스스로 독립적으로 정상적인 삶을 유지하도록 복지체계를 구축하는 것이며, 공적인 노인부양이 유지될 수 있도록 공적 비용부담체계(세금, 사회보험료)가 잘 정비되어 있다. 즉, 스웨덴 주택정책에서 고령자만을 위한 별도의 주택정책이 있는 것은 아니다. 보편주의(universalism) 복지체계를 구축하기 위하여 노인만을 특정 대상으로 하는 「노인복지법」이 없는 대신에 「사회보험법」과 「사회서비스법」이 서로 연계되어 있다.

소득보장 부분은 「국민보험법(National Insurance Act)」, 의료보장은 「국민보험법」과 「보건의료서비스법(Health and Medical Service Act)」, 주택은 「주택공급법(Housing Supply Act)」과 「사회서비스법(Social Service Act)」, 노인들의 개별보호서비스는 「사회서비스법」에서 규정하여 이들 법률안에 노인을 대상으로 하는 조항을 삽입하여 노인복지를 추구하고 있다. 노인주택에 있어서는 「사회서비스법」에 기초자치단체의 서비스 · 부양 · 간호 제공과 서비스주택, 노인홈, 요양원 등의 노인주택공급 의무를 부여하고 있다. 주택급여는 주거지 마련에 대해 지원하며, 소득제한이 있다.

스웨덴에서 노인주택은 1947년 노인홈(old people's home)[2)]에서 시작되었다고

---

1) 園田眞理子(1995)와 Paulsson(1996), 유병선(2006)을 참고하여 정리하였음.

2) 노인홈(old people's home: Alderdomshem)이라는 용어는 1896년에 예테보리(Göteborg)에 있는 노인들을 위한 새로운 대형 건물에 처음으로 사용되었다(Paulsson, 1996)

볼 수 있다(園田眞理子, 1995). 1950년대에서부터 1950년대 후반까지는 독립적인 생활이 불가능한 고령자들에게 필요한 서비스와 노인홈을 제공하는 것에 초점을 맞추었지만, 1960년대 후반 이후에는 여러 가지 재가서비스가 발전하면서 고령자를 가능한 한 자기 집에 거주하도록 하는 정책이 추진되었다. 다만, 정신적으로나 육체적으로 문제가 있는 고령자를 위해서는 그룹홈(group home)을 제공하였다. 관련 법률로는 1947년「노인홈 법」이 있다(Turner, 2006).

또한 1946년에는 연금생활자가 거주하는 연금자 아파트(pensioner's flat, pension ärslägenheter)가 등장하여 1950년대에 새로운 주택으로 건설되었다. 이때부터 정부에서는 노인보호시설정책을 수립해 왔으나 고령자만이 거주하기 때문에 야기되는 사회적인 소외감, 신체적 쇠약에 따르는 간호보호 문제 등으로 인해 시설 중심의 노인주택정책이 서서히 변화되기 시작하였다.

1970년대의 시설주의에 대한 반성으로 노인홈 대신에 노인주택의 새로운 유형으로 서비스주택(service house, servicehus)이 등장하였다. 마르메린함 지구에 1972년에 처음으로 서비스주택이 건축되었으며, 이것은 서비스주택, 요양원, 레스토랑, 바, 취미생활공간 등을 갖춘 하나의 복합건물의 형태를 띠었다. 서비스주택은 보통 1개나 2개의 방(부엌 제외), 경보장치가 부착된 것으로 일반 임대차 계약을 통해 공급되었다. 아파트 단지마다 고령자를 위한 서비스주택을 평균 50호 설치하였으며, 기초자치단체 사회복지국이 서비스를 제공하였다. 일반주거지에도 서비스주택이 공급되었다. 1974년 '노인홈의 서비스 하우스 개축'을 위해 주택건설자금융자제도가 마련되었고, 1980년대부터는 노인홈 신축이 금지되고 개축만이 가능하였다. 서비스주택의 기본 개념은 일상생활은 자기 스스로 관리하고 필요로 하는 서비스는 비용을 지불하고 사는 것이었다(Paulsson, 1996)

1980년대 중반은 스웨덴 노인주택정책에 있어 반전의 시기다. 노인주택으로 지배적으로 자리하고 있던 서비스주택과 요양원은 비인간적인 것으로 생각되었으며, 노인주택의 신축도 이루어지지 않았다. 노인들은 지역사회에서 지원을 받으면서 자기 집에서 가능한 한 오래 살도록 권장되었다. 1984년 정부에서는 '당신의 의지대로 살기(Bo på egna villkor)'를 제안하며, 모든 사람이 자기 집에서 의료와 필요한 지원을 받을 수 있는 권리를 주었다(Paulsson, 1996).

재가정책에 이어 1992년의 에델개혁(Ädel reformen)은 노인을 위한 보건의료와 복지서비스를 통합하여 하나의 체계하에서 운영함으로써 복지서비스의 질적 향상을 기하고, 노인주택과 간호의 책임을 주 위원회에서 기초자치단체로 이양함으로써 소요예산을 축소시키기 위한 목적으로 실행되었다. 에델개혁으로 중앙정부의 역할은 축소된 반면에 기초자치단체 및 민간 부분의 역할은 확대되었으며, 노인주택정책에 있어서 그동안 중앙정부 차원에서 해 오던 노인부양의 책임을 기초자치단체인 코뮨(Kommun)이 지게 되었다.

에델개혁의 내용을 간략히 소개하면 다음과 같다. 첫째, 노인복지서비스에 관련된 모든 업무는 기초자치단체인 코뮨에 이관한다. 둘째, 종전의 65세 이상부터 적용된 의료와 복지서비스 혜택을 80세 이상의 후기고령자에게 중점적으로 제공한다. 셋째, 의료와 복지서비스를 통합함으로써 노인의 진료, 간호, 복지서비스를 하나의 행정체계에서 수행한다. 넷째, 노인을 대상으로 하는 진료에서 의사의 권한 중 일부는 간호사에게, 간호사의 권한 중 일부는 간호보조원에게, 간호보조원 업무의 일부는 가정봉사원에게 이관한다. 다섯째, 은퇴한 노인들이 사회에 참여할 수 있도록 사회봉사 프로그램, 파트타임제도 등의 정책을 펼친다(박재간, 손화희, 2008).

또한 에델개혁은 1992년에 현존하는 서비스주택, 노인홈, 요양원 등의 노인전용주거시설을 합법적 · 행정적 · 경제적인 관점에서 주택으로 개칭하여(Paulsson, 1996) 이들을 모두 특별주거로 통합하고, 현재는 일반적으로 '노인들의 주거지(Alderdomshem)'라고 부르고 있다. '노인들의 주거지'로 통칭되면서 통계적으로 노인특별주거는 하나로 되어 있어 1992년부터는 각각의 주거형태에 거주하는 노인들의 수를 알 수가 없고, 노인특별주거에 거주하는 노인의 전체 합계만이 파악되고 있다. 하지만 기초자치단체 내에서는 노인특별주거의 세부

유형인 노인홈, 서비스주택, 그룹홈, 요양원으로 구분하여 운영하고 있다.

에델개혁을 통해서 스웨덴의 노인주택은 소규모로 전환되었으며, 이것은 기초자치단체 구역 내에서 노인전용주거시설에 거주할 만한 노인이 많지 않기 때문이다. 이러한 정책 전환 역시 노인을 지역사회에 그대로 머무를 수 있게 하는 정상화 이념을 바탕으로 한다. 각 기초자치단체마다 지역의 데이 센터(day center)를 거점으로 재택보호의 지역망(network) 혹은 지역 시스템(local system)을 형성하기 시작하였다. 즉, 코디네이터(coordinator)를 중심으로 재택서비스를 제공하며, 노인특별주거에 들어가 간호받지 않으면 안 될 노인들을 집에서 보호하는 것이 가능하게 되었다.

오늘날 노인복지서비스의 궁극 목표는 '필요로 하는 모든 보호와 서비스를 갖춘 자기 자신의 집에서 인생의 최종까지 생활하는 것'이다. 스웨덴은 이렇게 하기 위해 지역마다 코디네이터를 중심으로 보호, 서비스 체계를 형성하여 노인·장애인의 특성을 충분히 반영한 주택 공급에 주력하고 있다.

2) 노인주택정책 조직

스웨덴에는 21개의 광역지자체인 랜(Län)과 290개의 코뮨이라 불리는 기초자치단체가 있다. 랜은 소득세(14~16%)를 부과할 수 있다. 고령자의 주거와 건강보험을 제외한 복지서비스는 코뮨이 담당하고, 건강 및 의료 서비스는 랜이 담당하게 된다. 중앙정부는 법률에 의해 이러한 활동을 자극하며, 교부금을 통해 이러한 활동이 잘 이루어질 수 있도록 하는 업무를 담당한다.

코뮨은 고령자를 위한 재가서비스, 노인홈, 서비스주택, 그룹홈과 연금생활사를 위한 주거급여를 제공하는 책임을 지고 있다. 장기요양이나 의료보험 관련 업무는 랜이 담당한다. 그리고 해당 업무를 담당하는 각 코뮨의 담당부서는 어느 정도 중앙정부의 지원을 받고 있다. 특히 신축이나 개조비용은 중앙정부에서 이자보조금을 지급받고 있으며, 제한된 규모이기는 하지만 운영 및 유지

관리를 위해서도 중앙정부의 지원을 받고 있다. 이 외에도 경우에 따라 중앙정부는 특별한 지원을 하고 있다. 작은 그룹홈이 이 범주에 속한다. 결과적으로 비용의 90%가 공공에서 지출하고 있어 이용자는 10%의 비용을 지급하는 정도다.

코뮨별로 제공하는 서비스의 수준에는 상당한 차이가 있다. 일반적으로 80세 이상 고령자의 7%는 특별한 서비스가 제공되는 서비스주택에 거주하고 있다. 290개 중 28개의 코뮨에서는 이 비율이 13%를 나타내는 반면, 70개의 코뮨에서는 이 비율이 3% 이하를 나타냈다. 또한 80세 이상 고령자 중 약 8%가 노인홈에 거주하는 것으로 나타났다. 이 경우 역시 28개의 코뮨에서는 서비스 수준이 매우 낮아 3%에도 미치지 않는 거주율을 나타내는 반면, 74개의 코뮨에서는 이 비율이 13%를 차지한다.

〈표 2-2〉는 스웨덴 코뮨의 한 곳인 후딕스발(Hudiksvall)의 2006년 자료로 스웨덴 전체 비율과 비교를 해 본 것으로, 코뮨별 서비스 수준 및 비율이 다르다는 것을 알 수 있다. 이동서비스를 이용하고 있는 남성 노인의 경우 스웨덴 전체는 32%인 데 비해 후딕스발 코뮨의 이용 비율은 22%로 전체에 비해 10% 가량 적다.

〈표 2-2〉 2006년 후딕스발 코뮨의 노인 대상 제공 서비스 비율

80세 이상 노인 대상	그룹 내 비율			
	후딕스발 코뮨		스웨덴 전체	
	남성	여성	남성	여성
재가서비스(home-help services)	16%	23%	16%	24%
특별주택(special housing)	13%	22%	12%	19%
이동서비스(transport service)(2005년)	22%	37%	32%	48%

출처: 스웨덴 후딕스발 코뮨 홈페이지-노인대상 서비스(http://www.hudiksvall.se/scb2007/engelska/sida4e.html).

3. 스웨덴 재가노인을 위한 정책

2008년을 기준으로 스웨덴의 65세 이상 노인 중 95% 내외는 단독주택이나 집합주택에서 생활하고 있고, 소수인 5% 내외만이 노인전용 특수주택에서 생활하고 있다. 그러나 85세 이상은 34%가 특수주택에서 거주하고 있다(박재간, 손화희, 2008).

1) 현물급여 프로그램

재가노인이 이용할 수 있는 서비스로는 가사지원 및 가정간호를 위한 홈헬프 서비스, 주간보호(day care) 및 단기보호(short-term care), 응급지원서비스, 교통서비스, 야간순찰서비스 등이 있다.

(1) 가사지원 및 가정간호를 위한 홈헬프 서비스

가사지원(home help)을 위한 홈헬프 서비스는 스웨덴 노인들이 자신이 거주해 오던 집에서 거주할 수 있도록 하는 정부정책을 실현하는 가장 중요한 서비스로 「사회서비스법」에 의하여 지방정부에 의해 제공된다. 서비스의 종류는 청소, 세탁, 조리, 입욕보조, 일용품 구입, 사회적 접촉 돕기, 말벗서비스 등을 포함한다. 필요한 경우 비상벨 서비스가 제공되는데, 비상벨은 가장 가까운 노인주거시설과 연계되는 경우가 많다. 이러한 서비스는 가사지원 도우미(home helper)들에 의해 제공되며, 이들은 지방정부에 소속된 공무원으로서 전일제 혹은 시간제로 일하며 지방정부로부터 보수를 받는다(황진수, 1997).

가사지원 홈헬프 서비스를 받기 위해서는 소정의 비용을 부담해야 하는데, 생계능력 여하에 따라 비용부담의 비율도 달라진다. 현재 자택에서 홈헬프 서비스를 받고 있는 노인은 전체 노인의 8.2%에 해당된다(노년시대신문, 2010.

10. 8.). 2008년 10월 한 달 동안 65세 이상 노인에게 제공된 가사지원서비스는 4,593,300시간이었다(Ministry of Health and Social Affairs, 2008)

한편 가정간호(home nursing)는 자격을 갖춘 인력이 일반 케어와 전문적인 의료케어를 하루에 여러 번 제공하는 서비스다. 가사지원서비스를 받고 있는 노인의 1/3 정도가 가정간호를 함께 받고 있다.

(2) 주간보호 및 단기보호

주간보호(day care)는 자신의 집에 거주하면서 가족에게 보호를 받고 있는 노인성 치매 등의 질병을 가졌거나 기타 치료 및 재활이 필요한 노인들을 대상으로 낮 시간 동안 치료 및 재활 서비스를 제공하는 활동을 의미한다. 주간보호서비스는 특별히 훈련받은 직원에 의해서 제공된다. 주간보호서비스를 이용하는 노인의 수는 2000년 15,500명에서 2006년 12,700명으로 작은 변화는 있지만 지속적으로 감소 추세에 있으며, 이는 의료발전 등으로 인해 건강한 노인들이 스스로 독립적인 생활을 영위하고 있음을 의미한다(Ministry of Health and Social Affairs, 2007).

단기보호(short-term care)는 치료, 재활 및 케어 서비스가 제공되는 곳에서 단기간 거주할 수 있는 서비스로, 일반주택에 거주하는 노인과 특별주택에 거주하

〈표 2-3〉 주간보호서비스를 이용하는 65세 이상 노인의 수 (단위: 명)

연도	남성	여성	전체
2000	5,500	10,000	15,500
2001	5,100	9,200	14,300
2002	4,600	8,300	12,900
2003	4,500	8,200	12,700
2004	4,400	8,100	12,500
2005	4,400	7,800	12,200
2006	4,600	8,100	12,700

출처: Ministry of Health and Social Affairs (2007).

는 노인의 중간 단계적 서비스에 속한다. 8,700명(2008. 10. 1. 기준)의 65세 이상 노인이 단기보호서비스를 이용하고 있으며, 이 중 88% 이상이 지방정부에서 운영하는 시설에서 서비스를 받고 있다(Ministry of Health and Social Affairs, 2008).

(3) 응급지원서비스

일반주택에 거주하는 노인들은 항상 위험에 노출되어 있다. 만일에 발생하게 될지 모르는 응급 사태에 대비한 응급지원서비스를 제공받게 된다.

(4) 교통서비스

지방정부에서는 기능장애로 인해 일반 대중교통을 이용할 수 없는 노인 및 장애인들에게 교통서비스를 제공한다. 가장 일반적인 이동 수단은 택시이지만 특별히 개조된 차량도 이용할 수 있다. 만일 지역을 벗어나서 이동하게 될 경우 중앙정부의 이동서비스를 받을 수 있다.

(5) 야간순찰서비스

스웨덴이 실시하고 있는 재가노인을 위한 복지서비스 중 독특한 프로그램 중 하나는 지역복지사무소가 운영하는 야간순찰서비스다. 홈헬프 서비스는 일반적으로 오전 8시부터 오후 5시까지 일하는 것이 통례인데, 노인을 대상으로 하는 케어는 하루 24시간 보살펴야 하는 경우가 많다.

현재 스웨덴이 실시하고 있는 야간순찰서비스는 저녁 및 야간 순찰반으로 운영된다. 저녁순찰반은 오후 5시부터 밤 10시까지, 야간순찰반은 밤 10시부터 다음 날 아침 8시까지 근무한다. 야간순찰반의 구성원으로는 일반헬퍼, 케어보건사, 간호사 등이 있고, 이 3인 1조가 미리 계획된 일정에 따라 특수승용차로 각 가정을 방문해 해당 노인들이 필요로 하는 도움을 제공하기도 하고, 긴급호출전화를 받은 곳에 한해서 출동하기도 한다(노년시대신문, 2010. 10. 8.).

2) 현금보조 프로그램(주거급여)[3]

스웨덴은 소득이 낮은 국민들의 주거비 부담을 줄이기 위해 주거급여를 제공하고 있다. 노인을 위해 연금제도에서 제공되는 주거급여와 함께 저소득층 연금생활자에 대해 주거보조(housing supplement) 등이 제공되고 있다.

(1) 주거보조금

주거보조금(Bostadstillägg till pensionärer, Housing Supplement for Pensioner: BTP) 중 노인을 대상으로 하는 경우는 65세 이상의 연금수급자 가운데 연금급여액이 낮은 노인들에게 지급된다. 즉, 저소득층 노인에 대한 주거비 지원을 그 목표로 하고 있다. 보건복지부 산하 RFV(Riksföörsäakringsverket, National Social Insurance Board)가 업무 책임을 맡고 있으며, 각 지역의 사회보장사무소(Social Insurance Office)에서 실무를 담당하고 있다.

(2) 특별주거보조금

주거보조금 수급자 가운데 가구 및 거주지역의 특성으로 인해 주거비에 대한 부담과 욕구가 특별히 높은 경우 추가적으로 지원하는 제도다. 특별주거보조금(Special bostadstillägg till pensionärer, Special Supplement for Pensioner: SBTP)의 산정 역시 수급자의 연 수입을 고려하는데, 주거보조금보다 관대한 지급을 원칙으로 한다.

(3) 부가보조금

부가적인 주거비용이 필요한 노인들을 위한 주거급여 보조를 실시하고 있다. 부가보조금(København, Municipal Additional Amount: KBH)은 보건복지부 산하

---

3) 이 내용은 주은선(2004)의 내용을 중심으로 정리함.

National Board of Health and Welfare가 담당하며, 각 지방정부의 해당 부서가 실무를 담당한다.

(4) 생계비 지원

노인을 위한 생계비 지원(Maintenance Support)은 공적연금체계의 다른 급여들을 통해 기본적인 생활비 필요가 만족되지 않은 연금수급자를 대상으로 급여를 지급하는 제도다. 개정된 스웨덴의 연금체계에서 45년 동안 스웨덴에서 거주한 65세 이상 노인의 경우 최저보장연금(Guarantee Pension)을 받게 되는데, 이러한 기준을 만족시키지 못하는 노인의 경우 감액된 최저보장연금을 수급한다. 이 경우 노인을 위한 생계비 지원제도에 의해 기본적인 삶의 수준이 보장될 수 있다. 노인을 위한 생계비 지원은 소득조사에 기반하는데, 주거비용과 소득(배우자가 있는 경우 배우자의 소득 포함)이 급여의 크기에 영향을 미친다. 즉, 합리적인 주거비용을 제한 후의 소득이 국가가 정한 최저생계비의 수준보다 낮은 경우 그 차액을 지급하는 것이다.

이 밖에도 주거환경 개선에 대한 보조금이 있다. 이는 일반주택에 거주하는 노인들을 대상으로 노인의 특수한 요구에 맞게 주택을 개·보수하는 비용을 지방정부가 지원하는 것이다. 비용지원은 상황에 따라 개·보수 비용 전부 혹은 대부분을 포함한다.

4. 스웨덴 노인주택유형

다양한 사회서비스의 제공에도 불구하고 자신의 집에서 독립적인 생활을 영위하기 힘든 노인들은 지방자치단체가 제공하는 다양한 유형의 노인주거시설에서 살 수 있으며, 그 유형은 서비스주택, 요양원, 그룹홈, 시니어주택 등이다.

1) 노인주택정책의 기본 방향

노인주거시설에 대해서는 기초자치단체에서 모든 책임을 지며, 사회보호뿐만 아니라 건강관리까지 포함한다. 노인주거시설의 입소를 원하는 개인이 기초자치단체의 해당 사무소에 신청을 하면, 법으로 정해진 절차에 의해 노인의 요청에 대한 사정이 이루어지고, 이러한 평가 결과에 기초하여 시설입소 여부에 대한 결정이 이루어진다. 이때 해당 노인이 지방정부의 결정에 승복할 수 없는 경우에는 행정법원에 청원을 할 수 있다. 물론 각 지역의 사회서비스위원회와 기초자치단체는 필요한 경우에 노인을 반드시 보호시설로 인도할 권한을 가지고 있다.

한편 노인들의 시설거주비용은 소득에 따라 차등화되어 부과된다. 대부분의 스웨덴 노인들의 시설거주비용은 시민권과 스웨덴에 거주한 기간에 의거하여 노인에게 제공되는 기초연금 안에서 시설거주비용이 충당되는 수준이기 때문에 개인 혹은 가족이 별도의 비용을 부담할 필요가 없다. 또한 노인주거시설은 가족에게 개방되어 있기 때문에 언제든지 방문하여 여러 날씩 머물고 갈 수 있도록 되어 있다.

2) 노인주택유형

(1) 서비스주택

서비스주택은 일반주택에서 혼자 살기에는 문제가 있는 노인들을 대상으로 그들이 생활하기에 편리하도록 설계됨과 동시에 운영 면에서도 그들이 일상생활을 해 나가는 데 불편함이 없도록 다양한 서비스가 제공되는 주택이다. 이러한 서비스를 통해 서비스주택에 거주하는 노인들은 자립적인 생활을 한다.

노인들이 서비스주택에 입주하기 위해서는 기초자치단체 산하의 사회보장사무소에서 입주가 필요한지 그 여부에 대해 판정받아야 하며, 입주판정의 기준으

[그림 2-4] 튠바카 서비스주택(Tunbacka servicehus)

출처: http://www.hudiksvall.se/templates/Page____327.aspx

로는 신체적 기능의 저하로 인해 자택에서 독립적으로 생활하기 힘든 경우, 혼자서 생활하는 데 여러 가지로 불안요소가 존재하는 경우, 자택에서 생활함에 있어 서비스 프로그램 접근성에 문제가 있는 경우 등이다. 입주판정을 받은 노인은 소정의 임대료 중 85% 내외의 금액을 기초자치단체로부터 주택임대수당이라는 명목으로 보조를 받는다(노년시대신문, 2010. 10. 8.).

서비스주택의 공급주체는 코뮨이며, 보호거주시설이나 지원금 정책, 거주자의 범위규정 등은 코뮨마다 차이가 있다. 그러나 서비스주택 거주자들은 대부분 코뮨과 임대계약을 맺은 노인들이 많다. 서비스주택의 임대료와 관리비, 서비스 비용 등은 원칙적으로 자기 부담이다. 그러나 노인홈과 마찬가지로 저소득 노인의 경우 지방정부로부터 임대료 보조 등의 각종 보조금을 받을 수 있다(황진수, 1997).

(2) 요양원

요양원(nursing home)은 항시 간병과 간호를 필요로 하는 고령후기노인들을

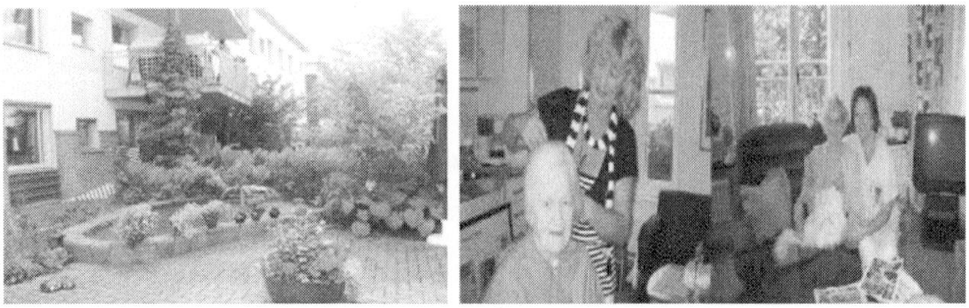

[그림 2-5] 보라스 요양원(Borås Nursing)

출처: 스웨덴 보라스 요양원 홈페이지(http://www.boras.se/bramhult/aldreomsorg/distansgatan7).

입소시켜 가족적 분위기를 갖춘 환경에서 생활할 수 있도록 보살피는 시설이다. 요양원은 인구노령화와 함께 크게 증가한 만성질환을 가진 노인환자를 위해서 1960년대에 대량으로 건설되었다. 요양원은 랜이 운영주체였는데, 1992년의 에델개혁에 의해서 그 운영주체가 코뮨으로 이관되었다(황진수, 1997).

요양원에 입주하고 있는 노인의 수는 전국적으로 5만 명 내외이고, 입소 형태는 1인 1실, 2인 1실, 4인 1실 등 다양했으나 최근에 이르러 입소노인의 프라이버시가 존중되어야 한다는 뜻에서 점진적으로 1인 1실의 형태로 개편되고 있다. 스웨덴에는 세 가지 형태의 요양원이 존재한다. 첫째는 종합병원 부설 장기요양병원이고, 둘째는 코뮨이 운영하는 요양시설이며, 셋째는 민간단체가 영리를 목적으로 운영하는 요양시설이다. 요양원의 절대 다수는 코뮨이 운영하고 있지만 2000년대에 접어들면서부터 민간단체가 영리를 목적으로 운영하는 시설이 급속도로 증가하는 추세다(노년시대신문, 2010. 10. 8.).

(3) 그룹홈

스웨덴의 그룹홈은 최근 사회적 서비스 면에서 매우 중요한 역할을 수행하고 있다. 시설의 형태는 하나의 미니요양시설로 보면 된다. 이곳에 입주하고 있는 노인들은 신체적 장애로 일상생활에서 타인의 도움을 받아야 할 노인도 있지만, 그것보다는 주로 치매성 질환으로 하루 24시간 간병과 간호를 받아야 할 노인들이 입소한다.

그룹홈은 마을 단위로 1개소씩 설치되어 있는데, 이는 해당지역에 거주하는 노인들을 먼 곳에 있는 큰 규모의 요양시설에 입소시키는 것보다 지역단위에서 자치적으로 보살피는 것이 비용뿐만 아니라 당사자의 정서적 안정이라는 측면에서도 훨씬 바람직하다고 판단되기 때문이다.

그룹홈의 거주 인원은 1개소당 평균 10명 이내이고, 이들을 보살피는 직원은 간호사를 포함해 3인 이내다. 주거형태는 1인 1실을 원칙으로 하기 때문에 개인생활이 보장되며, 공동부엌, 식당, 작업실 등의 공용공간이 있다. 이에 따라 그룹홈에 거주하는 노인들은 주거의 독립성을 유지하면서도 구성원 간의 상호작용 및 공동활동의 분담, 서비스 및 보호가 가능하기 때문에 불필요한 주거비를 절감할 수 있다.

그룹홈의 입주 여부는 치매성 노인의 경우 종합병원의 진단결과에 따라 코뮨 소속의 케어매니저가 결정한다. 입소자에 대한 보건의학적인 관리는 그룹홈에 배치되어 있는 간호사가 담당하지만 필요한 경우에는 보건의료센터의 의사가

[그림 2-6] 헬렌달스 그룹홈(Helenedals gruppboende)

출처: 스웨덴 후딕스발 코뮨 홈페이지-헬렌달스 그룹홈(http://www.hudiksvall.se/templates/Page.aspx?id=330).

왕진한다. 에델개혁 이후 스웨덴에서는 케어를 필요로 하는 노인들을 보살피는 정책에 대해 요양원보다는 그룹홈과 같은 소규모의 형태가 더욱 이상적이라는 경향이 지배적이다. 따라서 일부 코뮨은 시설규모가 큰 기존의 요양원을 서너 개 정도의 그룹홈으로 분할해 운영하는 사례도 적지 않다.

(4) 시니어주택

시니어주택(senior house)은 주로 60세 이상 중산층을 대상으로 하는 주거시설이다. 시니어주택은 대부분 지역주민들로 구성되는 주택협동조합에 의해 설치 · 운영된다. 입주자격은 지역에 따라 각기 다르기는 하지만 대체로 케어를 필요로 하지 않는 노인이면 누구나 입주 가능하다.

노인용 주거시설이지만 「사회서비스법」에 의한 케어주택은 아니므로 일반주택과 동일하게 취급된다. 따라서 코뮨은 이러한 주택의 운영과 관련해 전혀 개입하지 않는다. 노인들이 시니어주택을 선호하는 이유는 그곳에 입주하면 동년배의 노인들과 어울려 취미 · 오락 활동을 할 수 있다는 장점이 있기 때문이다.

5. 스웨덴 노인주택정책의 한국에의 시사점

스웨덴에서 노인과 관련된 법규로는 「국민보험법(National Insurance Act)」「보건의료서비스법(Health and Medical Service Act)」「사회서비스법(Social Service Act)」 등에서 노인을 주요 대상으로 하는 조항들을 삽입해 놓고 있다. 스웨덴의 노인복지서비스 행정은 일차적으로 중앙정부가 책임을 맡고 있지만, 코뮨과 주의회 등 지방정부는 서비스 수행상 중앙정부로부터 상당한 자율성을 확보하고 있다. 코뮨과 주의회는 자체적으로 노인복지서비스를 계획하고 운영을 위해 조세를 징수한다. 따라서 스웨덴의 노인복지서비스는 지역에 따라 융통성 있게 조직되고 운영된다. 중앙정부와 지방정부 간의 권력은 균형을 이루고 있고, 지방정부의 자율성도 보장이 되어 있다.

한국도 지방분권화 정책에 따라 사회복지서비스 분야에 있어서 지방정부의 지역사회보장계획 수립의무화, 사회복지서비스에 대한 지방정부의 의무와 책임 강화 등 지방분권화가 이루어졌다. 하지만 지방정부가 자율적으로 서비스를 기획하고 공급할 수 있는 가능성을 주고 주민욕구에 반응하는 맞춤서비스를 제공할 수 있다는 장점에도 불구하고 사회복지서비스의 공급 축소와 지방 간의 사회복지서비스 격차를 확대시켜 서비스 양극화 문제를 심화시킨다는 부정적 의견도 존재하고 있다. 이런 부정적 의견에 대해 스웨덴의 노인복지서비스 행정 흐름은 비슷한 문제를 안고 있는 우리의 노인복지서비스 분야에 시사해 주는 바가 크다.

또한 스웨덴의 노인복지는 노인인구 구조의 변화와 노인들의 욕구 충족을 위해서 시설 중심의 노인복지 정책에서 벗어나 1980년대부터 재택 중심의 정책으로 전환해 가고 있으며, 특히 고령노인들의 장기요양보호를 위해 사회복지제도와 전달체계를 재정비하고 법적 기반을 마련하고 있다. 이러한 스웨덴 노인복지의 정책 흐름은 복지선진국의 시행착오를 통해 수정 · 보완된 노인복지정책으로, 이는 우리 노인복지정책이 나아가야 할 방향을 제시해 줄 것이다. 이와 관련하여 재택 중심의 정책 흐름 속에 스웨덴이 재가복지서비스를 강조해 왔듯이 우리 노인복지정책에 있어서 관련 법규의 수정 · 보완뿐만 아니라 제도적 정비 등을 통해 재가복지서비스의 질적 향상과 다양성을 추구해야 할 것이다.

참고문헌

박재간, 손화희(2008). **영국과 스웨덴의 노인복지정책**. 서울: 학지사.

안상훈(2001). 스웨덴의 노인주택정책과 관련법. 한국노인문제연구소 편, **주요선진국의 노인주택정책**. 서울: 한국노인문제연구소.

유병선(2006). 고령사회의 노인주거복지과제. 경기: 한국학술정보.

윤주현, 강미나, 송하승(2004). 인구고령화와 노인주거-고령사회 노인주거의 현황과 정책과제. 경기: 국토연구원.

이숙영(2011). 스웨덴의 노인을 위한 복지와 치유적 공간환경. 경기: 이담북스.

이인수(2001). 노인복지론. 서울: 양서원.

장인협, 최성재(1997). 노인복지론. 서울: 서울대학교 출판부.

주은선(2004). 인구고령화와 노인주거-스웨덴의 노인주거정책. 경기: 국토연구원.

황진수(1997). 스웨덴의 노인주택정책. 노인문제연구소 편, 각국의 고령자주택정책. 서울: 한국노인문제연구소.

園田眞理子(1995). 세계의 고령자주택(대한주택공사 역). 서울: 대한주택공사.

Government Offices of Sweden (2010). The future need for care Results from the LEV project.

Ministry of Health and Social Affairs (2007). Facts about Elderly in Sweden.

Ministry of Health and Social Affairs (2008). Management Form for Care and Standard of Dwelling in Special Forms of Housing for the Elderly and Persons with Impairments.

Organization for Economic Cooperation and Development [OECD] (2013). A Good Life in Old Age? Monitoring and Improving Quality in Long-Term Care.

Paulsson, J. (1996). New Concepts and Design of Housing for the Frail Elderly in Sweden. 가톨릭대학교 생활과학연구소 국제학술심포지엄 자료집, 7-21.

Baek, S. I. (2000). Elderly Care in Sweden and Japan, *Korea Journal of Research in Gerontology, 9*, 149-176.

Socialstyrelsen (1993). Social Service and Care in Sweden.

Turner, B. (2006). 저출산 · 고령화 대응 국제정책 포럼자료집. 서울: 한국보건사회연구원.

노년시대신문(2010. 10. 8.). 세계 각국의 노인복지정책 및 노후생활-스웨덴.

스웨덴 보라스 요양원 http://www.boras.se/bramhult/aldreomsorg/distansgatan7

스웨덴 후딕스발 코뮨-노인대상 서비스 http://www.hudiksvall.se/scb2007/engelska/sida4e.html

스웨덴 후딕스발 코뮨-튠바카 서비스주택 http://www.hudiksvall.se/templates/Page____327.aspx

스웨덴 후딕스발 코뮨-헬렌달스 그룹홈 http://www.hudiksvall.se/templates/Page.aspx?id=330

National Board of Health and Welfare(스웨덴 보건복지부) http://www.socialstyrelsen.se

Statistics Sweden(스웨덴 통계청) http://www.scb.se

The Official Gateway to Sweden(스웨덴 정부) http://www.sweden.se

제3장

미국의 노인주택정책

이지현

미국은 다양한 형태의 노인주택 대안이 존재하고 있다. 미국의 노인주택정책은 1960~1970년대를 기점으로 많은 발전을 이루었으며, 현재 미국 내에 존재하는 다양한 형태의 노인주택은 노인들의 욕구와 특성을 반영하여 정착된 주거문화라고 볼 수 있다. 따라서 미국의 노인주택에 대한 고찰은 우리나라의 노인주택정책의 방향이나 노인주택유형 개발에 많은 도움을 제공할 것이다.

1. 미국 노인인구 변화

1) 미국 노인인구 변화

다음의 〈표 3-1〉에서 나타난 바와 같이 미국의 65세 이상 노인인구 수는 1900년대에 300만 명 정도에서 2000년에는 3,500만 명으로 약 10배가량 증가하였다.

〈표 3-1〉 미국의 65세 이상 노인인구 비율 및 노인인구 수(1900~2000년)

(단위: 백만 명, %)

연도	65세 이상 노인인구 수	65세 이상 노인인구 비율
1900	3.1	4.1
1920	4.9	4.7
1940	9.0	6.8
1960	16.6	9.2
1980	25.5	11.3
2000	35.0	12.4

출처: U.S. Census Bureau (2002).

[그림 3-1]에서 볼 수 있듯이 베이비붐 세대(babyboomers, 1946~1964년 출생)가 65세로 진입하는 시점인 2011년부터 노인인구의 급증이 이루어지고 있으며, 이러한 추세는 앞으로 20~30년 동안 지속될 전망이다(Federal Interagency Forum on Aging Related Statistics, 2012).

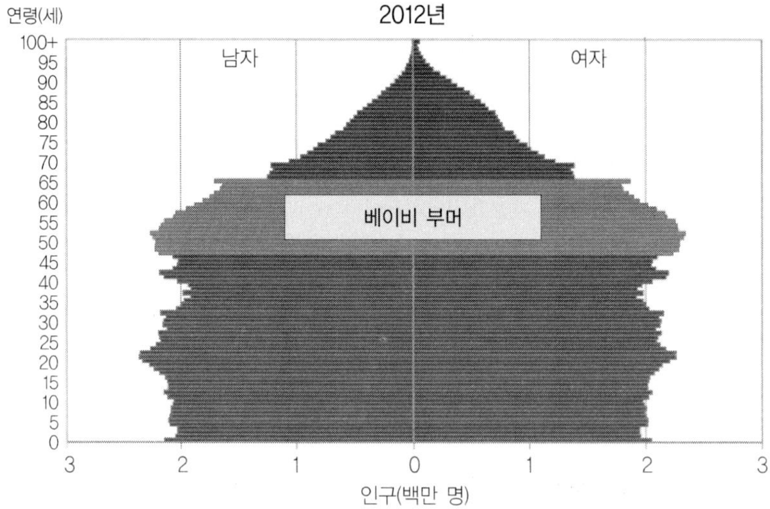

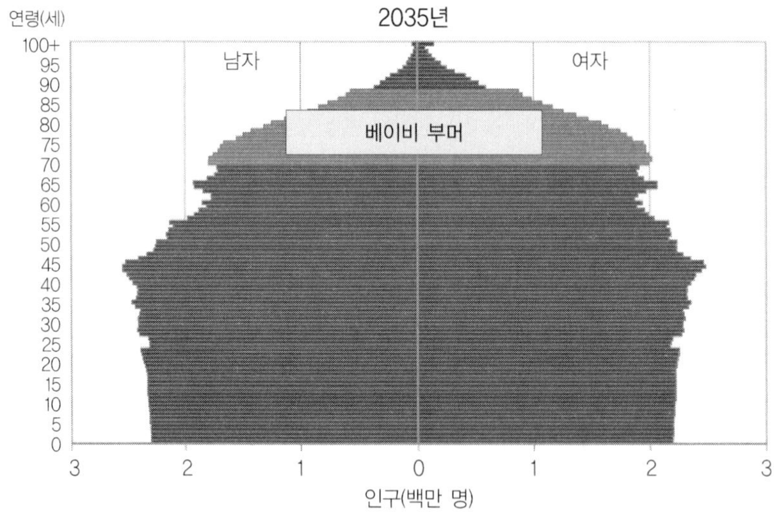

[그림 3-1] 미국의 인구구조 변화(2012년, 2035년)

출처: Federal Interagency Forum on Aging Related Statistics (2012).

또한 2012년에 비해 미래 미국 사회의 인구 수는 3억 1,000만 수준에서 4억 2,000만으로 약 33% 증가할 것으로 전망되며, 이에 65세 이상 노인인구층의 비율이 과거에 비해 높게 형성될 전망이다([그림 3-2] 참조).

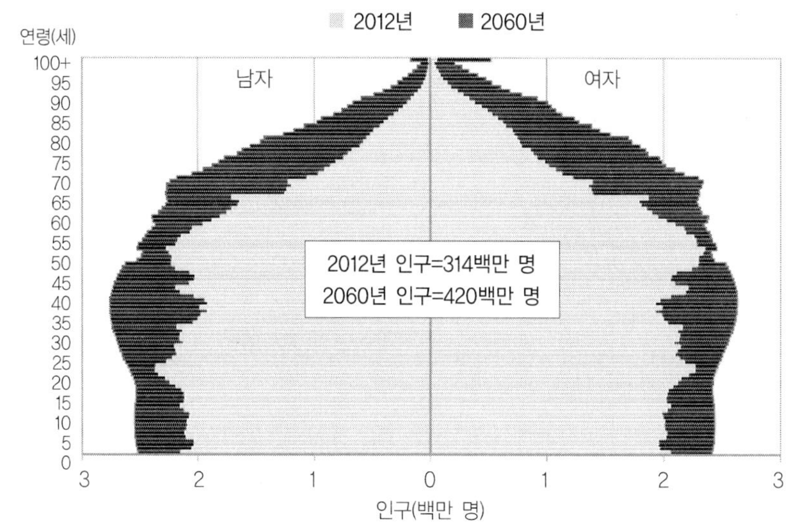

[그림 3-2] 성별 및 연령별 인구 변화(2012년, 2060년)

출처: Federal Interagency Forum on Aging Related Statistics (2012)

[그림 3-3]에서 볼 수 있듯이 유년층의 인구는 약간 상승하지만 큰 변화 없이 유지되나, 65세 이상 노인인구의 경우는 2020년을 지나 2030년까지 가파른 상승세를 보이다가 2040년부터는 유년층 인구에 비해 높지만 완만한 상승세를 보일 전망이다. 이러한 변화는 인구부양비의 변화와도 관련이 된다. [그림 3-4]에서와 같이 1990년에 62%의 인구부양비는 2010년까지는 비교적 안정적인 추세를 보이다가 2020년부터 유년부양비는 비슷한 수준에서 머물지만, 노년부양비는 2020년에 28%, 2030년부터는 35%를 상회할 것으로 전망된다.

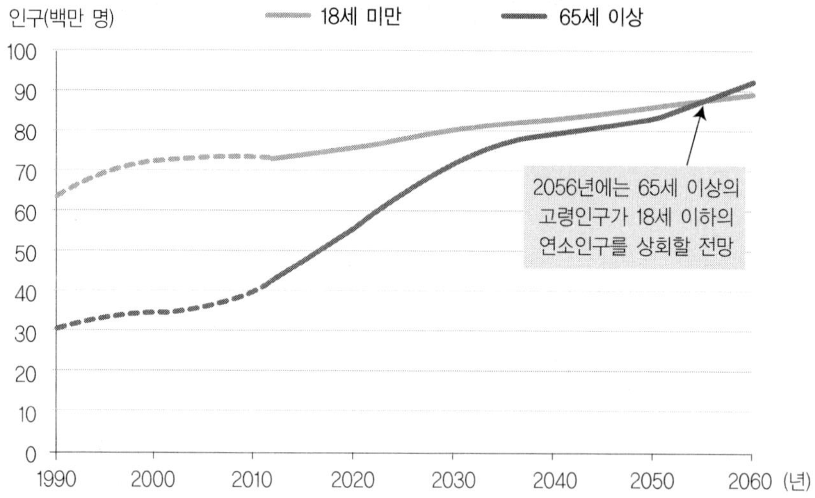

[그림 3-3] 유년 및 노년 인구 변화

출처: Federal Interagency Forum on Aging Related Statistics (2012).

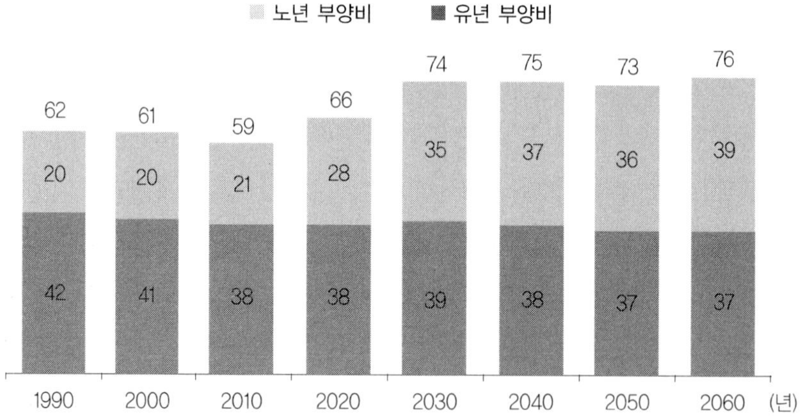

[그림 3-4] 인구부양비 변화 추이(단위: %)

출처: Federal Interagency Forum on Aging Related Statistics (2012).

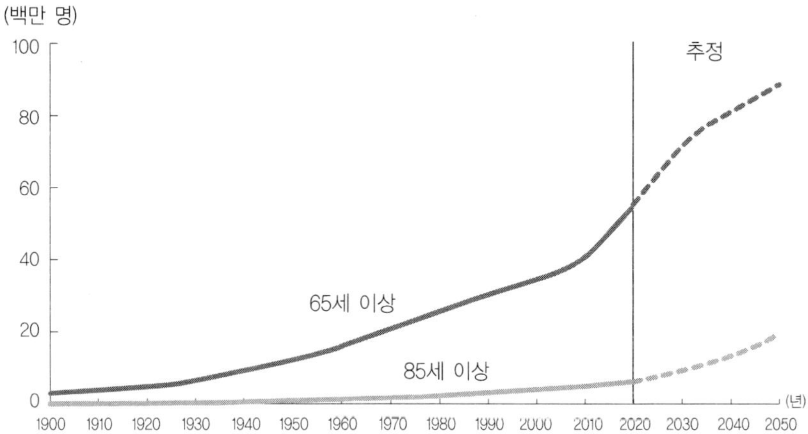

[그림 3-5] 미국의 65세 이상 노인인구 수(1900~2050년)

출처: Federal Interagency Forum on Aging Related Statistics (2012).

특히 앞으로의 고령화에 85세 이상의 초고령 노인인구의 증가가 예상되고 있어서 이에 대한 미국 사회의 준비도 필요한 실정이다([그림 3-5] 참조).

2) 미국 노인의 거주 형태

미국의 65세 이상 노인의 거주 형태를 보면 배우자와 같이 거주하는 비율이 남성 노인의 경우 73%, 여성 노인의 경우 42%로 나타났다. 또한 혼자 사는 노인의 비율은 남성 노인과 여성 노인이 각각 19%, 39%로 나타났다. 즉, 미국 노인은 남성의 경우 주로 배우자와 함께 살고 있으나, 여성의 경우 다양한 형태를 보인다. 이는 미국의 노인주택정책이 여성 노인의 특성을 더 많이 고려해야 함을 보여 준다.

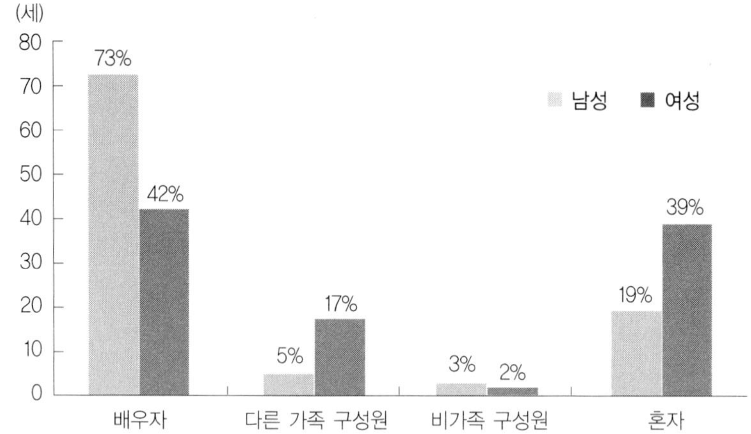

[그림 3-6] 미국 노인의 거주 형태

출처: Federal Interagency Forum on Aging Related Statistics (2008).

3) 미국 노인의 소득 수준

[그림 3-7]은 1974년부터 2010년까지의 65세 이상 미국 노인의 소득 분포를 나타낸 것이다. 전체적으로 볼 때, 저소득층이나 빈곤층 노인의 비율은 감소된

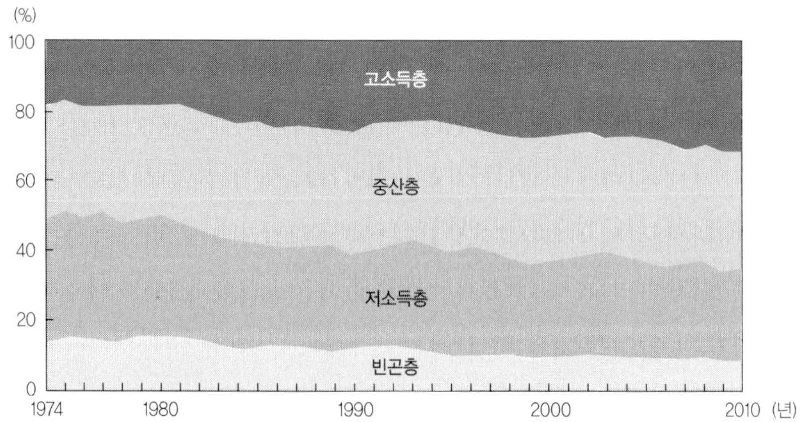

[그림 3-7] 미국 65세 이상 노인의 경제 상태(1974~2010년)

출처: Federal Interagency Forum on Aging Related Statistics (2012).

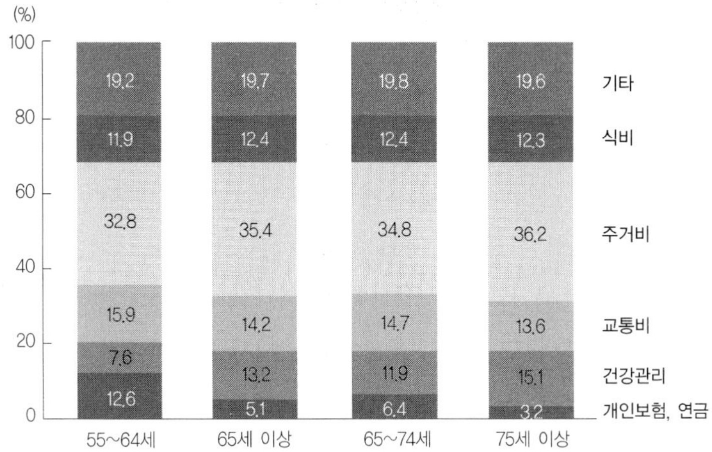

[그림 3-8] 노인연령대에 따른 소비유형별 비교

출처: Federal Interagency Forum on Aging Related Statistics (2012).

반면, 고소득이나 중간소득 계층의 노인이 점차적으로 증가되고 있다. 이는 연금이나 자산의 활용 등으로 인하여 경제력을 가진 노인인구가 증가하고 있기 때문으로 해석된다. 또한 평균 수명의 연장으로 노인의 수가 절대적으로 증가하고 있으나 소득 수준을 놓고 볼 때 이들은 하나의 동일한 집단이 아님을 알 수 있다.

[그림 3-8]은 55세 이상 고령자의 연령대에 따른 소비유형을 살펴볼 수 있는 도표다. 주거 관련 비용은 다른 소비 분야에 비해 그 비중이 높게 나타나는데, 55~64세에서는 32.8%, 65세 이상에서는 35.4%로 노년층의 주거비 지출 비중이 상대적으로 높았다. 또한 노인인구 내부에서도 연령이 증가할수록 주거비 지출 비중이 높은 것으로 나타난다. 이로써 주택정책에 있어서 연령대를 중요하게 고려할 필요가 있음을 시사한다.

4) 미국 노인의 건강상태

65세 이상 노인 중 목욕이나 옷 입기, 취침 · 기상이나 화장실 출입, 그리고 식

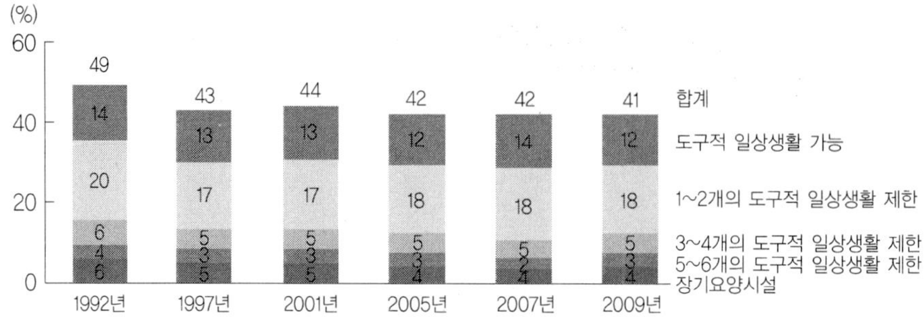

[그림 3-9] 65세 이상 노인의 신체기능 제한 정도(1992~2009년)

출처: Federal Interagency Forum on Aging Related Statistics (2012).

사 등의 일상생활활동(Activity of Daily Living: ADL)을 독립적으로 하지 못하는 비율과 버스 타기, 전화 걸기 등 도구적 일상생활활동(Instrumental Activities of Daily Living: IADL)에 문제가 있는 경우, 장기요양시설 케어가 필요한 경우가 1992년부터 2009년까지 어떠한 현황을 보이는지 [그림 3-9]에서 확인할 수 있다. 과거 1992년에는 신체기능 제한을 경험하는 경우가 49%였다가 1997년부터 2009년까지는 약 40% 초반대로 큰 변화 없이 유지되고 있다. 제한 수준도 시간에 따라 일정하게 유지되고 있다. 그러나 앞서 살펴보았듯이, 전체 인구에서 노인인구 비율이 높아지고 있으므로 증가하는 노인인구에 대한 대응으로 신체기능장애를 가진 노인을 위한 주택정책을 현실에 중요하게 반영할 필요성이 있음을 알 수 있다.

65~74세 연령집단에서 ADL 제한 정도가 2개 이상인 경우는 전체의 2.2%로 나타났으나, 75~84세 연령집단에서는 4.7%, 85세 이상 연령집단에서는 13.2%로 증가하고 있다. 즉, 노령화가 진행될수록 신체 기능의 약화로 독립적인 생활을 유지하기 어려워짐에 따라 일상생활보조의 필요성이 증가함을 알 수 있다. 특히 고연령일수록 일상생활에 제한 정도가 보다 심각할 수 있으므로(〈표 3-2〉 참조) 연령 특성을 반영할 필요가 있다.

[그림 3-10]은 65세 이상 노인의 만성질환 보유율을 보여 준다. 돌발적인 행동

〈표 3-2〉 미국 65세 이상 노인의 일상생활활동(ADL) 제한 정도(2003~2007년)

연령	전체	일상생활활동(ADL)의 제한 정도		
		없음	1개	2개 이상
		%(표준편차)	%(표준편차)	%(표준편차)
65~74세	100.0	97.1(0.11)	0.7(0.05)	2.2(0.10)
75~84세	100.0	93.9(0.21)	1.4(0.10)	4.7(0.18)
85세 이상	100.0	82.1(0.62)	4.7(0.33)	13.2(0.55)

출처: Center for Disease Control and Prevention (2009).

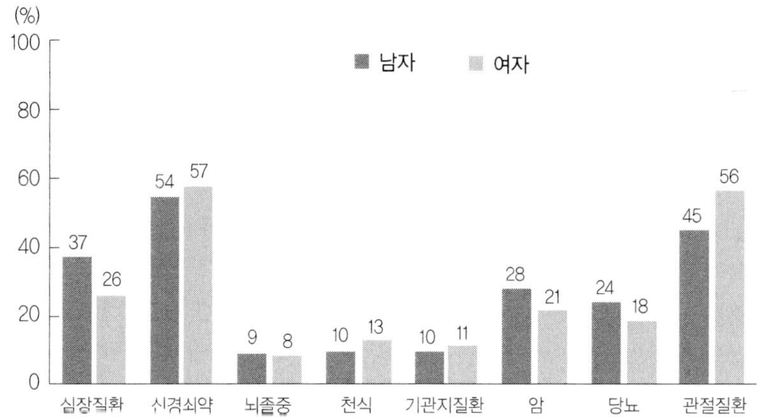

[그림 3-10] 65세 이상 노인의 만성질환 실태(2009~2010년)

출처: Federal Interagency Forum on Aging Related Statistics (2012).

을 유발하는 신경쇠약이나 신체동작과 관련된 관절질환의 보유율이 매우 높으며, 생명에 심각한 위협을 초래하는 암 등의 질병이나 갑작스런 발작, 혼수상태에 빠질 수 있는 여러 가지 질병의 보유율 또한 높게 나타났다. 즉, 다양한 만성질환을 겪는 노인에게 있어서 질병에 대한 의료적 조치, 건강관리 및 감독을 제공하는 적절한 보호시설에 대한 욕구가 매우 크다고 볼 수 있다.

2. 미국 노인주택정책의 변화

1) 1930년대

20세기 초까지만 하더라도 미국 연방정부 차원에서의 복지제도는 존재하지 않았고, 당시 노인복지와 관련된 문제들은 주정부 또는 민간 차원에서 다루어져 왔다. 그러나 1930년대에 세계경제공황을 겪으면서 노인인구를 포함한 사회 전반에 걸쳐 실업 상태에 있는 빈곤층이 증가되었고, 빈곤층이 당면한 문제 중 주거문제를 해결하기 위해 연방정부 차원의 정책 개입이 시작되었다. 그 예로 1934년에 연방주택청(Federal Housing Administration)을 설립하였고, 1937년에는 저소득층(지역 평균소득의 50% 이하)의 주거 상태를 개선시키기 위한 저가 임대의 공영주택(public housing)을 건설하는 「주택법(The Housing Act)」이 만들어졌다(Hunt, 2005). 1930년대의 주택정책은 저소득층을 대상으로 하는 것을 그 기조로 삼고 있을 뿐 신체기능이 저하되는 노인의 특성에 대비한 주택정책은 고려되지 못하였다.

2) 1950년대

이 시기부터 저소득계층의 주택과는 분리된 노인주택정책이 추구되었다. 1950년대 이전에는 장애인, 노인, 저소득층에게 동일한 「주택법」이 시행된 것에 비해, 신체기능이 저하되는 노인을 배려한 주택정책이 추진되었다.

1950년에 노인인구의 급증이라는 변화에 대처하여 연방사회보장청(Federal Social Security Administration)의 주최로 제1회 전국고령자회의(The National Conference on Aging)가 열리게 되었는데, 이 회의에서 노인을 위한 주택의 필요성이 최초로 제기되었다. 또한 1959년에 개정된 「주택법」은 노인주택 건설의 실효성을 높이는 계기로 작용하였다. 개정된 「주택법」에 의하면 노인이 생활하기에 편리하도록 설계된 주택을 건설하는 민간업자에 대해서는 연방정부 또는 주정부가 장기간의 저리 융자를 해 주도록 규정(Section 202, Supportive Housing for the Elderly)하고 있는데, 이것은 민간건설업체가 노인주택 분양에 관심을 가지게 되는 주요 동기로 작용하였으며, 노인주택 공급을 늘리는 계기가 되었다(Haley & Gray, 2008).

3) 1960~1970년대

1960년대를 거쳐 1970년대에 접어들면서 미국의 노인주택과 관련된 정책은 급속도로 발전하게 된다. 1968년에 「도시주택개발법(The Urban Development Act)」, 1974년에 「주택 및 지역사회개발법(The Housing and Community Development Act)」, 1979년에 「집합주택원조법(The Congregate Housing Service Act)」이 제정 또는 개정됨으로써 주택건설이 활성화되었다(박재간, 1997). 특히 1978년에 개정된 「주택 및 지역사회개발법」은 지역소득 중앙값의 80% 이하의 저소득층에게 20년 동안 임대료이 100%까지 지원받을 수 있도록 규정하였으며, 농촌 지역에 대해 대출자금의 20~25%를 할당하도록 명시하여 저소득층이나 농촌 지역에 있는 노인들의 주거생활에 도움이 되는 정책으로 전환되어 갔다. 1970년대 후반에는 매년 2만 채 이상의 주택건설이 승인되었고, 1975년부터 1980년까지 건설된 주택은 약 91,000채에 달하였다(Haley & Gray, 2008).

4) 1980년대

1970년대 말 인플레이션과 실업률 증가 등으로 1980년대의 미국 사회는 극심한 재정적 위기에 처하게 되었다. 이러한 영향으로 노인 관련 프로그램의 비용이 감축되는 형태로 나타나게 되었고, 노인주택정책 역시 퇴조하는 경향을 보이게 되었다. 이 시기에 연방정부의 주택 및 사회복지 프로그램에 대한 예산 감축에 따라 신규주택 건설에 대한 자금지원은 현격히 감소되는 양상을 보였다. 이러한 결과로 1980년대에 건설된 주택은 약 37,000채 정도에 그쳤으며, 매년 7,200채 미만의 주택들이 건설된 것으로 나타났다(Haley & Gray, 2008). 이전의 1970년대에는 국가가 관련하는 공공주택 중 노인주택이 차지하는 비율이 2/3를 상회하였으나 1980년대에서는 점차 감소되어 그 비율이 10%에 못 미치는 결과를 초래하였다(Haley & Gray, 2008).

5) 1990년대 이후

1990년에 「주택법(The Housing Act)」이 개정되었는데, 개정 전의 「주택법」에서는 노인 및 저소득 장애인 가구를 대상으로 주택공급을 지원했으나 개정 후에는 노인을 위한 주택공급은 Section 202, Supportive Housing for the Elderly로 남고, 저소득 장애인을 위한 주택공급은 Section 811, The Housing for Persons with Disabilities로 분리되었다(Locke, Nagler, & Lam, 2004).

2000년도에는 Section 202에 의한 자금지원과 세금감면을 결합한 혼합금융 프로그램(Mixed Finance Program)이 새로이 시행되어 민간 건설업자의 노인주택 건설을 적극적으로 지원하였다. 혼합금융 프로그램에서는 대출보다 건설자금 선급금으로 주택건설을 지원하고 있는데, 이는 노인주택 공급자들의 개발계획과 예산을 단순화하는 역할을 하였다. 2002년에는 일반시설이 노인주거시설로 전환할 때 드는 비용의 일부를 Section 202 예산으로 지원하기 시작하였고, 2006년에는 Section 202 프로그램에 7억 4,100만 불의 예산이 편성되어 노인을 위한 최대의 주택지원 프로그램으로 자리 잡고 있다(Haley & Gray, 2008).

Section 202, Supportive Housing for the Elderly , The Housing Act

이 법의 조항은 노인들을 위해 계획된 유일한 연방정부 주택지원 프로그램으로, 민간이나 비영리단체가 노인전용 임대주택 또는 집합주택을 설치 · 공급하고자 할 때는 연방정부가 최장 40년간의 저리 융자를 해 주고, 저소득층 노인들이 임대용 노인주택에 입주할 경우 임대료의 일부를 연방정부 또는 주정부가 보조해 주는 것을 주요 골자로 하고 있다. 현재 1990년에 개정된 「주택법」 하에서 시행되고 있는 이 프로그램은 미국 주택 및 도시개발청(U. S. Department of Housing and Urban Development: HUD)이 직접 자금을 관리하고 지원하는 최대의 건축 프로그램이다. 이 프로그램으로 지금까지 약 26만 8,000채의 노인주택시설이 지원되었고, 매년 5,800채의 노인주택 건설을 지원하고 있다.

이 프로그램의 수혜자격은 62세 이상의 노인으로 지역 평균소득의 50% 이하 소득 수준을 가진 자들로 제한된다. Section 202 프로그램의 지원을 받는 노인들의 연평균 소득은 1만 18불인 저소득층이며, 절반(54%) 정도가 80대 이상의 고령노인이다. 연령대별 분포는 〈표 3-3〉과 같다.

〈표 3-3〉 Section 202 프로그램 지원대상자의 연령분포

연령대	명수	%
65세 이하	22,214	8%
66~70세	47,205	17%
71~75세	58,312	21%
76~80세	61,089	22%
81~84세	49,982	18%
85세 이상	38,875	14%
총	277,677	100%

출처: Haley & Gray (2008).

3. 미국 노인주택유형

현재 미국에서 노인들이 선택할 수 있는 주택은 일상생활기능의 정도와 서비스 의존 정도, 경제적 지불능력에 따라 다양하게 나누어진다. ① 독립적인 생활이 가능한 노인을 위한 주택, ② 일정 정도의 서비스가 필요한 노인을 위한 주택, ③ 서비스 의존적인 노인을 위한 주택, ④ 연속보호형 주택으로 구분할 수 있다.

1) 일반주택

신체적 · 정신적으로 건강한 노인이 일상생활에 대한 지원 요구가 낮고 독립적인 생활을 원하는 경우 선택 가능한 주택 형태로 자신이 살던 주택(aging in place), 인거형 주택 등이 있다.

(1) 자신이 살던 주택

노인이 오랫동안 거주해 온 공간에서 생활하는 것(aging in place)은 심리적으로 안정되고 추가적인 비용 부담이 없다는 장점이 있다. 그러나 이전까지는 편리하게 사용하던 주택도 신체기능의 저하로 인해 주거생활의 불편함이 나타날 수 있다. 이에 미국의 지역 노인국에서는 노인이 보다 안전하고 쾌적하게 살기에 적합하도록 실내공간을 개조해 주는 서비스를 제공하고 있는데, 욕실이나 계단의 손잡이 바 설치, 샤워 공간의 작은 의자 설치, 계단을 오르내릴 수 있는 엘리베이터 의자 설치, 독립적으로 앉고 설 수 있도록 하는 손잡이 설치 등을 지원하여 노인의 안전사고를 예방하고 독립적인 생활을 촉진하고 있다(BBB, 2002: 곽인숙, 2003 재인용).

(2) 인거형 주택

인거형 주택(Elder Cottage Housing Opportunity: ECHO)은 '할머니 집'이라는 명칭으로 오스트레일리아에서 시작된 프로그램을 모방한 것인데, 공장에서 생산된 작은 이동식 주택을 성인 자녀 주택의 뒤뜰에 설치하는 조립식 주택의 일종이다. 인거형 주택은 이동이나 철거가 용이하다는 점과 함께 노인이 자녀와 한 공간에서 살지는 않지만 아주 가깝게 자녀 옆에서 독립적으로 살 수 있고, 심리적인 안정을 기할 수 있으며, 가족 간 상호지원과 세대 간 교류를 촉진시킬 수 있다는 것이 큰 장점이다. 비록 인거형 주택이 저렴하고 이동이나 철거가 간편하여 노인에게 비용효과적인 주거 대안이지만, 주에 따라서 인거형 주택의 설치를 허용하지 않는 곳도 있다(Macpherson & Lampman, 2007).

2) 서비스가 제공되는 노인주택

노인이 독립적으로 생활할 수는 없지만 아직 요양원에 갈 필요가 없는 건강상태의 노인들이 선택할 수 있는 주택이다. 대표적인 주택유형으로는 독립생활시설, 노인공동생활주택, 생활지원주택, 노인전용 하숙집 등이 있다. 이들 주택은 입소노인의 건강상태와 제공되는 서비스 정도 그리고 공급주체 등에 따라서 구분된다. 독립생활시설과 공동생활주택은 비교적 건강상태가 독립적인 노인전용 주택이며, 생활지원주택과 노인전용 하숙집은 전자보다는 건강상태가 좋지 않고 보다 많은 서비스를 제공받을 수 있는 주택유형이다.

(1) 독립생활시설

독립생활시설(independent living facilities)에서는 개별적인 케어나 간호 등의 건강관리서비스가 제공되지 않아 일상생활 활동능력의 손상이 아주 적거나 최소한의 도움이 필요한 노인 또는 건강한 노인에게 적합한 시설이다(곽인숙, 2003). 독립생활시설에서 노인들이 이용할 수 있는 서비스로는 식사 및 다양한 레크리에이션 프로그램, 문화활동, 교육프로그램, 사회활동, 교통편의 제공, 종교활동, 운동 프로그램, 수영장, 사우나, 골프 코스, 테니스장, 체력단련시설, 도서관, 이미용실 등으로 다양하다. 최근에는 중 · 상류층을 겨냥한 다양한 요구를 충족시킬 수 있는 고급시설이 보급되고 있다(곽인숙, 2003).

주거형태는 공동주택, 콘도미니엄, 아파트, 소규모의 단독주택 유형 등 모두 가능하다. 중산층이나 고소득층의 경우 독립생활시설로 건설된 주택을 임대하거나 소유할 수 있다. 입소 자격은 일반적으로 62세 이상으로 제한된다(Worzala, Davis, & Karosky, 2008). 2004년에 약 62만 5,000명의 노인이 독립생활시설에 거주하고 있는 것으로 나타났다(NIC, 2004). 독립생활시설의 입주비는 일반적으로 식사와 개인보호 서비스를 포함하여 월 평균 1,200불에서부터 2,500불 내외로 가격이 비싼 편이기 때문에 주로 경제적으로 넉넉한 노인이 입주하게 된다(NIC, 2004).

(2) 노인공동생활주택

노인공동생활주택(congregate housing)은 1978년에 개정된 「주택 및 지역사회개발법」에 의해 미국 주택 및 도시개발청(U. S. Department of Housing and Urban Development: HUD)의 지원으로 지어진 최초의 노인주택 유형이다. 따라서 연간 소득이 일정 기준 이하인 경우로 자격 요건이 제한된다(Worzala, Davis, & Karosky, 2008). 입소대상자는 건강상태가 좋아 독립적인 생활이 가능한 노인과 24시간 의료보호감시가 필요하지 않은 노인들이다. 노인공동생활주택에서는 기본적으로 공동 주방과 식당을 갖추고 거주자들에게 매일 최소한 1회의 식사를 제공하며, 공동 식사 제공 외에 청소관리, 24시간 직원 상주, 사회 · 문화 · 레크리에이션 서비스가 제공된다(Perl, 2008). 이 외에 입주노인들이 세탁, 쇼핑이나 병원진료 시 교통편의를 제공받거나 개별적인 건강관리, 약 복용 시 도움 등이 필요할 때에는 추가 서비스 비용을 지불해야 한다(Perl, 2008).

노인공동생활주택은 「주택 및 지역사회개발법」에 의해 정부의 보조를 받아 민간이나 비영리단체가 운영하고 있으며, 다수의 시설에서 보충적 소득보장

(Supplemental Security Income: SSI) 수혜 노인을 수용하고 있다(Perl, 2008). 「주택 및 지역사회개발법」에 의해 보조를 받는 노인공동생활주택의 경우는 시설유지비의 40%를 미국 주택 및 도시개발청(HUD)에서 지원받고 있으며, 일상생활 활동능력 제한이 3개 이상인 노인의 경우 입주비의 90%를 지원받고 있다(Perl, 2008). 그러나 민간에 의해 운영되는 노인공동생활주택일 경우 입주비는 시장원리에 따르게 된다(이인수 외, 2008). 노인공동생활주택의 규모는 거주자가 30명에서부터 3,000명에 이르기까지 다양하며, 시설의 입지여건도 도심부, 도심 주변, 시골지역 등 다양한데, 새로 디자인되는 경우뿐만 아니라 호텔, 학교, 사무실, 공장 등을 주거시설로 개조하여 사용하는 사례도 있다(이관용, 2007).

(3) 생활지원주택

생활지원주택(assisted living facilities)은 1980년대에 요양원의 대안으로 나온 주거모델로, 일상생활 지원을 필요로 하는 노인들에게 아파트 같은 독립적인 삶과 목욕, 몸단장, 옷 갈아입기, 화장실 보조 등의 서비스를 제공한다. 생활지원주택은 욕조와 오븐, 싱크대, 소형 냉장고 등을 갖춘 작은 조리공간을 포함하고 있어 입주노인의 독립적인 생활을 지원하고 있다. 생활지원주택에서는 요양원에서 제공되는 개인적인 케어서비스의 많은 부분이 제공되고 있지만 요양원과는 달리 의료서비스를 제공할 수 있는 시설이 갖추어져 있지 않으며, 요양원보다 입주자의 프라이버시와 자율성을 더 강조한다는 것이 뚜렷한 차이점이다(Reisacher & Hornbostel, 1995). 즉, 요양원에서는 시설의 서비스에 대한 규정 때문에 입주자가 필요로 하지 않는 서비스가 제공되기도 하지만, 생활지원주택에서는 입주자의 필요에 근거한 서비스가 제공된다.

생활지원주택에 대한 연방 차원의 규정은 없으나 주정부의 소관으로 시설에 대한 규정 내용을 정하고 있다(Mollica, 2000). 입주비는 거주 공간의 크기나 서비스 이용 정도에 따라 비용이 증가하는데, 2014년도 케어서비스 비용에 대한 조사자료(Genworth Financial, Inc., 2014)에 따르면 시설의 입주비용은 월 최소 750불에서 최대 1만 412불로 중간값은 3,500불 정도다. 생활지원주택 입주비의 재원은 대부분 환자 본인의 재정(67%)에서 지출되고 있지만 약 23%가 정부의 지원을 받고 있다(NCAL, 2001).

독립생활시설과 생활지원주택은 대부분 영리기업에서 공급하고 있으나, 주정부[1]에서는 시설허가와 운영규정을 적용하여 감독하고 있으며, 시설인가를 1년에 한 번씩 갱신하도록 할 정도로 운영에 대한 규정[2]이 엄격히 적용되고 있다(Huttman, 1985). 또한 부당한 대접을 받았을 경우 소비자는 민원을 제기하여 행정기관이 문제조사 및 관리자에 대한 지도, 행정권도 등을 행하는 옴부즈맨(Ombudsman)제도[3]를 이용할 수 있다. 노인주택을 건축할 경우에는 주정부로부터 건축허가를 받아야 하며, 허가부서에서는 건물에 대한 전문적인 점검(inspection)을 의뢰하여 건축이 적합하게 이루어졌는지 확인해야 한다. 건축에 관련된 사항은 「건강 및 안전에 관한 법률(Health and Safety Code)」에 의한다(State of California, 2000: 유병선, 2006 재인용).

(4) 노인전용 하숙집

노인전용 하숙집(board and care homes)은 신체적 · 정신적 기능의 저하로 인해

---

1) 생활지원주택은 약물치료와 간호서비스가 제공되기 때문에 대부분의 주에서 허가를 받도록 요구하고 있으며, 주마다 다르다(Licensing of Care Program). 캘리포니아 주는 RCFE(Residential Care Facilities for the Elderly) 허가를 받아야 한다. 그 내용은 1항은 관련 용어에 대한 정의, 2항은 허가(Licence) 관련, 3항은 적용절차, 4항은 행정실행, 5항은 강제조항, 6항은 지속조건, 7항은 물리적 환경, 8항은 부수적인 의료서비스, 9장은 라이선스와 관리자 인증에 관한 내용을 포함한다(State of California, 2000: 유병선, 2006 재인용).

2) 시설운영에 관한 사항은 물리적인 건물의 유지관리와 간호서비스 등 각종 서비스에 관한 규정을 모두 규정하고 있다. 유지관리 기준에 난방온도 기준까지 제시하는 등 관리지침이 매우 구체적으로 제시되어 있다(State of California, 2000: 유병선, 2006 재인용).

3) 민간에 의한 노인주택 공급을 시도한 미국에서도 노인주택이 확산되면서 1970년대 후반에는 서비스의 질을 저하시키는 사업자나 도산상태에 빠지는 기업이 나타났다. 사업자가 도산하면서 노인주택 입주에 모든 재산을 투자한 노인의 거주문제가 큰 사회문제가 되었으며, 이에 대한 제도적인 정비가 이루어져 주정부 차원의 허가 · 운영기준이 정비되고, 옴부즈맨제도가 시작되었다(유병선, 2006).

독립적으로 살아갈 수 없으나 간호를 필요로 하지 않는 노인들에게 숙식을 제공하고, 일상생활활동을 도와주며 어느 정도의 보호 · 감독을 제공하는 지역사회 기반 거주 형태다. 기본적으로 제공되는 서비스로는 숙식 외에 목욕, 옷 갈아입기와 같은 다양한 일상생활활동 지원, 약 복용의 감독, 세탁, 청소 등이고 일부 시설에서는 교통편의 서비스와 레크리에이션 활동 등이 제공되지만 의료서비스는 제공되지 않는다. 노인전용 하숙집이 노인공동생활주택과 다른 점은 모든 식사를 같이 하고, 24시간 감독, 세탁, 청소, 개인적인 케어 등과 같은 보다 많은 서비스가 제공된다는 점이다(Reisacher & Hornbostel, 1995).

노인전용 하숙집의 규모는 한두 사람의 수용에서부터 1천 명 이상의 거주자들을 수용할 수 있는 시설까지 매우 다양한데, 1993년에 미국의 10개 주를 대상으로 한 연구에서 노인전용 하숙집의 약 2/3(67%)는 10명 미만이 거주하고 있는 것으로 나타났다. 이처럼 소규모 시설일 경우 개인이 운영하지만, 규모가 큰 시설에서는 기업이나 비영리단체가 운영하고 있다. 노인전용 하숙집 운영자들 중에는 경험 있는 건강관리 전문가들도 있지만, 일부 운영자들은 노인과 관련된 전문적인 훈련 경험이 거의 없는 경우도 있다. 이에 일부 주에서는 노인전용 하숙집 운영자와 직원들에게 운영 초기나 이후에도 지속적인 훈련을 받도록 요구하고 있으며, 일부 주에서는 노인전용 하숙집 시설을 운영하기 전에 자격시험을 통해 적격성을 심사하고 있다(Reisacher & Hornbostel, 1995).

노인전용 하숙집의 장점은 큰 규모의 노인거주시설보다는 입주비가 훨씬 저렴하고 가족적인 분위기가 보장된다는 점이다(이인수 외, 2008). 하지만 허가제가 아니기 때문에 운영자 및 직원들이 서비스와 관련된 교육을 받지 못할 경우, 서비스가 소홀해지거나 부적절해질 수 있다는 단점이 있다. 이를 방지하기 위하여 주정부에서는 노인전용 하숙집에 관한 불만을 조사하는 옴부즈맨제도를 도입하고 있다(Reisacher & Hornbostel, 1995).

입주비는 시설의 위치와 서비스 제공 정도에 따라 달라지는데, 월 350불 정도의 저렴한 수준에서부터 3,000불 이상에 이르기까지 다양하다. 40개 주에서는

SSI 수급 노인들에게 노인전용 하숙집 입주비의 부족분을 주정부 보충급여(State Supplement Payments: SSP)로 지원하고 있다(Reisacher & Hornbostel, 1995).

3) 서비스 의존적인 노인을 위한 주택: 요양원

요양원(nursing home)은 간호사가 시설에 상주하며 24시간 의료서비스와 보호 · 감독을 제공하기 때문에 다양한 질병으로 인해 독립적인 생활이 불가능한 노인에게 적합하다. 〈표 3-4〉에서 보는 바와 같이 미국의 요양원은 노인 또는 장애인에게 일상생활에서의 개별적인 보살핌 및 의료서비스를 제공하는 숙련된 간호시설, 낮은 수준의 보호를 필요로 하는 환자들에게 건강 관련 서비스를 제공하는 중간 보호시설, 그리고 병원에서 퇴원한 환자들에게 단기적인 회복서비스를 제공하는 확장된 보호시설로 구분된다.

요양원에서는 일반적으로 개인생활 보조, 세탁 및 청소, 식사제공, 사회활동과 레크리에이션 활동, 물리치료 등의 재활서비스, 보호감독, 의료서비스와 함께 시설에 상주하는 사회복지사의 심리상담이 제공된다(이관용, 2007).

2004년도의 시설현황을 보면 미국 요양원의 61.5%가 영리시설이며, 30.8%가 비영리시설, 7.7%가 정부 시설로 나타났다(Jones et al., 2009). 입주비는 월 3,000불에서 7,000불로 비싼 편인데, 주로 환자 본인이나 가족의 재정에서 지출되고

〈표 3-4〉 미국 요양원의 유형 및 서비스 내용

유형	내용
전문요양시설 (skilled nursing facility)	노인 또는 장애인에게 일상생활에서의 개별적인 보살핌과 함께 의료서비스를 제공
중간 보호시설 (intermediate care facility)	낮은 수준의 보호를 필요로 하는 환자들에게 건강 관련 서비스를 제공
확장된 보호시설 (extended care facility)	병원에서 퇴원한 환자들에게 단기적인 회복서비스를 제공

출처: Moody (2002).

(42%), 재정능력이 없는 노인들을 위하여 연방정부와 주정부에서는 Medicare (36.4%)와 Medicaid(34.8%) 프로그램으로 지원하고 있다.

2004년 미국의 요양원 입주자의 88.3%가 65세 이상의 노인이며, 이들 입주자의 절반가량(45.3%)이 85세 이상이고, 10명 중 7명(71.2%)은 여성 노인인 것으로 나타나 노인들의 삶에서 요양원은 매우 큰 비중을 차지하고 있다(Jones et al., 2009). 1999년에 미국 노인의 5.8%가 요양원에 거주하고 있는 것으로 나타났는데, 전체 노인인구의 증가와 더불어 85세 이상의 고령노인의 증가로 2050년에는 요양원에 입주하는 노인의 수가 두 배 이상 증가할 것으로 전망하고 있다(Jones, Dwyer, Bercovitz, & Strahan, 2009).

4) 연속보호형 주택

연속보호형 주택(Continuing Care Retirement Community: CCRC)은 하나의 주거단지 내에 독립생활시설부터 생활지원시설, 요양원까지 갖추고 있어 입주자의 건강상태에 따라 적합한 시설로 옮겨 거주할 수 있는 통합적 주택유형이다. 연속보호형 주택의 가장 큰 장점은 신체적으로 건강한 상태에 입주하여 임종을 맞을 때까지 다른 시설로 이동할 필요가 없이 한 주택단지 내에서 시설 간 이동이 가능하기 때문에 새로운 환경에 적응해야 하는 심리적 부담이 없다는 점이다(이관용, 2007).

연속보호형 주택의 기원은 노인과 장애인을 보호하던 종교시설에 있으며 (AAHSA, 1998), 1960년대부터 미국의 일부 주에서 생겨나기 시작하여 1993년에는 900개의 시설로 증가했다. 현재 미국 전역에 이 시설이 있으며, 매년 15~20%의 시설 증가율을 보이고 있다. 이들 시설의 대부분(97%)은 비영리단체에 의해서 운영되고 있다. 연속보호형 주택에서 제공하는 주요 서비스는 식사제공, 청소, 세탁, 레크리에이션과 교육활동, 사회활동, 종교활동, 문화활동, 교통편리 제공, 보안시스템 그리고 사회복지서비스와 상담서비스 제공 등이다(AAHSA, 1998).

〈표 3-5〉 미국의 연속보호형 주택의 서비스 계약 유형 및 내용

계약 유형	계약 내용
포괄 서비스 (all-inclusive plan)	주거를 포함하여 장기적인 요양 간호서비스를 받게 되는 통합서비스로 비용이 가장 높음
기본서비스 포함 (modified plan)	기본적인 일상생활 서비스 외에 장기적인 건강관리 또는 특정 시기의 간호서비스를 제공받을 수 있는 계약으로 특별 간호서비스에 따른 추가 비용을 지불해야 함
서비스별 비용 지불 (fee-for-service plan)	입주자가 필요할 때마다 건강관리와 간호서비스를 받고 비용을 지불하는 형식임

출처: NJ Department of Community Affairs (2008).

연속보호형 주택에서는 입주자와 시설 간의 계약으로 서비스가 제공되고 있는데 크게 세 종류로 나누어진다(〈표 3-5〉 참조). 연속보호형 주택 입주 시, 입주자는 계약금 형식의 금액을 지불하며 매월 단위로 입주비를 지불하게 되는데, 입주 시에 지불하는 계약금은 최소 2만 달러에서 40만 달러에 이르며, 입주비는 월 400달러에서 2,500달러로 시설마다 다양하다(Sanders, 1997).

4. 미국 노인주택정책의 한국에의 시사점

미국의 노인주택정책과 다양한 노인주택유형의 고찰을 통해 노인주거문제가 노인복지의 중요한 이슈로 등장하고 있는 현 시점에서 우리에게 주는 시사점은 다음과 같다.

첫째, 미국의 사례를 통해 보았듯이 노인을 위한 특별한 주택정책의 마련을 통해 노인전용주택의 공급이 활발히 이루어져 온 것을 볼 수 있다. 우리나라의 경우, 노인 부양 시 공공주택을 우선적으로 분양하는 제도나 노인이 가족 구성원인 경우 국민임대주택의 일부 시설을 고쳐 주는 제도는 있으나 노인을 대상으로 한 특별한 주택정책은 확립되어 있지 않다. 급증하는 노인인구에 대한 대비

와 더불어 노인의 안정적이고 독립적인 주거생활을 보장하기 위해서는 정부의 노인주택정책 확립이 조속히 이루어져야 할 것이다.

미국의 노인주택유형은 노인들의 일상생활활동능력의 독립성과 서비스 의존 정도 그리고 개인의 경제력에 따라 선택의 폭이 매우 다양하다. 현재 우리나라에서는 노인을 위한 주거 대안이 모색되고는 있으나, 저소득층을 위한 복지시설 혹은 일부 부유층을 대상으로 한 노인주택만이 존재하고 있을 뿐이며, 노인의 일상생활활동능력의 독립성 정도, 만성질환으로 인한 의료 및 건강 관련 서비스 욕구 정도, 노인의 경제력에 따라 선택할 수 있는 노인주거유형은 다양하지 못해 대다수 노인들이 자신이 원하는 형태의 노후 주거 대안을 찾아낸다는 것이 매우 어려운 상황이다. 따라서 노인의 서비스에 대한 욕구 및 경제적 부담 능력에 따라 원하는 형태의 주거 대안을 선택할 수 있도록 다양한 형태의 노인주택유형이 개발되어야 할 것이다.

둘째, 노인이 선택할 수 있는 다양한 주택유형이 개발되기 위해서는 민간부문의 참여가 확대되어야 한다. 미국의 경우 민간부문의 참여를 통해 다양한 주택유형이 공급되었고, 이를 촉진시키기 위해서 정부 차원의 세금 감면, 금융 지원 등 여러 가지 정책적 지원이 개발되어 왔다. 우리나라는 아직까지 민간사업자가 노인주택을 공급하는 경우 정부 차원에서 어떠한 지원 체계를 갖출 것인지에 대해 명확히 규정되어 있지 않다(이인수 외, 2008). 따라서 민간사업자가 노인주택을 건설할 때 정부 차원에서 지원되는 내용에 대한 정책 마련이 우선되어야 할 것이다. 미국의 경우, 세금 감면과 금융 지원을 통해 민간 부문의 활발한 참여가 이루어진 것에 주목하여 이러한 제도의 도입이 적극적으로 검토되어야 할 것이다.

셋째, 자신의 집에서 노후를 보내기를 희망하는 노인들을 위하여 실내공간을 개조해 줌으로써 안전하고 쾌적하게 살기에 적합하도록 주거 여건을 개선시켜 주는 정책적 배려도 필요하다. 미국은 지역 노인국에서 노인들의 안전사고를 예방하고 독립적인 생활을 촉진시켜 주고자 실내공간 개조서비스를 제공하고 있다. 우리나라 노인을 대상으로 한 연구들에 의하면(통계청, 2003; 이연숙 외, 1999), 상당수의 노인들이 자신의 주택에서 노후를 보내기를 희망하는 것으로 나타나고 있으므로 노인이 거주하는 주택에 대하여 실내공간 개조서비스를 지원하는 제도가 마련되어야 하겠다.

마지막으로, 우리나라와 미국은 지리적 여건 측면에서 매우 상이하다. 국토 면적이 넓은 미국의 지리적 여건에서 가능한 노인전용 주거시설의 조성 등을 인구 밀도가 높고 국토 면적이 좁은 우리나라의 상황에 그대로 적용하기란 어려운 문제다. 따라서 미국의 노인전용 주거시설 모델을 토대로 한국적 상황을 고려한 대안적 모델이 검토되어야 할 것이다. 한 예로, 최근 사회적 관심이 높아지는 농촌형 은퇴마을을 들 수 있다. 농촌형 은퇴마을은 우리나라 농촌 지역의 공동화를 막고 국토의 균형적인 발전에 기여할 뿐만 아니라 노년층이 모여 살면서 생산과 여가를 보내는 공동주거의 한 유형이므로, 이곳에 대한 정책적 지원을 통하여 한국형 노인전용 주거시설의 모색이 시도될 수 있을 것이다.

참고문헌

곽인숙(2003). 미국의 노인을 위한 주거대안과 서비스의 특성을 통해 본 한국의 노인주거 정책에 대한 제안. **한국가정관리학회지**, 21(6), 81-95.

박재간(1997). **각국의 고령자 주거정책**. 서울: 한국노인문제연구소.

유병선(2006). **고령사회의 노인주거복지과제**. 경기: 한국학술정보.

이관용(2007). **노인건축**. 서울: 세진사.

이연숙, 이숙영, 박정아, 변혜령(1999). 노년기 상황에 따른 노인주거 선호 특성에 관한 연구-대학생 자녀를 둔 중년층을 대상으로. **한국노년학**, 19(2), 147-158.

이인수, 김미주, 박신영, 현외성(2008). **복지국가의 고령자 주거정책**. 경기: 공동체.

통계청(2003). **2002 사회통계조사보고서**.

American Association of Homes and Services for the Aging (AAHSA). (1998). *Social Accountability: Model Programs in Continuing Care Retirement Communities.* Washington, DC: American Association of Homes and Services for the Aging.

BBB (2002). Housing Solutions for Seniors. http://www.newyork.bbb.org/library

Center for Disease Control and Prevention (2009). *Limitations in Activities of Daily Living and Instrumental Activities of Daily Living, 2003-2007.* http://www.cdc.gov/nchs/health_policy/ADL_tables.htm

Federal Interagency Forum on Aging Related Statistics (2008). *Older Americans 2008: Key Indicators of Well-Being.* Washington, DC: Federal Interagency Forum on Aging Related Statistics.

Genworth Financial, Inc. (2014). Genworth 2014 Cost of Care Survey.

Haley, B. A., & Gray, R. W. (2008). Section 202 *Supportive Housing for the Elderly: Program Status and Performance Measurement.* Washington, DC: U. S. Department of Housing and Urban Development.

Hunt, B. D. (2005). Was the 1937 U. S. Housing Act a Pyrrhic Victory? *Journal of Planning History, 4*(3), 195-221.

Jones, A. L., Dwyer, L. L., Bercovitz, A. R., & Strahan, G. W. (2009). The National Nursing Home Survey: 2004 Overview *Vital and Health Statistics, 13*(167), 1-155.

Locke, G., Nagler, C., & Lam, K. (2004). *Implications of Project Size in Section 811 and Section 202: Assisted Projects for Persons with Disabilities.* Washington, DC: U. S. Department of Housing and Urban Development Office of Policy Development and Research.

Macpherson, D., & Lampman, S. (2007). *Florida's Aging Population: Critical Issue for Florida's Future.* Tallahassee, Pepper Institute on Aging and Public Policy. FL: The Claude Pepper Center.

Mollica, R. (2000). *Survey of Assisted Living Facilities.* Potland, ME: The National Academy for States Health Policy.

Moody, H. R. (2002). *Aging-Concepts and Controversies* (4th ed.). Thousand Oak, CA: Sage Publication.

National Center for Assisted Living (2001). *Facts and Trends: The Assisted Living Source Book 2001*. Washington, DC: NCAL.

National Investment Center for the Seniors Housing & Care Industries, Inc. (NIC). (2004). *Size, Scope and Performance of the Senior Housing and Care Industry: A Comparative Study with the Multifamily and Lodging Sectors*. Santa Ana Police, CA: NIC.

NJ Department of Community Affairs (2008). *Continuing Care Retirement Communities: A Gide Book for the New Jersey Consumer*. Trenton, NJ: Department of Community Affairs(DCA).

Perl, L. (2008). *CRS Report for Congress: Section 202 and Other HUD Rental Housing Programs for Low-Income Elderly Residents. Order Code RL 33508*. Available at http://assets.opencrs.com/rpts/RL34728_20081103.pdf

Reisacher, S. A., & Hornbostel, R. (1995). *A Home Away from Home: A Consumer Guide to Board and Care Homes and Assisted Living Facilities*. Washington, DC: American Association of Retired Persons(AARP).

Sanders, J. (1997). *Continuing Care Retirement Communities: A Background and Summary of Current Issue*. http://www.aspe.os.dhhs.gov/daltcp/Reports/ccrcpt.htm

U. S. Census Bureau (2002). *Demographic Trends in the 20th Century: Age and Sex Composition*. Washington, DC: U. S. Government Printing Office.

Worzala, E., Davis, J. A., & Karosky, J. F. (2008). *An Exploration of the Risk and Return Spectrum for Institutional Investors in the Senior Living and Long Term Care Property Sector*. http://www.reri.org/research/article.pdf

제4장

일본의 노인주택정책

김동배

세계 최장수국인 일본의 인구는 지속적인 저출산 · 고령화로 인해 고령시대를 지나 초고령화시대에 들어서고 있다. 노인인구 증가와 더불어 맞벌이 부부 증가, 핵가족화는 노인 돌봄에 대한 사회적 인식 또한 변화시키고 있다. 노인가구의 형태는 과거 가족 부양의 테두리를 넘어 노인 단독가구 형태로 변화하고 있다. 일본은 노인주택 문제를 더 이상 개인이 아닌 국가가 해결해야 할 사안으로 정책 방향을 설정하고 있다. 이 장에서는 일본의 노인주택정책 변화 흐름과 주택 형태를 살펴보고자 한다.

1. 일본 노인인구 변화

1) 일본 노인인구 변화

(1) 노인인구 추이

일본의 인구는 최근 현상유지 상태에 있고, 인구 감소 국면을 맞고 있다. 2010년 현재 1억 2,806만의 인구는 점차 감소하여 2060년에는 총인구가 9,000만 명 이하로 줄어들고, 고령화비율은 40%에 이를 것으로 예상된다(厚生省, 2013). 일본은 65세 이상 노인인구가 1950년 전체 인구의 4.9%, 1980년 9.1%, 2000년 17.3%로 꾸준히 증가하고 있는데, 지난 2005년 총인구 1억 2,776만 명 가운데 65세 이상 노인인구가 2,683만 명으로(21%) 주요 선진 국가 중 처음으로 '초고령 사회'에 진입했다(노년시대신문, 2006. 9. 2.). 일본 노인인구의 증가 추세는 계

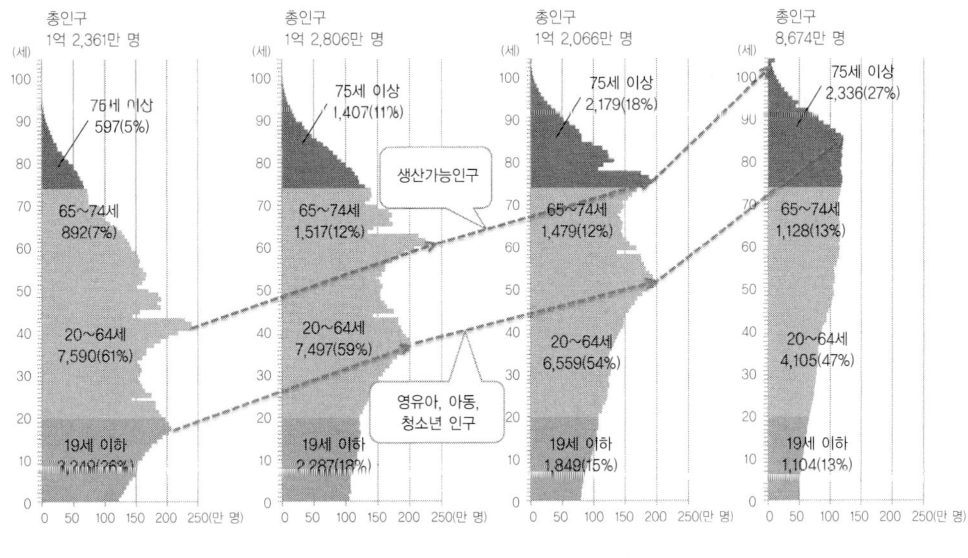

[그림 4-1] 일본의 인구 피라미드 변화(1990년, 2010년, 2025년, 2060년)

출처: 厚生省(2013).

속 이어져 2010년에는 노인인구 비율이 23%까지 높아지고, 오는 2020년에는 30%에 육박할 것으로 예상된다(파이낸셜 뉴스, 2010. 2. 1.).

(2) 사망률 및 평균수명 추이

일본의 65세 이상 고령자 사망률(인구 1,000명당 사망자 수)은 1950년대의 71.5에서 1980년에는 47.4, 2002년에는 33.4로 전후 최하 경향이지만, 2003년에는 33.8이 되었다. 또한 사망률의 저하에 따라 일본의 평균수명은 1947년에는 남성이 50.06년, 여성이 53.96년이었지만, 2003년에는 남성이 78.36년, 여성이 85.33년으로 대폭 늘어났다. 또한 65세 때의 평균여생은 1947년에는 남성이 10.16년, 여성이 12.22년이었지만, 2003년에는 남성이 18.02년, 여성이 23.04년으로 고령기가 길어지고 있다. 향후 평균수명은 계속 늘어나고, 2050년에는 남성이 80.95년, 여성이 89.22년에 도달할 것으로 예상하고 있다(일본 내각부, 2005). 노인의 기대수명이 높아지면서 사망률이 감소하는 현상은 돌봄이 필요한 노인의 수가 증가함을 의미한다. 특히 여성의 기대수명의 경우 남성에 비해 대략 9세 정도 높은 수치를 기록하고 있으며, 이를 통해 차후 여성 노인 단독가구가 증가할 것임을 짐작할 수 있다.

(3) 간병 필요 노인인구

일본 노인 중 간병을 필요로 하는 노인인구를 살펴보면, 거동이 불가능한 노인이 1993년에 90만 명 정도에서 2010년에는 170만 명, 2025년에는 230만 명 정도로 증가할 전망이다. 게다가 어떠한 종류의 지원이나 누군가의 수발을 필요로 하는 고령자 수는 2010년에는 390만 명(65세 이상 인구의 13.9%), 2025년에는 520만 명(65세 이상 인구의 15.7%)에 이를 것으로 예측된다(김승희, 2004).

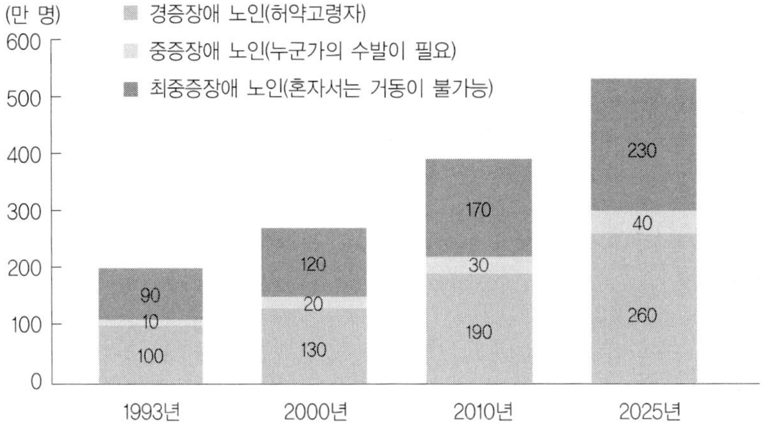

[그림 4-2] 간병을 필요로 하는 일본 노인인구 추이

출처: 김승희(2004).

2) 일본 노인의 거주 형태

(1) 노인가구의 가족 형태

고령자가 있는 세대를 살펴보면, 2003년에는 65세 이상인 자가 있는 세대 수는 1,727만 세대이고, 전 세대(4,580만)의 37.7%를 차지하였다. 65세 이상인 자가 있는 세대의 구성을 보면 '단독세대'가 341만 세대(19.7%), '부부세대'가 485만 세대(28.1%), '부모와 미혼의 자녀가 있는 세대'가 273만 세대(15.8%), '3세대 세대'가 417만 세대(24.1%), 기타 세대가 212만 세대(12.3%)다(일본 내각부, 2005).

또한 65세 이상의 혼자 사는 고령자의 증가는 남녀 모두 현저하다. 1980년에는 남성 약 19만 명, 여성 약 69만 명, 고령자 인구에서 차지하는 비율은 남성 4.3%, 여성 11.2%였지만, 2000년에는 남성 약 74만 명, 여성 약 229만 명, 고령자 인구에서 차지하는 비율은 남성 8.0%, 여성 17.9%였다. 이후에도 혼자 사는 고령자는 계속 증가해, 특히 남성 중에서 혼자 사는 고령자의 비율이 크게 늘어날 것으로 예상된다(일본 내각부, 2005).

(2) 배우자의 유무

65세 이상 고령자의 배우자 관계에 대해 살펴보면 배우자가 있는 비율은 2000년에 남성은 83.1%, 여성은 45.5%였다. 여성 고령자의 2명 중 1명이 배우자가 없지만 그 비율은 저하 경향을 보이고 있다. 또한 미혼율은 남성 1.7%, 여성 3.3%, 이별률은 남성 2.2%, 여성 3.5%로 모두 상승 경향으로 나타났다(일본 내각부, 2005).

(3) 자녀와의 동거/별거

한편, 65세 이상 고령자의 자녀와의 동거율은 지속적인 저하 경향을 보인다. 1980년에는 자녀와 동거하는 비율이 69.0%였으나, 2003년에는 47.8%로 나타나고 있다(일본 내각부, 2005). 노인세대가 자녀와 별거하는 경우, 자녀가 어떤 곳에 살고 있는지를 보면 '편도 1시간 이상인 곳에 살고 있다'가 35.1%로 가장 많았고, 이어서 '편도 1시간 미만인 곳에 살고 있다'가 29.7%, '편도 15분 미만인 곳에 살고 있다'가 16.2%였다(일본 내각부, 2005).

또한 자녀와의 동거를 희망하는 비율 역시 많이 줄고 있는 것으로 나타나고 있다. 일본 국토교통성 주택국이 조사한 바에 따르면(이자성, 2009), 1983년에는 가족과 동거를 희망하는 비율이 45.2%, 자녀와 옆집에 사는 비율이 10.4%, 자녀와 근처에 사는 비율이 14.5%인 반면, 2003년에는 가족과 동거를 희망하는 비율은 14.9%, 자녀와 옆집에 사는 것을 희망하는 비율은 6.1%로, 그 비율이 많이 줄어들고 있다.

3) 노인가구 주거 상황

(1) 노인가구 주택소유 형태

65세 이상 고령자가 있는 세대주는 소유주가 84.0%, 공영 · 공단 · 공사의 임대가 6.2%, 민영임대가 9.5%이고, 세대주 총수에 비해 소유율이 높고, 임대율은

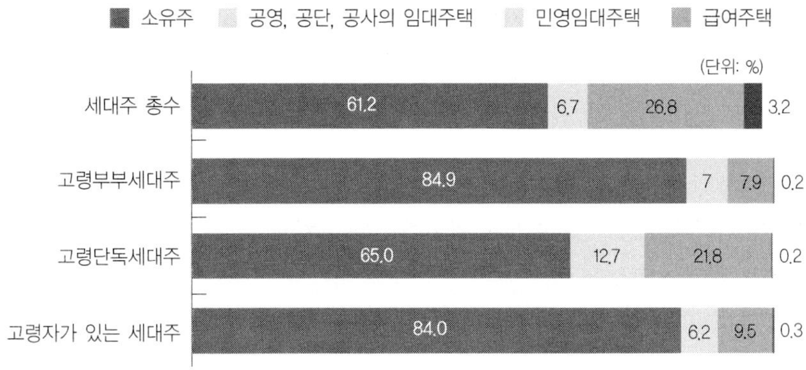

[그림 4-3] 일본 고령자의 주택소유 형태

출처: 일본 내각부(2005).

낮다. 이 중 고령부부세대주(부부 모두 혹은 한쪽이 65세 이상 부부의 세대주)에서는 소유주가 84.9%, 공영 · 공단 · 공사의 임대가 7.0%, 민영임대가 7.9%이지만, 고령단독세대주(65세 이상의 단신자 세대주)에서는 소유주가 65.0%, 공영 · 공단 · 공사의 임대가 12.7%, 민영임대가 21.8%로 나타나고 있다. 이것은 고령부부세대주에 비해 고령단독세대주는 비교적 소유율이 낮고, 임대율이 높아짐을 알 수 있다(일본 내각부, 2005). 이러한 현상은 고령자 부부세대의 경우 주택소유율이 높아 비교적 안정적인 주거생활을 영위할 것을 예상할 수 있으나, 고령단독세대주의 경우는 그렇지 않음을 유추할 수 있다.

(2) 허약해졌을 때의 희망 주거 형태

고령자가 허약해졌을 때 희망하는 주거 형태에 대해 보면 '현재 주택에서 그대로 계속 살고 싶다'가 36.3%이며, '현재 주택을 개조해서 살기 편하게 한다'가 21.4%, '개호전문의 공적시설에 입주한다'가 11.6%다. 연령별로 보면 75세 이상의 후기고령자는 '현재 주택에서 그대로 계속 살고 싶다'의 비율이 높고, 연령이 낮을수록 '현재 주택을 개조해서 살기 편하게 한다'의 비율이 높아지고 있다. 또한 '개호전문의 공적 시설에 입주한다'의 비율도 연령이 낮을수록 그 선호도가 높아지고 있다(일본 내각부, 2005).

일본은 핵가족화 및 저출산과 같은 사회적 변화와 더불어 여성의 사회참여 증가, 노인세대 증가 등으로 과거 대가족 체계에서 이루어지던 노인 가족 부양은 점차 변화하고 있다. 노인의 경우 생활하는 데 있어 누군가의 도움이 꼭 필요하기 때문에 이와 같은 변화로 인해 발생하게 될 노인주거문제는 고령사회에서 해결해야 할 주요 과제로 자리 잡고 있다. 이를 위해 일본 정부는 크게 장애노인을 위한 중장기적 요양시설 확충과 자택에 거주하면서 서비스를 받는 재가복지서비스를 중심으로 노인주택정책을 마련하고 있다.

2. 일본 노인주택정책의 변화과정 및 조직[1)]

1) 노인주택정책의 변화과정

(1) 노인주택정책의 시작

일본의 복지서비스는 저소득층에 대한 대책으로 시작되었다. 1963년의 「노인복지법」이 제정되기 전까지는 일본의 노인대책이라면 1959년의 「국민연금법」에 의한 노령복지연금, 1961년의 경비노인홈 시설비에 대한 국고보조, 1962년의 노인가정봉사원[2)] 파견 사업에 대한 보조 및 노인복지센터의 설비비 보조 등의 정책이 시행되었으며, 주거시설은 「생활보호법」에 따라 일부 저소득층을 양로

---

1) 일본의 노인주택정책 변화과정에 대한 내용은 田園眞理子(1995, 대한주택공사 역) 및 유병선(2005)의 내용을 중심으로 다른 자료들과 함께 요약 정리함.

2) 가정봉사원은 1962년의 '노인가정봉사원' 제도로 출발하여 시장 보는 일이나 가사를 돕는 것이 중심이었다. 하지만 개호의 내용이 시대의 흐름에 따라 변하면서 가정봉사원보다는 홈헬퍼라는 용어를 더 많이 사용하게 되었다. 홈헬퍼(home helper)는 고령자의 가정을 방문하여 개호하는 사람을 통칭한다. 홈헬퍼라는 단어는 1990년대에 시작한 고령자복지의 정비 10개년 계획에 등장했다. 다음 해인 1991년에 1급에서 3급까지의 헬퍼양성 강좌가 시작되었다. 일의 내용도 1990년대에 들어서 거동하지 못하는 사람의 식사, 배설, 목욕 시의 원조 등 신체적인 원조 쪽으로 그 비중이 옮겨 가고 있다.

시설에 수용·보호하는 정책이 추진되면서 시작되었다.

1963년에는 「노인복지법」이 제정되었고, 고령자를 위한 주택정책이 시작되었다. 일본의 노인주택정책의 특징은 선진국과 마찬가지로 구빈적 성격의 양로시설로 출발하였지만, 3세대 주택을 시작으로 한 주택 분야의 접근과 노인홈을 중심으로 한 복지 분야의 접근이 함께 이루어지고 있다는 점이 특징이라 할 수 있다.

노인주택의 시작은 1964년 지방정부가 직접 건설하는 공영주택에 노인세대용의 특정목적 공영주택(국가가 건설을 보조하고 지방공공단체가 직접 건설·공급하는 주택)의 공급이다. 하지만 당시 일본은 주택이 매우 부족한 상황으로 주택정책은 주택부족을 해소하고 1세대 1주택을 실현하는 것이었으며, 노인의 거주공간으로 제공되는 것은 소득 등의 엄격한 조건을 붙여 일부 저소득층을 입소시키는 노인홈이 전부였다.

1970년대에 들어 노인인구의 증가와 경제가 고도성장하면서 정부 및 지방자치단체가 복지정책에 대한 새로운 대책을 수립하게 되었다. 예를 들어, 1969년에 '보살핌이 필요한 노인대책'이 등장했으며, 1971년에 '노인복지전화 설치' '노인을 보살핌 요원 파견 사업', 1973년에 '노인의료공비부담 제도' 등의 제도가 실시되었다. 특히 1971년부터 '사회복지시설 긴급정비 5개년 계획'이 추진되어 기존의 노인홈에 추가하여 고도의 보살핌을 필요로 하는 노인을 위한 특별양호노인홈이라는 유형이 건설되기 시작하였다.

(2) 노인주택정책의 중산층에의 확대

그 이후 1970년대의 고도성장은 오일쇼크로 정부와 지방자치단체의 재정이 급속히 악화되면서 복지정책이 전환되었다. 이 시기의 노인주택정책은 가정보호의 회귀를 주장하며 자녀-부모 동거를 유도하였다. 이러한 정책으로 노인실이 딸린 공영주택과 페어 하우징(pair housing) 등의 3세대 주택이 건설되었다. 페어 하우징은 고령자와 그 자녀 가족의 동거희망을 충족시키면서 서로 프라이버시가 지켜지는 거주를 가능하게 하는 것을 의도한 것으로, 보통 고령자세대용 1DK(거실 1개에 부엌 1개) 정도의 집과 자녀세대용 2DK(거실 2개에 부엌 1개) 정도의 집이 복도나 발코니로 연결되어 있는 형태다.

또한 노인동거세대에 대한 할증대출제도, 노인입주 우대조치 등의 부모자녀의 동거를 장려하는 정책이 마련되었다. 한편 노인복지시설의 확충 정책도 효과적 · 효율적인 복지예산정책으로 전환하였으며, 이때 노인홈 시설 체계를 양호노인홈, 특별양호노인홈 외에 경비노인홈과 유료노인홈 체계로 전환하였다.

(3) 주택정책의 다양화

1980년대는 사회경제적으로 안정되고 풍요로운 사회를 모색하는 사회적 분위기가 형성되었다. 주택정책도 양적 정책에서 질적 정책으로 전환되었으며, 이를 위한 방안으로 거주 수준의 향상을 목표로 최저주거수준이 안 되는 가구의 주거수준 확보 및 유도거주수준으로까지 달성하는 방안들이 제시되었다.

1980년대 후반이 되자 고령화가 더욱 빨리 진행되었고, 고령자를 위한 주택정책이 새롭게 시작되었다. 가장 먼저 실시된 것은 1986년의 '지역고령자 주택계획 수립 사업'으로 기초자치단체 차원의 일선 행정조직이 주체가 되어 지역의 종합적인 거주환경정비를 목표로 계획을 수립해 나가는 것이었다. 이 계획을 실행에 옮기기 위한 방책으로 급증한 고령자세대의 안정적인 노후주거를 보장하기 위한 방안으로 당시까지는 전혀 없었던 새로운 유형의 주택공급이 시작되었다. 이 새로운 정책의 핵심은 단순히 주택이라는 물리적인 도구를 제공하는 것이 아니라 생활에 필요한 다양한 지원체계를 함께 제공한다는 것이었다. 즉, 서비스가 제공되는 고령자 주택이다.

이러한 배경에서 중저소득층을 대상으로 한 실버하우징(silver housing), 민간시장에서 중산층을 위한 시니어 하우징(senior housing)이 건설되어 지역사회 차원에서 노인의 다양한 욕구에 대응하는 주택정책을 실시하였다. 이와 같은 서비스형 주거와는 별도로 1992년에는 새로운 방식으로 중저소득 고령자에게 주택을 공급하고 임대료를 보조하는 방식으로 복지형 차상 공공임대주택제도(福祉型 借上 公共賃貸住宅制度)[3]가 도입되었다. 이 제도는 도심지역에 적절한 주택 건설용 부지를 찾기 어려운 과정에서 강구되었으며, 실버하우징과 같이 서비스 제공은 병행되지 않으나 고령자주택의 하나다. 이어서 1996년에 「공영주택법」이 개정되면서 임대료를 입주자의 수입에 따라 달리 지불하는 응능응익가임제(應能應益家賃制)가 도입되었다.

2001년에는 고령자가 안심하고 생활할 수 있는 거주환경 실현을 목적으로 「고령자의 거주안정확보에 관한 법률」[4]이 제정·시행되었다. 이 법률의 주요 내용은 민간활력을 활용한 고령자 대상 우량임대주택의 공급촉진, 고령자가 안심하고 생활할 수 있는 임대주택시장 정비(고령자의 입주를 거부하지 않는 임대주택의 등록제도, 고령자의 원활한 입주를 지원하기 위해 기금을 설치한 임대채무보증제도), 고령자가 스스로 생활할 수 있도록 하는 배리어 프리(barrier-free, 무장애) 건축 추진 등이다.

일본의 노인주택정책은 1989년부터 시작된 1단계 고령자복지제도 10개년 계획(골드플랜), 2단계 고령자복지제도 10개년 계획 개정(신골드플랜), 3단계 골드플랜 21로 구체화된다. 1994년에는 「고령사회대책기본법」이 제정되어 고령자 시책의 종합적 추진체제가 법적으로 완비되었다. 이 법에서 고령사회 대책은 '취업소득' '건강복지' '학습사회 참가' '생활환경' 및 '조사연구'의 5가지 분야로 나뉘어 제시되었다(윤찬중, 2004). 이어 1997년에는 「개호보험법(介護保險法)」이 제정되었고, 2000년부터 시행되었다. 개호보험이 시행되고 일본 노인시설의 변화

---

3) 복지형 차상 공공임대주택제도는 민간업체가 건설한 주택을 지방주택공급공사가 임대 후 고령자 등에게 20년간 저인대료로 재임대하는 제도로 소유자에게 주택건설 시부터 고령자용 건축에 필요한 건설을 장려하고 필요한 비용을 국가와 지방자치단체가 보조함으로써 양질의 주택재고를 확보하도록 하고, 원소유자에게는 시장임대료를 지불하되 지불된 임대료와 고령자 등이 납부하는 임대료의 차액은 국가와 지방자치단체가 보조하는 체계로 운영된다.

4) 高齡者의 居住安定確保에 關한 法律[2001년(平成 13년) 4월 6일 공포, 법률 제26호] (http://www.mlit.go.jp)

는 크게 재가보호시설의 확충과 규모가 작고 다양한 기능을 갖춘 시설의 적극적인 도입으로 요약할 수 있다. 특히 요양시설의 경우 개인실의 설치가 늘어나고 유니트케어(unit care)를 제공할 수 있도록 내부를 바꾸고 있다.[5)]

재가서비스 역시 홈헬퍼, 주간보호, 단기보호, 일시거주 등의 다양한 기능을 갖는 재가요양지원시설을 확대하는 방향으로 나아가고 있다(한국실내디자인학회, 2008).

1990년 이후부터 현재까지 고령사회에 대비한 노인복지는 이와 같은 다양한 시책의 체계적인 발전을 기반으로 하여 시정촌을 중심으로 한 보건 · 의료 · 복지의 연계와 통합을 실체화하는 방향으로 전개되고 있다. 이러한 연계 · 통합 정책은 각 분야가 횡단적 연결망을 갖고, 지역 네트워크를 통해 최종적으로는 지역통합개호시스템을 구축하는 것을 목표로 한다(장병원, 2009). 이 시스템을 통해 이용자는 다양한 서비스를 편리하고 안정적으로 받을 수 있는 이점을 얻을 수 있으

5) 유니트케어는 개인공간을 확보하고, 이들 공간을 적절히 9~10인 정도의 적정단위(unit)로 그룹화하여 여기에 공유공간과 같은 공적 공간(public space), 그리고 그 사이에 적절히 반공적 공간(semi-public space)을 혼재함으로써 다양한 행동의 연출, 거주자와의 다양한 교류가 이루어지도록 배치한 형태다(김태일, 2008).

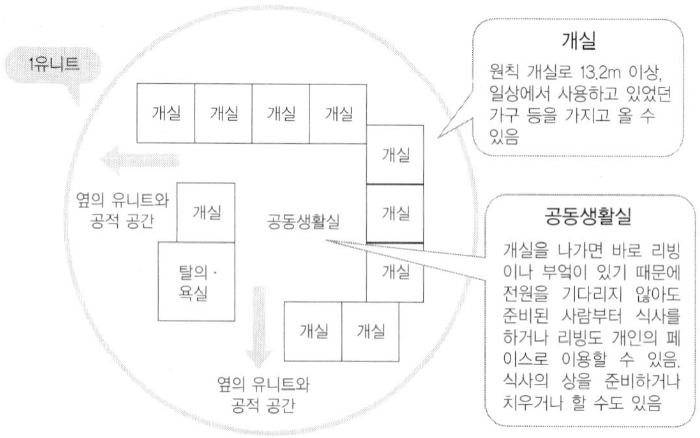

출처: 일본 오사카시 복지부(2010).

며, 개호보험제도는 이러한 복합 시스템을 더 활성화하는 것에 일조하고 있다.

하지만 여러 가지 현실적인 문제들로 인해 복합 시스템 구축에 어려움을 겪고 있는 것도 사실이다. 여전히 증가하는 개호 비용 문제, 노인 의료비 증가 등의 비용적인 부분과 더불어 노인복지와 관련한 공공부문과 민간영리부문의 원활한 상호보완적 관계 구축, 지역 간 격차 문제 등이 해결해야 할 과제로 남아 있다.

2) 노인주택정책 조직

일본의 행정조직은 중앙정부, 그 밑의 광역단체로 도도부현(都道府縣),[6] 그리고 가장 기초적인 지방자치단체로 시정촌(市町村)[7]이 있다. 2000년에 개호보험제도가 실시되기 이전까지 국토교통성은 주택 건축, 개 · 보수 등의 하드웨어적인 부분을 관할하였고, 후생노동성은 노인과 관련된 개호보험, 복지서비스, 의료서비스와 같은 소프트웨어적인 부분을 담당, 각기 분리되어 독자적인 사업을 시행해 왔다. 그러나 개호보험제도의 도입으로 인해 보험의 공평한 적용의 필요성을 인식, 두 조직은 상호보완적으로 연계되어 사업을 추진하고 있다.

주택 분야나 복지 분야에서 국가차원에서 추진되는 시책이 많으며, 국가로부터 보조금을 받아 도도부현이 실시하거나 국가 및 도도부현으로부터 보조금을 받아 시정촌이 실시하는 유형의 시책도 많다. 그러나 고령자의 거주문제는 지역과 밀착된 문제이므로 지역의 사정에 따라서 대응해 나가는 쪽이 효과적인 경우가 많다. 그러므로 시정촌이 많은 부분에서 독자적인 시책을 전개하고 있다.

---

6) 도도부현(都道府縣): 시정촌과 함께 보통지방공공단체를 구성하며, 시정촌을 포괄하는 광역지방자치단체이면서, 국가와 시정촌과의 중간에 위치하며, 그 기능은 광역에 걸친 사무, 통일적인 처리를 필요로 하는 사무, 시정촌에 관한 연락조정에 관한 사무 및 시정촌이 처리하기에 적당하지 않다고 인정되는 규모의 사무처리를 한다.

7) 시정촌(市町村)은 주민에게 가장 가까운 기초자치제로, 지방자치의 기반을 이루며, 도도부현이 처리하게 되어 있는 광역통일, 연락조정, 보완사무 외의 모든 사무를 처리하는 행정단위다.

시정촌이 노인주택문제에 적극적으로 관여하게 된 계기는 1986년 '지역고령자주택계획수립사업' 정책 실시 이후다.[8] 이것은 가장 기본적인 행정단위인 시정촌이 주체가 되어 고령사회에 적합한 주택을 건설하고 고령자가 살기 편한 지역의 종합적인 거주환경 정비를 목표로 하는 사업이다. 가장 작은 행정단위인 시정촌은 거주자와 밀착된 행정조직으로 지역고령자의 주거 환경의 개선을 위하여 주택과 복지 분야에서 연대하여 정책을 전개하고 있다.

3. 재가노인을 위한 주택정책

1) 개호보험과 주거서비스

일본 노인복지 제도의 큰 획을 그은 공적 개호보험제도는 2000년 4월에 노인요양을 보장하기 위한 목적으로 시작되었다. 노인을 위해 보건·의료복지 서비스를 일괄적으로 제공하기 위한 독립적 사회보험체계로서 현재까지 노인복지 제도의 주요 기반이 되고 있다. 제도의 운영주체는 시정촌이지만 국가, 도도부현, 의료보험자, 연금보험자가 지원하도록 하는 제도다.

(1) 개호보험 이용 현황

2004년을 기준으로 개호보험제도의 서비스를 수급한 65세 이상 피보험자는 2004년 4월 심사분에서 302.5만 명이 되고, 남녀 비율로 보면 남성 27.9%, 여성 72.1%가 된다. 게다가 개호보험서비스의 이용실태를 보면 정도가 약한 사람은

8) 주택과 각종 생활서비스를 조합한 주택공급정책으로 국가가 시도한 것이 실버하우징이라면 지방자치단체 차원에서 공급된 주택으로는 1987년에 동경도(東京都)에서 실시한 실버피아(Silver Peer) 프로젝트를 예로 들 수 있다. 실버피아는 동경도(東京都)에서 실버하우징과 거의 비슷하게 저소득층을 위한 주택으로 개발한 사례다.

〈표 4-1〉 개호보험서비스 이용 상황(개호서비스 수급자 수) (단위: 천 명, %)

	총수	지원필요 등	개호필요 1	개호필요 2	개호필요 3	개호필요 4	개호필요 5
수급자 총수(65세 이상 수급자)	3,024.9 (100.0)	382.8 (12.7)	944.2 (31.2)	489.7 (16.2)	415.9 (13.7)	414.7 (13.7)	377.6 (12.5)
남자	843.4 (100.0)	84.7 (10.0)	243.3 (28.9)	158.9 (18.8)	134.2 (15.9)	123.8 (14.7)	98.4 (11.7)
여자	2,181.6 (100.0)	298.1 (13.7)	700.9 (32.1)	330.8 (15.2)	281.6 (12.9)	290.9 (13.3)	279.3 (12.8)

출처: 일본 내각부(2005).

재택서비스의 이용이 많은 반면, 정도가 심한(개호필요 4 또는 개호필요 5) 사람은 시설서비스 이용이 절반을 넘고 있다(저출산고령사회위원회, 2004).

(2) 개호보험서비스 내용

개호보험에 의한 서비스 내용은 재가(在家)방문서비스, 통소(通所)서비스, 시설이용서비스, 재택개호(在宅介護) 환경정비서비스, 시설입소서비스 등 크게 5가지 서비스로 분류되며, 자세한 내용은 〈표 4-2〉와 같다.

이 중 재가방문서비스는 다음과 같은 이용 상한금액 및 기간이 있다. 먼저 방문·통원서비스 중 방문개호·방문간호·방문재활·통소개호를 합한 금액이 1개월을 단위로 개호(介護) 단계별 한도액이 설정되어 있다. 그리고 시설이용서비스의 경우 단기입소생활개호·단기입소요양개호를 합한 일수에 대해서 6개월을 단위로 하여 개호(介護) 단계별 이용 상한액 및 상한기간이 있다. 마지막으로 재택개호 환경정비서비스 중 주택 개·보수 지원은 원칙적으로 1회에 한하여 20만 엔 범위 내에서 이용이 가능하며, 이사로 인한 주거환경 변경 시에는 횟수에 상관없이 매회 20만 엔 범위 내에서 이용이 가능하다. 또한 보험급부(給付)액은 원칙적으로 10%는 이용자 부담이며, 나머지 90%(이 중 50%가 보험료, 50%가 공비)는 보험료에서 급부된다.

〈표 4-2〉 개호보험서비스 내용

구분	내용	종류
재가방문 서비스	자택으로 방문하여 개호서비스 및 의료서비스를 받을 수 있음	• 방문개호 • 방문입욕개호 • 방문간호 • 방문재활 • 거택(居宅) 의료관리지도 등 10개 항목
통소(通所) 서비스	• 시설로 이동이 가능할 수 있도록 도와주는 서비스 • 이용자의 사회적 참여가 가능하도록 하는 효과	• 통소개호(通所介護) • 통소(通所)재활 등 13개 항목
시설이용 서비스	• 단기간 시설에 입소 · 입원하는 단기 스테이 및 시설입주서비스 • 그룹홈은 '요개호(要介護)'로 인정받은 사람만이 이용 가능	• 단기입소생활 개호 • 단기입소요양 개호 • 치매 대책형 공동생활 개호 • 특정시설입소자 생활 개호 등 14개 항목
재택개호 환경정비 서비스	• 자택에서 자립생활을 영위할 수 있도록 복지용구 대여 및 구입 • 주택 내부의 단차를 없애는 등 주거환경 개선을 지원	• 복지용구 대여 • 복지용구 구입비의 지급 • 주택 개 · 보수의 지급 등 16개 항목
시설입소 서비스	• '요개호(要介護)'로 인정된 사람은 시설에 입소하는 것이 가능 • 자택에서 자립된 생활이 곤란한 사람을 위하여 복지 · 보건 · 의료 등 세 종류의 시설이 있음	• 개호노인복지시설 • 개호노인보건시설 • 개호의료형의료시설 등 18개 항목

출처: 김승희(2004).

(3) 개호보험제도 실시 이후의 노인복지시설의 변화 추이

개호보험제도 실시 이후 일본의 노인복시시설은 시설의 종류 및 시설 수에 있어서 상당한 변화가 이루어지고 있다. 양호노인홈, 노인복지센터, 노인당일귀가 개호센터, 단기입소생활개호사업소, 노인개호지원센터, 노인휴식의 집, 노인휴양홈 등은 시설 수가 거의 증가하지 않거나 감소하고 있는 추세에 있다. 반면에 특별양호노인홈, 경비노인홈, 통소개호사업소, 단기입소생활개호사업소, 노인개호지원센터, 유료노인홈 등의 시설은 증가하고 있는 추세에 있다. 이와 같은 현상은 개호보험제도의 실시 이후 복지시설기능이 개호 중심으로 추진되어 오다 재정 부담의 증가 및 기능의 효율성 제고 측면으로 「개호보험법」이 수정되면서 재가복지 예방 기능을 강화하는 시설 중심으로 변화되었기 때문이다(김태일, 2008).

2) 일반주택 개·보수

주택 개·보수 지원 제도는 공적 개호보험제도의 재가복지서비스 중 하나인 재택개호 환경정비서비스에 해당된다. 재가를 위해 기존에 살던 집의 개·보수를 할 경우, 관련된 주택정책은 크게 주택정책과 관련된 시책과 복지정책과 관련된 시책으로 나누어 볼 수 있다. 전자는 국토교통성에서 「고령자의 거주안정 확보에 관한 법률」에, 후자는 후생노동성에서 '공적 개호보험 제도'에 근거하여 시행하고 있으며, 이 외에 각 지방자치단체별로 주택 개·보수에 관하여 다양한 시책을 시행하고 있다(김승희, 2004).

국토교통성은 단독주택을 소유하고 있는 만 60세 이상의 노인을 대상으로 주택에 저당권을 설정하고 최고 500만 엔을 융자해 주며, 이는 주로 자가주택의 배리어 프리 개·보수를 위해 사용된다. 이 제도는 노인가구가 생전에는 융자금액의 이자만을 납부하고, 사망 시에 주택자산을 활용하여 일괄 상환하는 역모기지 방식을 취하고 있으며, 주로 배리어 프리를 위한 주택의 증·개축에 활용되고 있는 제도다.

이에 반하여 후생노동성에서 시행하고 있는 공적 개호보험하의 주택 개·보수 지원제도는 자가 및 임대주택에 관계없이 20만 엔 한도 내에서 노인가구의 신체상황에 맞게 비교적 간단한 주택 개·보수(주택 내부의 계단 등 단차 제거 및 손잡이 설치 등)를 행하는 데 지원을 해 주는 제도다. 2000년의 이용현황을 살펴보면 15만 5,000건, 비용총액은 연간 186억 엔(급부지급액은 이 중 90%)이 지급되었다(〈표 4-3〉 참조). 특히 이 제도는 본인 부담이 적고 비교적 공사내용이 간단

〈표 4-3〉 요개호(要介護)별 주택 개 · 보수 건수 및 비용 (단위: 명, 건수, 만 엔)

구분		합계	요(要) 지원	요(要) 개호 1	요(要) 개호 2	요(要) 개호 3	요(要) 개호 4	요(要) 개호 5
연도 말 시점의 요개호인정자 수(a)		2,561,594	321,503	701,489	483,797	354,831	363,279	336,695
주택 개 · 보수	건수(b)	154,556	17,997	50,807	38,555	24,648	15,125	7,424
	b/a	(6.0%)	(5.6%)	(7.2%)	(8.0%)	(6.9%)	(4.2%)	(2.2%)
	비용액(c)	18,556	2,036	6,830	4,637	3,059	1,906	999
	c/b (만 엔)	(11.9)	(11.3)	(11.5)	(12.0)	(12.4)	(12.6)	(13.5)

출처: 김성희(2004) 재인용.

할 뿐만 아니라 짧은 기간 내에 주거환경이 개선되는 장점이 있어 2000년에 도입한 이후 여타 지원제도보다 이용률이 월등히 높은 추세다(김성희, 2004).

3) 신규주택의 배리어 프리

1990년대에 들어서면서 고령자대응시책은 고령자주택으로 대표되는 특수대응이 아니라 사회 전체의 주택까지 대상으로 하는 일반적인 대응을 정책의 목적으로 삼게 되었다. 이러한 배경하에 현실적으로 고령자가 거주하고 있는지의 여부와 관계없이 어떠한 주택이나 거주자의 연령 증가에 따른 신체상황의 변화에 대응할 수 있도록 미리 일정한 배리어 프리 설계를 강구해 두는 대책이 실행되기 시작하였다. 1991년부터 공영주택 및 공단주택에 대해 신규 건설하는 것에서부터 순차적으로 주택단지 입구의 슬로프(slpoe)화, 실내의 단차 제거, 장래 난간 설치를 위한 기초 보강, 공용계단 및 주택 내 계단의 난간 설치를 하도록 하였다(園田眞理子, 1995).

4) 장기 생활자금지원

일본은 주택을 소유한 노인을 대상으로 역모기지제도를 실시하고 있다. 명칭은 장기 생활자금지원제도로, 일정 거주용 부동산을 보유하고 미래에도 그 주거지에서 계속 살 것을 희망하는 고령자 세대에 대하여 해당 부동산을 담보로 생활자금을 대부함으로써 세대의 자립을 지원하는 것을 목적으로 하는 제도다. 실시 주체는 도도부현 사회복지협의회이며, 신청은 시정촌 사회복지협의회에서 하도록 되어 있다. 대부 대상은 다음 중 하나에 해당되면 된다. 첫째, 차입신청자가 단독으로 소유(동거 배우자와의 공유를 포함)하는 부동산에 거주하고 있을 것, 둘째, 부동산에 임차권, 저당권 등이 설정되어 있지 않을 것, 셋째, 배우자 또는 부모 이외의 동거인이 없을 것, 넷째, 세대 구성원이 원칙적으로 65세 이상일 것, 다섯째, 차입세대가 시정촌 민세의 비과세 세대 또는 균등할 과세 세대 정도인 세대일 것이다. 구체적인 대부 내용은 〈표 4-4〉와 같다.

〈표 4-4〉 장기 생활자금지원제도

대부 한도액	거주용 부동산(토지) 평가액의 70% 정도
대부 기간	대부 원리금이 대부 한도액에 달할 때까지의 기간 또는 차입자 사망 시까지의 기간
대부액	한 달당 30만 엔 이내의 금액(임시 증액 가능)
대부 이자	연리 3% 또는 장기 프라임 레이트(현재 1.65%) 중 낮은 이율
상환 기한	차입자의 사망 등 대부계약 종료 시
상환 담보조치	• 거주하는 부동산에 근저당권 등을 설정 • 추정 상속인 중에서 연대보증인 1명을 선임

출처: 일본 내각부(2005).

4. 일본의 노인주택과 시설

일본의 노인주택과 시설은 소관부서별로 주택 분야와 시설 분야로 구분할 수 있다. 전자는 국토교통성 혹은 지방자치단체의 주택 관련 부서 소관이고, 후자는 후생노동성 혹은 지방자치단체의 복지행정부서 소관이다.

주택 관련 부서에서 실시하는 노인주택에는 실버하우징, 복지형 공공임대주택제도, 시니어 하우징, 노인용 임대우량주택, 노인원활입거 임대주택, 노인전용 임대주택 등이 있다. 반면에 복지행정부서에서 실시하는 노인시설로는 양호노인홈, 특별양호노인홈, 경비노인홈, 유료노인홈, 개호노인보건시설, 개호요양형 의료시설 등이 있다.

1) 주택부서의 노인주택

(1) 실버하우징 프로젝트

실버하우징 프로젝트(Silver Housing Project)는 1987년에 시작된 프로젝트로 주택 공급주체와 기초자치단체가 연계해 운영하는 임대주택이다. 자취가 가능할 정도의 건강상태를 가진 60세 이상 중 · 저소득층 노인을 대상으로 하며, 국토교통성이 노인을 배려해 설계된 주택을 제공하고, 후생노동성이 생활보조사 파견 등의 복지서비스를 제공하는 주택공급제도다. 실버하우징의 특징은 〈표 4-5〉와 같다.

〈표 4-5〉 실버하우징의 특징

<table>
<tr><th>구분</th><th colspan="3">내용</th></tr>
<tr><td>행정조직</td><td colspan="3">건설성 주택국 · 후생성 사회국(현 노인보건복지국) 공동 프로젝트</td></tr>
<tr><td>목적</td><td colspan="3">고령자에게 안전한 주택 제공 및 자립적인 주거생활을 영위할 수 있도록 생활지원서비스 제공</td></tr>
<tr><td>공급주체</td><td colspan="3">지방공공단체, 주택 · 도시정비공단, 지방주택공급공사 등</td></tr>
<tr><td>관리주체</td><td colspan="3">시정촌 특별구 포함, 시니어라이프진흥재단 위탁</td></tr>
<tr><td>주택건설 기준</td><td colspan="3">응급통보서비스 장치, 고령자의 생활특성이 배려된 설비</td></tr>
<tr><td>관리인 서비스</td><td colspan="3">주택이 소재하고 있는 지방자치단체 소관(LSA* 상주 또는 복지시설연계형)
30호마다 1인 배치</td></tr>
<tr><td rowspan="3">공급
(건설성)</td><td rowspan="3">건설
지원</td><td colspan="2">• 건설비 보조
–공영주택: 보조율 1/2
–지방공공단체가 공급하는 특정우량임대주택으로 제공: 보조율 1/3
• 설비비 지원
–고령자 이용 설비, 공동시설 설치(긴급통보시스템, 생활상담실, 단란실 설치) 보조금 증액</td></tr>
<tr><td colspan="2">계획책정비 지원(고령자주택정비계획 책정비에 관한 보조): 보조율 1/3</td></tr>
<tr><td colspan="2">• 데이센터건설비 보조
–데이센터 건립 시 건설비 보조(보조율: 중앙 1/2, 현 1/4)</td></tr>
<tr><td rowspan="2">운영
(후생성)</td><td rowspan="2">운영
지원</td><td>LSA 상주형</td><td>LSA 인건비 보조(중앙 1/2, 현 1/4)</td></tr>
<tr><td>LSA 파견형</td><td>국가 1/2, 도도부현 1/4, 시정촌 1/4</td></tr>
<tr><td rowspan="3">입주
자격</td><td>연령</td><td colspan="2">고령자 단신세대(60세 이상)
고령자 부부세대(부부 중 한쪽이 60세 이상이면 가능)</td></tr>
<tr><td>건강상태</td><td colspan="2">일상생활 자립 가능자</td></tr>
<tr><td>소득수준</td><td colspan="2">수입기준을 충족하는 자(공단이 정한 수입기준)</td></tr>
<tr><td rowspan="2">이용료</td><td>상주
관리형</td><td colspan="2">거주자가 관리인 비용 일부(1/4) 부담(3/4 보조)</td></tr>
<tr><td>병설형</td><td colspan="2">후생성 생활보조원 파견(국가 1/2, 도도부현 1/4, 시정촌 1/4 보조)</td></tr>
<tr><td>이용방식</td><td colspan="3">사업자와 개인이 계약</td></tr>
</table>

출처: 장윤배 외(2005).

* LSA(Life support advisor) 세노

- 고령자가 심신의 건강을 유지하고, 지역사회 속에서 자립하고, 안전하며 쾌적한 생활을 할 수 있는 복지서비스를 적절하게 받을 수 있도록 재택생활 지원
- 근무체계: LSA는 실버하우징에 병설된 생활 상담실로 통근
- 생활지도, 상담, 안부 확인, 긴급 시 대응 등의 복지서비스 제공
- 고령자를 위한 새로운 커뮤니티 만들기, 살아가는 보람이나 의지 지원

집합주택으로 노인의 생활 특성을 고려하며, 단차 해소, 손잡이 설치, 긴급통보체제의 설치, 바닥 높이의 욕조[9] 등의 시설을 갖추고 있으며, 공용 시설로는 생활상담실과 휴게실 등이 있다. 생활보조원의 경우 10~30가구에 한 사람씩 배치되는 것이 특징이며, 파견 시 인근의 데이케어센터 직원들로 구성된다. 이 보조원은 거주하고 있는 입주자의 생활지도, 상담, 가사보조, 긴급 시 대응 등의 역할을 수행하고 있다. 이 서비스를 위한 비용은 입주자와 해당 지방자치단체가 공동으로 부담하는 시스템으로 운영된다.

(2) 복지형 공공임대주택

민간단체에서 주택을 건축하고 그것을 지방공공단체나 지방 주택공급공사가 임대해 임대료를 줄여서 노인에게 제공하는 제도다. 이는 자취 가능한 중·저소득층 노인을 대상으로 하지만, 지방 공공단체가 직접적으로 주택을 건설·공급하는 공영주택제도 내용과는 차이가 있다. 지방자치단체는 토지 소유자가 주택을 건설할 때 노인의 생활환경에 적합하도록 시공하는 데 필요 비용을 보조하며, 복지서비스의 경우 필수적으로 제공되지는 않지만 관리인을 파견하는 제도를 함께 시행하고 있다. 특히 복지형 공공임대주택 제도의 경우 일정한 수입이 없는 퇴직한 노인의 주택 마련을 위한 경제적 부담을 덜어 준다는 점을 특징으로 한다.

(3) 시니어 하우징

중견 근로자가 퇴직할 때까지 마련 가능한 자금으로 구입할 수 있는 주택으로 경제적으로 어느 정도 여유가 있는 60세 이상의 중산층에게 공급하는 주택이다. 주택의 건설 공급주체는 주택·도시정비공단이나 지방주택공급공사이며, 입주 시 일정액의 입주금을 일괄 지불함으로써 주택 거주 기간 동안 집세를

9) 욕조의 높이를 바닥면과 같게 하여 기존의 욕조처럼 노인이 넘어 올라가면서 사고를 당하는 것을 방지하도록 설계한다.

내지 않아도 된다는 점이 특징이다. 또한 노인을 위해 설계된 구조와 생활지원을 위한 공용시설 및 서비스를 제공한다. 시니어 하우징의 특징은 〈표 4-6〉과 같다.

〈표 4-6〉 시니어 하우징의 특징

구분		내용
행정		건설성 (재)고령자주택재단시니어주택 인정제
목적		고령자에게 안전한 주택을 제공하고 고령자가 자립적인 주거생활을 영위할 수 있도록 생활지원 서비스를 제공하는 주택을 중산층이 퇴직 시까지 조달할 수 있는 자금으로 구입 가능하도록 함
공급주체		• 공공주체: 주택 · 도시정비공단, 지방주택공급공사 • 민간주체: 개인, 주식회사
관리주체		• 공공주체: 지방주택공급공사, 시니어라이프진흥재단 • 민간주체: 주식회사
주택건설 기준		• 전용부분(면적 30m² 이상, 단차 해소, 손잡이 설치, 휠체어 사용 가능, 긴급 통보 체제의 설비) • 옥외공간 · 공용시설(경사로, 엘리베이터) • 생활지원시설(기초서비스 제공, 거주자 간 교류를 위한 공간 제공)
주택공급		주택금융공고에 의한 융자 건설자금 융자
서비스	제공방식	• 일괄제공방식: 단지 내에서 모든 서비스를 일괄적으로 제공 • 직접제공방식: 일부 서비스는 외부에 위탁하여 제공
	종류	• 기초서비스: 프론트서비스, 긴급 시 대응, 건강상담, 생활상담 • 선택서비스: 식사서비스, 가사서비스 등
입주 자격	연령	• 고령자단신세대(60세 이상) • 고령자부부세대(부부 중 한쪽이 60세 이상이면 가능) • 고령자 1인(60세 이상)+생활지원하는 동거친족 1인(3촌 이내 친척) • 단지에 따라서 55세 이상이면 입주 가능한 단지도 있음
	건강상태	자립생활 가능자
	소득수준	기준을 충족하는 자 (공단이 정한 수입기준)
	보호자	원칙적으로 보호자(身元引受人)가 입소시키는 방식
구입자금 이용료	구입자금	• 입주금 방식(일정 기간 임대료 일괄 지불) • 연금방식(보험회사에 종신연금보험에 가입하여 임대료 보증)
	이용료	관리비와 유료서비스 이용료가 별도로 부과됨
이용방식		사업자와 개인이 계약

출처: 장윤배 외(2005).

입주자는 입주 시 '종신연금보험'에 가입하게 되며, 해당 보험료는 한꺼번에 보험회사에 지불하게 된다. 그리고 그 보험회사는 자금을 시니어주택관리공단인 노인주택재단에 지불한다. 이러한 시스템을 통해서 입주자는 집세 걱정을 하지 않아도 되며, 시니어주택에서 나온다 하더라도 살아 있는 기간 동안 보험회사를 통해 직접 연금을 받을 수 있다. 운영주체인 지방주택공급공사는 독자적으로 자금을 운용해서 입주자의 종신 거주를 보장하지만, 운영주체가 어디인가에 따라 연금 활용 방식과 입주금 방식을 절충적으로 사용하기도 한다.

운영자의 자금 운용 방식은 선택사항이겠지만 시니어주택제도의 가장 큰 요점은 일시금을 납부함으로써 집세가 보장된다는 점이다. 그리고 입주 시 납부된 비용 안에는 기초서비스 이용료가 포함되어 있으며, 입주 후에는 관리비와 기타 서비스를 이용하기 위해 적은 비용만을 지불하면 된다. 하지만 시니어주택제도가 종신 거주 장소를 제공한다는 이점이 있지만 거동이 불편하고 간호가 필요한 노인의 경우, 이를 위한 서비스를 따로 운영해야 한다는 문제점이 있다. 간호서비스는 입주자가 개별적으로 선택을 하든지 혹은 운영기관에서 제도에 처음부터 간호서비스를 포함해서 입주 비용에 포함하는 방식을 택하고 있으며, 최근에 실시되는 주택사업에서는 종신간호서비스를 포함하는 경우가 많아지고 있다.

(4) 노인용 임대우량주택

노인용 임대우량주택(高齢者向け優良賃貸住宅: 高優賃)은 손잡이 등을 설치하여 배리어 프리 구조와 설비를 갖춤과 동시에 긴급 시 대응서비스를 받을 수 있는 주택으로서 도도부현지사가 인증한 주택이다(이자성, 2009).

이 주택은 지방자치단체로부터 집세 보조를 받는 60세 이상의 고령자를 대상으로 한 우량의 민간임대주택이다. 고령자 대상의 임대우량주택을 정비 및 관리하고자 하는 토지소유자들의 사업주체는 공급계획을 작성하여 도도부현, 정령시, 중핵시 자치단체장에게 공급계획의 인정신청을 할 수 있다. 공급계획의 인정을 받은 자(인정사업자)는 정비에 필요한 비용의 보조, 집세의 감액에 필요한 비용의 보조 등을 받을 수 있다(세계도시라이브러리 홈페이지 참조).

(5) 노인원활입거 임대주택

노인원활입거 임대주택(高齢者円滑入居賃貸住宅: 高円賃)은 노인의 입주를 거부하지 않는 주택으로 도도부현지사에게 등록되어 있고, 주택의 넓이, 집세, 배리어 프리화의 상태 등을 공개하며, 노인입주지원센터에 의한 집세재부보증제도를 활용하여 집을 임대할 수 있도록 하고 있다(이자성, 2009).

〈표 4-7〉 노인원활입거 임대주택 등록사항

임대인의 성명 혹은 명칭 및 주소	임대주택의 위치
임대주택의 호수	임대주택의 규모
임대주택의 구조 혹은 설비(단차가 없는 방, 화장실, 욕실 및 계단의 손잡이, 개조용의 휠체어, 이동할 수 있는 폭의 복도 및 거실의 출입구, 개조를 고려한 넓이의 화장실에서 앉을 수 있는 변기가 설치되어 있을 것. 개조를 고려한 크기의 욕실, 엘리베이터, 비상용통보장치)	
임대용으로 제공되기 전의 임대주택은 입거 개시 시 임대주택의 집세 및 공익비의 계산액	
고령자 대상의 임대우량주택인정 유무	종신건물임대차의 인가의 유무
임대인의 연락처 혹은 건물(건물의 일부를 포함)의 임대의 대리 혹은 매개를 의뢰한다. 경우에 따라서는 당해 대리점 혹은 매개를 하는 자의 성명 혹은 명칭, 주소 혹은 연락처	

출처: 이자성(2009).

(6) 노인전용 임대주택

노인전용 임대주택(高齢者専用賃貸住宅: 高専賃)은 노인원활입거 임대주택 중 특히 노인이 독신이거나 부부세대인 경우만을 입거 대상으로 하는 것으로 주택의 넓이, 집세, 배리어 프리화의 상태 외에 입소자가 공동으로 이용할 수 있는 거실, 식당, 부엌, 욕실 등의 유무, 입소자의 식사, 개호, 가사원조 등의 서비스 제공 유무에 대한 정보를 제공하는 특징을 가지고 있다(이자성, 2009).

2) 복지부서의 노인시설

(1) 양호노인홈

양호노인홈(養護老人ホーム)은 일본에서 가장 오래된 노인복지시설로 65세의 저소득 노인층을 대상으로 심신 기능 감퇴나 주택 문제로 인해 집에서 생활이 곤란한 경우 이용할 수 있다. 시정촌과 도도부현 같은 지방 공공단체 혹은 사회복지법인에 의해서 설치되며, 시설 입소는 시정촌에서 관리한다. 입소 시 드는 비용은 입소자 또는 그 부양의무자의 책임 능력에 상응하는 비용과 조세로 충당한다.

(2) 특별양호노인홈

특별양호노인홈(特別養護老人ホーム)은 「노인복지법」에 의거하여 '지정개호노인복지시설'이라는 명칭으로 불리며, 노인복지시설 중 가장 많은 점유율을 차지하고 있다. 정원 규모는 주로 50인 이상으로 양호노인홈과 같이 65세 이상의 노인층을 대상으로 하지만, 신체상 혹은 정신상 장애로 인해 집에서 필요한 개호를 받기 힘들어 지속적인 개호를 필요로 하는 노인도 입소할 수 있다. 특별양호노인홈은 지방 공공단체나 사회복지법인에서 설치하며, 시정촌에서 입소를 결정한다. 시설 이용에 드는 비용은 입소자 또는 그 부양의무자의 책임능력에 상응하는 비용과 조세로 충당하게 된다.

(3) 경비노인홈

경비노인홈(經費老人ホーム: 케어하우스, A형, B형)은 지방공공단체, 사회복지법인 혹은 의료법인, 농협, 재단법인이 설치 가능한 노인주택시설이다. 기존 주택과 비슷하고, 거실은 개별실로 구성되어 있어 개인 프라이버시를 확보할 수 있으며, 노인을 위해 설계된 주거 공간이다. 경비노인홈은 저소득계층의 60세 이상 노인층을 대상으로 하며, 저렴하게 이용할 수 있다는 점이 특징이다. 경비

노인홈은 케어하우스, A형, B형으로 구분된다. 경비노인홈에는 생활상담, 입욕서비스, 식사서비스 제공 및 휠체어 생활 등을 고려하여 구조를 갖춘 '케어하우스' 위주로 공급되며, 식사와 일상생활에 필요한 편의를 제공하는 A형과 독립적인 취사가 원칙인 B형이 있다. A형과 B형의 경우에는 정원이 50인 이상으로 생계가 어렵고 부양의무자와 동거할 형편이 되지 않는 노인이 입소할 수 있다.

(4) 유료노인홈

유료노인홈(有料老人ホーム)은 비교적 고소득층 노인을 대상으로 하며, 10인 이상의 노인을 입소시켜 급식 및 일상에 필요한 서비스를 제공하는 것을 목적으로 하는데, 이는 노인복지시설이 아닌 것으로 분류된다. 이 시설은 주거와 서비스 기능을 함께 제공하는 민간시설로 개인이나 주식회사, 생명보험사, 재단법인, 기타 사회복지법인 등 민간 사업자가 운영하고, 국토교통성의 주택국이 관

〈표 4-8〉 유료노인홈의 종류와 특징

시설유형	유형의 특징
개호형 유료노인홈(일반형 특정시설입주자 생활개호)	• 개호 등의 서비스가 제공되는 노인용 주거시설임 • 개호가 필요하면 해당 유료노인홈이 제공하는 특정시설입주자 생활개호를 이용하면서 해당 유료노인홈에서 생활을 계속하는 타입임 • 개호서비스는 해당 유료노인홈에서 제공함
개호형 유료노인홈(외부서비스이용형 특정시설입주자 생활개호)	• 개호 등의 서비스가 제공되는 노인용 주거시설임 • 개호가 필요하면 해당 유료노인홈이 제공하는 특정시설입주자 생활개호를 이용하면서 해당 유료노인홈에서 생활을 계속하는 타입임 • 유료노인홈의 직원이 안부 확인 및 계획서를 작성하고, 개호서비스는 위탁처의 개호서비스 사업소가 제공함
주택형 유료노인홈	• 생활지원 등의 서비스가 제공되는 노인용 거주시설임 • 개호가 필요한 경우, 입주자 자신의 선택에 의해 지역방문개호 등 개호서비스를 이용하면서 해당 유료노인홈에서 생활을 계속하는 타입임
건강형 유료노인홈	• 식사 등 서비스가 제공되는 노인용 거주시설임 • 개호가 필요한 경우에는 계약을 해지하고 퇴거함

출처: 이자성(2009).

할하며, 거실, 식당, 각종 오락시설, 간병·보호시설로 구성되어 있다. 경제적으로 소득수준이 높은 노인을 대상으로 하기 때문에 고급 서비스를 제공하는 고급주택의 형태가 많다.

유료노인홈에는 홈의 직원이 개호보험서비스를 제공하는 '개호 제공'과 개호서비스를 제공하지 않고 입소자가 요개호상태가 된 경우에 외부에서 개호서비스 사업자와 계약으로 개호서비스를 이용하는 '주택형', 홈에서는 개호서비스를 제공하지 않고, 개호가 필요한 경우 계약을 해지하고 퇴거하는 '건강형'이 있다(이자성, 2009).

유료노인홈의 권리 형태로는 이용권 방식, 건물임대차 방식, 종신건물임대차 방식이 있다. 이 중 이용권 방식을 가장 선호하는 것으로 나타나고 있는데, 이것은 객실의 소유권이 없는 형태다.

〈표 4-9〉 유료노인홈의 권리 형태

구분	내용
이용권 방식	건물임대차 계약 및 종신건물임대차 계약 이외의 계약 형태로, 거주 부분과 개호 및 생활지원 등의 서비스 부분의 계약이 일체가 된 것
건물임대차 방식	임대주택에 있어서 거주의 계약 형태이고, 거주 부분과 개호 등의 서비스 부분의 계약이 별도로 되어 있음
종신건물임대차 방식	건물임대차 계약의 특별한 유형으로 도도부현지사로부터 노인의 주거안정 확보에 관한 법률의 규정에 기초하여 종신건물임대차사업의 허가를 받으며, 입소자의 사망으로 계약을 종료함

출처: 이자성(2009).

(5) 개호노인 보건시설

개호노인 보건시설(介護老人 保健施設)은 요개호자에 대해서 재택복귀를 목표로 간호·의학적 관리하에서 개호 기능훈련 등 필요한 의료, 일상생활상의 간호를 받는 것을 목적으로 한 시설이며, 요개호자가 대상이다.

(6) 개호요양형 의료시설

개호요양형 의료시설(介護療養型 醫療施設)은 요양병상 등을 갖춘 병원 또는 진료소의 개호보험 적용부분에 입원하는 요개호자에 대해서 개호 및 간호기능 훈련 등 필요한 의료행위를 목적으로 하는 시설로서 요개호자가 대상이다.

복지 관련 부서에서 실시하고 있는 노인의 입소시설 중에 개호보험이 적용되는 시설은 특별양호노인홈, 개호노인 보건시설, 개호요양형 의료시설이 해당되며, 개호보험이 적용되지 않는 시설에는 양호노인홈, 경비노인홈, 유료노인홈이 해당된다.

참고문헌

김성희(2004). 일본 노인세대의 주택개보수 사례 연구. 강원: 강원발전연구원.

김태일(2008). 고령화사회의 주거공간학. 서울: 보고사.

유병선(2005). 한국형 노인공동생활주택 공급 및 관리모델 개발 연구. 경희대학교 일반대학원 박사학위논문.

윤찬중(2004). 사회복지정책과 제도. 서울: 창지사.

이자성(2009). 남해군 맞춤형 노인주거복지서비스. 경남: 경남발전연구원.

일본 내각부(2005). 일본 고령사회 백서.

일본 오사카시 복지부(2010). 고령자의 주거: 다양한 주거의 소개와 유의점에 대해서.

장병원(2009). 일본 노인장기요양 정책. 경기: 양서원.

장윤배, 봉인식, 유병선, 한지원(2005). 유료노인복지주택의 제도개선 방안. 경기: 경기개발연구원.

저출산고령사회위원회(2004). 고령사회에 대비한 주거환경 개선방안. 서울: 보건복지부.

한국실내디자인학회(2008). 노인환경디자인. 서울: 기문당.

厚生省(2013). 平成25年「高年齢者の雇用狀況」集計結果.

園田眞理子(1995). 세계의 고령자주택(대한주택공사 역). 서울: 대한주택공사.

노년시대신문(2006. 9. 2.). 일본 노인인구 21%로 세계 최고.
파이낸셜 뉴스(2010. 2. 1.). 뉴실버세대의 경제학 ⑤ '노인복지의 천국' 일본을 가다.

일본 국토교통성 http://www.mlit.go.jp
세계도시라이브러리 http://www.makehopecity.com

제5장

한국의 노인주택정책

박서영 · 이정은

우리나라는 앞서 살펴본 선진국의 사례와 달리 노인주택이 활성화되지 않았다. 소위 실버타운이라 불리는 노인주택이 있기는 하지만 대체로 고소득층 노인을 위한 주택이고, 저소득층 노인을 위한 양로시설(공동생활가정)을 제외하면, 일반 노인들이 거주할 수 있는 노인주택은 부족한 상태다. 다만, 2007년에 「노인장기요양보험법」이 시행되면서 치매나 중풍으로 인해 일상생활에 도움이 필요한 노인들을 위한 요양 관련 시설은 급격하게 증가하였다. 즉, 한국의 노인주택은 건강한 일반 노인을 위한 '주택'이라기보다는 돌봄이 필요하거나 소득이 없는 노인을 대상으로 한 '보호'의 개념으로 활용되는 특징이 있다. 이 장에서는 우리나라 노인인구 및 가구의 변화를 확인해 보고, 이를 바탕으로 노인주택정책의 흐름 및 관련 법·제도 현황 그리고 몇 가지의 사례를 통해 우리나라 노인주택정책에 대해 고찰해 보고자 한다.

1. 한국 노인인구의 변화와 거주 형태

1) 한국 노인인구 변화

(1) 노인인구 증가율

우리나라는 세계에서 유례를 찾아볼 수 없을 정도의 빠른 고령화 속도를 보이고 있다. 1990년에 65세 이상의 노인인구가 전체 인구의 5.1%에 불과하였으나, 2000년에는 7.0%가 되면서 고령화 사회(aging society)로 진입하였으며, 2014년에는 12.7%로 증가하였다. 2015년 통계청에 따르면 한국의 노인인구는 계속 증가하여 2030년에는 24.3%, 2060년에는 40.1%로 높아질 것으로 전망하였다. 이는 세계적인 고령인구 증가 추세보다 상당히 빠른 속도로, 노인인구 구성비를 전 세계 국가와 비교해 본 결과, 2015년 51번째에서 2060년 두 번째 수준으로 높아질 것으로 예측하였다.

〈표 5-1〉 노인인구 및 노인인구 비율 추이 (단위: 명, %)

	1995년	2000년	2005년	2010년	2014년
총인구	45,858,029	47,732,558	48,782,274	50,515,666	51,327,916
65세 이상 인구	2,665,241	3,355,614	4,324,524	5,506,352	6,520,607
구성비	5.8	7.0	8.9	10.9	12.7

출처: 통계청(각 연도). 주민등록인구 현황.

(2) 출생률, 사망률 추이

출생률 및 사망률에 관한 변동 추이를 살펴본 결과, 출생아 수는 1995년에 71만 5,020명에서 2014년에 43만 5,435명으로 절반가량이 감소하였다. 이는 전체 인구 천 명당 출생아 수를 의미하는 조출생률로도 확인되는데, 1995년에 15.7명이었던 출생률이 2014년에는 8.6명으로 감소하였다. 사망률은 1995년부터 2014년까지 5%대로 유지되고 있는 것으로 나타나 사망률에 비해 출생률이 떨어지고 있는 것을 확인할 수 있다.

〈표 5-2〉 출생률 및 사망률 추이 (단위: 명)

	1995년	2000년	2005년	2010년	2014년
전체 인구	45,858,029	47,732,558	48,782,274	50,515,666	51,327,916
출생아 수	715,020	634,501	435,031	470,171	435,435
조출생률[1] (천 명당)	15.7	13.3	8.9	9.4	8.6
사망자 수	242,838	246,163	243,883	255,405	267,692
조사망률[2] (천 명당)	5.3	5.2	5.0	5.1	5.3

주: 1) 조출생률: 인구집단의 출산수준을 나타내는 지표로 해당 1년간의 총 출생아 수를 당해 연도 연앙인구(해당 해의 중간인 7월 1일 기준의 인구)로 나눈 수치를 1,000분비로 나타낸 것
2) 조사망률: 인구집단의 사망수준을 나타내는 지표로 해당 1년간의 총 사망자 수를 당해 연도 연앙인구(해당 해의 중간인 7월 1일 기준의 인구)로 나눈 수치를 1,000분비로 나타낸 것
출처: 통계청(2015b).

(3) 노인인구 부양비 및 노령화지수 변화 추이

인구 추이와 더불어 부양비 추이를 함께 살펴보면, 1970년에 유년부양비가 78.2%, 노년부양비가 5.7%, 2000년에 유년부양비가 29.4%, 노년부양비가 10.1%, 2030년에 유년부양비가 20.0%, 노년부양비가 38.6%로, 유년부양비는 급감하는 반면, 노년부양비는 급증하는 양상을 보이고 있다.

〈표 5-3〉 노인인구 구성비 및 부양비, 고령화지수 (단위: %)

		2000년	2010년	2014년	2030년	2040년
구성비 (%)	0~14세	21.1	16.1	14.3	12.6	11.2
	15~64세	71.7	72.8	73.1	63.1	56.5
	65세 이상	7.2	11.0	12.7	32.3	24.3
부양비[1)]	총부양비	39.5	37.3	36.5	58.6	77.0
	유소년부양비	29.4	22.2	19.5	20.0	19.8
	노년부양비	10.1	15.2	17.3	38.6	57.2
노령화지수[2)]		34.3	68.4	88.7	193.0	288.6

주: 1) 부양비는 생산가능인구 100명당 해당인구의 비율을 의미한다.
총부양비= 유소년부양비+노년부양비
유소년부양비= (0~14세 인구)/(15~64세 인구)*100
노년부양비=(65세 이상 인구)/(15~64세 인구)*100
2) 노령화지수란 유소년 인구(0~14세 인구) 100명에 대한 고령인구(65세 이상 인구)의 비율을 의미함.
노령화지수=(65세 이상 인구)/(0~14세 인구)*100
출처: 통계청(2015c).

2) 노인 거주 형태의 변화

(1) 노인가구 추이

65세 이상 노인이 가구주인 고령가구는 2014년 기준 370만 3,000가구로 전체 가구의 20.1%를 차지하였다. 이는 2000년에 비해 두 배 이상 증가한 수치이며, 2030년에는 전체 가구의 35.4%를 차지할 것으로 예상된다. 특히 노인 단독 1인 가구의 증가 속도가 빠른 것으로 나타났는데, 2014년에는 전체 가구의 7.1%를 차지하였으나, 2030년에는 13.0%로 두 배 가까이 증가할 것으로 보고되었다. 2010년 이후 노인 가구 중 1인가구의 비율은 부부만 사는 경우보다 더 높게 나타났다.

〈표 5-4〉 노인가구 추이 (단위: 천 가구, %)

	총 가구	고령가구[1)]	구성비[2)]	고령가구유형					
				부부가구	구성비[2)]	부부+자녀가구	구성비[2)]	1인가구[3)]	구성비[2)]
2000년	14,507	1,734	11.9	573	3.9	184	1.3	544	3.7
2005년	15,971	2,432	15.2	822	5.1	249	1.6	777	4.9
2010년	17,359	3,087	17.8	1,038	6.0	297	1.7	1,056	6.1
2014년	18,458	3,703	20.1	1,234	6.7	340	1.8	1,317	7.1
2030년	21,717	7,690	35.4	2,533	11.7	719	3.3	2,820	13.0

주: 1) 가구주의 연령이 65세 이상인 가구
2) 총 가구 중 고령가구 유형별 구성비
3) 가구주의 연령이 65세 이상이면서 혼자 사는 가구
출처: 통계청(2014).

(2) 가족의 부양의식

우리나라의 노부모 부양에 대한 견해를 살펴본 결과, 가족이 부양해야 한다는 의견이 2002년에 70.7%에서 2012년에 33.2%로 불과 10년 만에 급격히 줄어들고 있는 것으로 나타났다. 또한 가족 · 정부 · 사회가 부양해야 한다는 견해는 2002년에 18.2%에서 2012년에 48.7%로 두 배 이상 급격히 증가하여 노부모 부양에 대해 가족 · 정부 · 사회의 책임에 대한 의식이 강해지고 있는 것으로 나타났다.

〈표 5-5〉 노부모 부양에 대한 견해 (단위: %)

	부모 스스로	가족	장남, 맏며느리	아들, 며느리	딸, 사위	모든 자녀	능력 있는 자식	가족 · 정부 · 사회	정부 · 사회
2002년	9.6	70.7	21.4	19.7	1.4	27.6	30.0	18.2	1.3
2006년	7.8	63.4	19.5.	8.1	0.9	49.2	22.2	26.4	2.3
2008년	11.9	40.7	17.3	6.7	0.9	58.6	16.4	43.6	3.8
2010년	12.7	36.0	13.8	7.7	1.8	62.4	14.3	47.4	3.9
2012년	13.9	33.2	7.0	3.9	0.8	74.5	13.9	48.7	4.2
2014년	16.6	31.7	6.2	3.5	0.7	75.4	14.2	47.3	4.4

출처: 통계청(각 연도). 사회조사.

(3) 고령자의 주거실태

2005년 노인가구의 주택소유형태를 살펴보면 집을 소유하는 경우가 노인가구 전체의 75.6%로 가장 많았고, 그다음으로 전세가 12.2%, 보증부월세+월세가 8.1%, 무상이 2.9% 순으로 조사되었다. 2010년에도 비슷한 수준이었는데, 주택을 소유하고 있는 비율이 74.8%로 나타났으나, 월세의 비중이 9.9%로 5년 전과 비교하여 약 2% 상승한 것을 확인할 수 있었다.

〈표 5-6〉 노인가구의 주택소유형태 (단위: 가구 수, %)

		가구 수	자가	전세 (월세 없음)	보증금 있는 월세	보증금 없는 월세	사글세	무상 (관사, 사택 등)
2005년	일반 가구	15,887 (100%)	55.5	22.4	15.1	2.1	1.8	3.1
	노인 가구	3,371 (100%)	75.6	12.2	6.9	1.2	1.2	2.9
2010년	일반 가구	14,677 (100%)	54.1	21.7	18.2	2.0	1.3	2.7
	노인 가구	3,111 (100%)	74.9	11.9	8.5	1.4	1.1	2.2

출처: 통계청(2005), 통계청(2010).

〈표 5-7〉 노인이 거주하는 주택유형 (단위: %)

	2005년	2010년
단독주택	77.6	60.2
아파트	16.3	29.6
연립 · 다세대주택	4.5	8.3
비거주용 건물	1.2	1.2
기타	0.4	0.7
합계	100.0	100.0

출처: 통계청(2005), 통계청(2010).

노인이 거주하는 주택의 유형을 살펴보면, 2005년에는 단독주택이 77.6%, 아파트가 16.3%로 대부분의 노인이 단독주택에 거주하고 있음을 알 수 있다. 그러나 2010년 조사 결과 단독주택의 거주 비율이 60.2%로 감소한 반면, 아파트(29.6%)와 연립·다세대주택(8.3%)의 거주율은 증가한 것으로 나타났다.

2. 한국의 노인주택정책

노인주택정책은 노인을 대상으로 하여 노후에 안전하고 자립적인 생활을 유지할 수 있도록 하는 다양한 정책적 배려와 혜택을 주는 것이라 할 수 있다.

1) 한국 노인주택정책의 변화

(1) 1981년 「노인복지법」 제정 이전

1981년에 「노인복지법」이 제정되기 이전의 노인주택정책은 선진국과 마찬가지로 종교단체에서 제공한 잠자리에서 비롯되었다. 1885년에 조선교구장이었던 장 블랑(Jean Blanc) 주교가 종로에 큰 기와집을 한 채 구입하여 무의탁 노인들을 수용하기 시작한 것을 시초로 일제시대와 한국전쟁을 겪으며 주거지가 없는 노인을 위한 시설이 복지단체나 지역유지들에 의해 소규모로 공급되었다(저출산고령사회위원회, 2006a). 그러나 1970년대까지의 노인주택정책은 극히 일부 저소득층에 한정된 것이었으며, 정부의 직접적 개입은 사실상 부재했던 상태로 볼 수 있다.

(2) 1980년대 노인주택정책의 전개

1981년에 「노인복지법」(1981. 6. 5.)이 제정됨으로써 노인복지를 위한 법적인 기반을 갖추게 되었다. 산업화와 도시화로 인해 노인문제가 점차 사회문제로 대두됨에 따라 전통적인 가족제도에 연유하고 있는 경로효친의 미풍양속을 유지·발전시키는 한편, 노인의 안락한 생활을 북돋워 사회복지의 증진에 기여하는 것을 목적으로 「노인복지법」이 제정되었다.

「노인복지법」[1)]의 제정으로 노인주거시설이 무료, 실비, 유료시설로 구분되었고, 정부지원의 원칙도 확립되었으나, 구체적인 지원규모나 사항이 결여된 추상적인 형태에 머물러 노인주거환경을 개선하는 데 큰 영향을 미치지는 못했다. 이후 1989년 12월 노태우 정부의 복지정책 일환으로 「노인복지법」이 전문 개정되었다(이인수 외, 2008). 당시 주택 및 전세 가격의 급등으로 인해 시설만으로 고령자의 욕구에 대응할 수 없었기 때문에 분양 또는 임대로 노인에게만 제공되는 실비 및 유료복지주택을 새로이 제정하게 되었다. 그러나 노인복지주택과 노인양로시설의 차이는 공급호수와 주택 내 부엌의 유무에 따른 구분이었고, 실비노인복지주택의 경우는 조항에 언급되었을 뿐 정부의 구체적 지원이 명시되지 않아 현재까지 한 번도 공급된 바가 없다.

금융지원으로는 1981년에 국민주택기금이 설치되면서 노인을 부양하는 가족에 대해 개인주택자금을 500만 원에서 1,000만 원까지 할증해 주고, 이자율을 다소 낮춰 주는 혜택이 도입되었다. 또한 1988년에는 「소득세법」에 경로우대공제와 양도소득세면제의 정책이 발표되었다(저출산고령사회위원회, 2006a). 그러나 금융지원정책은 지원혜택이 미미하며, 노인주택정책이라기보다는 고령자 부양을 강조하는 제도로 보는 것이 타당할 것이다.

이 밖에 1987년 대한주택공사가 노부모를 부양하도록 하는 방안으로 서울 상

---

1) ① 보건사회부장관, 서울특별시장, 직할시장, 도지사 또는 시장 군수가 65세 이상의 노인으로서 신체·정신·환경·경제적 이유로 주택에서 보호받기가 곤란한 자를 노인복지시설에 입소시키거나 입소를 위탁하도록 한다. ② 노인복지시설을 양로시설, 노인요양시설, 유료양로시설 및 노인복지센터 등으로 구분하고 양로시설 및 노인요양시설은 무료와 실비시설로 구분한다. ③ 국가 또는 지방자치단체는 노인복지시설을 설치할 수 있도록 하고, 사회복지법인 기타 비영리법인은 도지사의 허가를 받아 노인복지시설을 설치할 수 있도록 한다. ④ 국가 또는 지방자치단체는 노인복지시설에 대하여 그 설치 또는 운영에 필요한 비용을 보조할 수 있도록 한다(「노인복지법」 제31조~제33조).

계동에 360가구를 대상으로 3세대 동거형 주택을 공급한 바 있다. 그러나 주택 규모가 협소하고 분양문제를 비롯한 여러 문제점이 발견되어 이후 확대 · 공급되지 못하고 중단되었다(박신영 외, 2004).

(3) 1990년대 노인주택정책의 전개

1993년 12월의 「노인복지법」 개정을 통해 민간기업체나 개인도 유료노인복지시설을 설치 · 운영하도록 공급주체에 대한 규정이 완화되었다(신화경, 이준민, 2008). 그러나 민영화에 따른 유료노인복지시설의 공급 확산은 오히려 노인주택의 양극화를 초래하기도 하였으며, 무분별한 건설과 IMF 경제위기로 인해 부도업체가 발생하는 등의 문제로 노인주택은 크게 발전하지 못했다.

1994년 7월에는 「노인복지법」 시행령 개정을 통하여 시설입소보다는 현재 거주하는 주택에 장기적으로 거주하면서 가정봉사원서비스나 주간보호프로그램을 통해 재가노인서비스의 법적 근거를 마련했다. 또한 1997년 7월에는 인구의 고령화를 인식하고 치매와 같은 만성퇴행성 노인질환에 대한 보다 효과적인 대처와 노인생활의 안정을 위해 「노인복지법」이 다시 전면 개정되었다(김정순, 2005). 이 개정으로 무료 및 실비노인복지시설, 유료노인복지시설, 노인여가시설 등 3가지 유형으로 구분되었던 시설분류가 노인주거복지시설, 노인의료복지시설, 노인여가복지시설, 재가노인복지시설 등으로 세분화되었다.

1999년에는 시설 운영의 자율성을 강화하고 경로연금제도의 미비점을 보완하기 위해 「노인복지법」이 개정되었다. 이 개정으로 실비시설 입소자 부담액의 상한선 규정이 마련되었고, 유료시설의 비용수납신고제 등이 폐지되었다(저출산고령사회위원회, 2006a). 무엇보다 이 개정으로 인해 실비노인복지주택과 유로노인복지주택의 설치 · 관리 · 공급 등에 관하여 「노인복지법」에 규정된 사항을 제외하고는 「주택법」(2003년 이전의 「주택건설촉진법」이 2003년 「주택법」으로 전면 개정)의 관련 규정을 준용한다는 조항이 신설되었다. 이로 인해 고령자주거시설 중 노인복지주택은 「주택법」의 적용을 받기 시작했다(김정순, 2005).

(4) 2000년대 노인주택정책의 전개

2000년대에 들어와서 고령화를 인지한 정부는 다양한 고령자 관련 정책을 수립하기 시작했다. 2001년 9월에는 노인보건복지대책위원회가 설치되어 노인보건의 중요성을 강조했으며, 2002년에는 노인요양보호 인프라 20개년 확충계획이 수립되기도 하였다.

2002년 9월에는 주택공급규칙을 개정하여 '직계존속부양자 주택우선공급제도' 2)를 도입했다. 부양자의 소득에 따라 국민주택과 임대주택으로 나누어 우선분양혜택이 주어졌는데, 2004년 말 실적을 보면 국민주택우선공급의 경우 1만 2,003건의 총공급 중 계약비율이 3.5%에 불과했으며, 임대주택우선공급의 경우 역시 총공급 3만 2,205건 중 약 13%만이 계약된 것으로 보아 정책효과가 매우 낮음을 알 수 있다(저출산고령사회위원회, 2006a).

2004년 2월에는 고령사회 대책마련의 수위를 높여 대통령 자문 고령화 및 미래사회위원회를 조직하였다. 고령화 및 미래사회위원회는 고령자의 노후소득 · 건강 · 주거 · 교통 · 여가 · 문화정책, 저출산에 대응한 인구 · 가족 · 여성 · 보육정책 등의 중장기 대책을 모색하고 9개의 정책과제3)를 제시했다.

또한 2004년에 건설교통부가 '장애인 · 노약자를 위한 편의시설 설치기준'을 마련하여 국민임대주택 분양자 중 만 65세 이상 노인과 장애인이 있는 가족을 대상으로 분양 계약 시 필요한 시설의 설치를 무료 혹은 원가에 설치하도록 하였다. 그러나 노인가구의 경우에는 욕실만을 개조 · 설치할 수 있게 기준을 정해두어 한계를 가진다. 지난 12년간 총 9,346건의 개선사업을 완료하였으며, 특히

2) 국가, 지방자치단체, 대한주택공사 및 지방공사인 사업주체가 85m^2 이하로 건설하여 공급하는 주택공급량의 10% 범위 내에서 고령자를 부양하는 가족에게 우선 공급하는 제도다. 신청자격은 무주택세대주로서 65세 이상 직계존속을 3년 이상 부양해야 한다.

3) 9가지 정책과제는 고령사회 대비 기본대책 및 재정확충방안 마련, 출산력 제고 및 가정과 직장의 양립환경 조성, 인구영향평가 정책 추진, 고용제도 및 관행 개선, 고용기회의 확대 및 이민대책, 전 국민 건강보장체계 구축방인 마련, 교육여가문화향상주거환경 개신, 안징직인 노후생활보장세계 구축, 고령친화적 신산업 육성 및 일자리 창출방안으로 구성되었다.

〈표 5-8〉 장애인 · 노약자를 위한 편의시설 설치기준(국민임대주택)

구분	시설개요	대상
욕실	통행에 지장이 되는 바닥의 단차를 줄임	고령자 가구 및 지체장애 가구
	바닥에 미끄럼방지타일을 시공	
	출입문 규격 확대: 출입구 폭은 80cm 이상 출입문 개폐방향변경(안여닫이, 밖여닫이)	
	좌식 샤워시설: 욕조 제거 후 샤워공간 확보 및 안전손잡이 (L자형 2개, ㅡ자형 1개) 설치	
	좌변기 안전손잡이	
	높낮이 조절 세면기	
주방가구	좌식 싱크대: 의자 사용이 가능한 싱크대 설치	지체장애 가구
	가스밸브 높이 조정: 휠체어에 앉아서 이용이 가능한 높이 (1.2m 내외)	
거실	비디오폰 높이 조정: 휠체어에 앉아서 이용이 가능한 높이 (1.2m 내외)	청각장애 가구
	시각경보기: 세대 내 1개소 설치	
유도시설	음성유도신호기: 상가, 관리소, 시각장애자가 거주하는 아파트 주동현관 입구에 설치	시각장애 가구
	점자스티커: 시각장애인이 거주하는 아파트 주동현관 입구의 램프난간 · 계단난간, 내부경사로 난간에 점자스티커를 부착	

출처: 국토교통부(2015).

2010년부터는 편의시설을 11종에서 13종으로 확대하고 적용대상도 모든 보금자리주택으로 확대한 바 있다. 금년에도 지금까지 108건의 신청이 접수되어 해당 주택에 편의시설을 설치 · 공급할 예정이다.

2005년 이후에는 국민임대주택의 일부를 고령자 전용 국민임대주택으로 공급하고 있다. 또한 2005년 9월에는 「저출산 · 고령사회기본법」이 시행됨에 따라 대통령 산하 '저출산 · 고령사회위원회'가 출범하여 저출산 · 고령사회의 기본 계획과 연도별계획을 수립하였다. 「저출산 · 고령사회기본법」은 총 4장 32조로 구성되었으며, 저출산 대책과 고령사회정책의 기본 방향을 제시하고,

같은 해 12월에는 건설교통부가 '고령자가구 주택개조 기준'을 마련하여 시설뿐만 아니라 고령자 주택개조에도 정부의 관심이 증폭되었다(저출산고령사회위원회, 2006a). 이 밖에 고령자 임대주택시설 기준, 고령자 공동주택시설 기준 등 저출산고령사회위원회가 출범하면서 고령자 주거생활에 관한 여러 규정이 만들어지게 되었다. 참여정부 당시 대통령 직속으로 인구고령화와 저출산의 중장기 정책목표를 세우며 출범한 저출산고령사회위원회는 이명박 정부의 각종 위원회 정리과정에서 복지부 장관 직속으로 격하되었다가 박근혜 정부에 들어서 다시 대통령 직속 위원회로 격상되어 활동 중에 있다.

2007년 8월에는 급격한 고령화에 따라 치매 · 중풍 등 일상생활이 어려운 노인들이 증감하면서 장기요양이 필요한 노인을 집에서 돌보는 것이 어렵다는 점을 인식하고 노인장기요양보험이 제정되었고, 이에 따라 「노인복지법」이 개정되었다. 기존에 무료, 실비, 유료로 구분되었던 노인주거시설이 양로시설, 노인공동생활가정, 노인복지주택의 3가지 유형으로 분류되었다. 노인주택을 위한 정책기반은 2000년대 후반부터 본격화되었다. 2006년의 연구용역을 시작으로 2007년의 공청회와 토론회를 거쳐 마련된 「고령자주거안정법(안)」은 장시간의 노력 끝에 2012년 「장애인 · 고령자 등 주거약자 지원에 관한 법률」로 제정되면서 법제화되었다. 「고령자주거안정법(안)」에서는 65세 이상의 고령자를 위한 임대주택의 의무건설과 고령자의 안전하고 자립적인 주거생활을 위한 기준 설정, 고령자 주거지원센터의 설치와 같은 내용을 포함하고 있었다. 또한 고령자용 보금자리주택 공급 확대 및 고령자 주거 편의 증진 내용을 담은 '고령자용 보금자리주택 설계기준' 개정안을 마련, 고령자의 주거 선택의 폭을 넓히기 위해 국민임대주택뿐만 아니라 영구임대주택에서도 고령자용 주택을 공급하는 것을 골자로 하고 있었다.

2012년에 법제화된 「장애인 · 고령자 등 주거약자 지원에 관한 법률」은 노인을 포함하여 장애인, 기타 주거약자로 판단된 대상자의 안전하고 편리한 주거생활을 위해 필요한 사항이 포함되어 있다. 제2조에서는 장애인과 함께 65세 이상인 노인을 주거약자로 칭하고, 이들 주거약자를 위한 주택 최저주거기준과 편의시설 설치기준을 설정하였다. 또한 주거약자를 위한 주택의 의무건설을 강화하는 방안으로 공공임대주택 중 대통령령으로 정하는 임대주택 건설 시 100분의 3 이상의 범위에서 주거약자용 주택으로 건설하는 것으로 규정하

〈표 5-9〉 한국 노인주택정책의 변화

시대	1970년대	1980년대 (시설보호시대)	1990년대 (민간참여의 시대)	2000년대 (고령자 대책마련 시대)
법		• 1981년 「노인복지법」 제정 • 1989년 「노인복지법」 전문 개정	• 1992년 「고령자고용촉진법」 • 1997년 「노인복지법」 전문 개정	• 2005년 「저출산 · 고령사회기본법」 제정 • 2007년 「노인장기요양보험법」 제정 • 2012년 「장애인 · 고령자 등 주거약자 지원에 관한 법률」 제정
주요 내용	「생활보호법」에 의한 저소득 노인 입소시설 공급	• 1982년 금융 관련 고령자 동거 시 할증융자, 경로우대공제, 양도소득세 면제 • 1987년 대한주택공사 3세대 동거형 주택 공급 • 1989년 양로시설이 아닌 노인복지주택 개념의 등장	• 1993년 민간단체나 개인의 유료 노인복지시설 설치 · 운영 허용 • 1999년 규제완화를 통한 시설 운영의 자율성 강화, 노인복지주택의 설치 · 관리 및 공급에 대해 「주택건설촉진법」 관련 규정 준수	• 2002년 고령자 가구 가족 동거 권장을 위한 공공주택우선분양제도 도입 • 2004년 국민임대주택 고령자 입주 시 일부 설비 교체제도 • 2005년 고령자 가구 주택개조기준 마련 • 2007년 「노인복지법」 개정-양로시설, 노인공동생활가정, 노인복지주택의 3가지 유형으로 분류 • 2008년 「노인장기요양보험법」 시행

출처: 연구자가 직접 작성.

였다(제10조). 또한 동법 제15조에서는 '장애인 · 노약자를 위한 편의시설 설치 기준'에 근거하여 필요한 비용을 주택도시기금으로 융자할 수 있도록 하는 등 노인주택정책에 있어 큰 변화를 야기하였다.

한편 고령화정책의 새로운 패러다임으로서 '고령친화도시(Age-friendly City)'에 대한 필요성이 부각되기도 하였다. 고령친화도시란 노인만이 아닌 시민 모두 평생 살기 좋은 도시를 의미하며, 노인이 되어서도 살던 곳에 계속 거주하며 독립적이면서 활동적인 삶을 유지할 수 있는 환경 구축이 우선되어야 함을 강조하는 개념이다(김선자, 2010). 고령친화도시의 성공적 개발을 위해서는 노년기의 이동성과 접근성을 지원하는 교통 및 공간 계획의 재설계와 함께 지역사회에서 계속 거주할 수 있도록 지원하는 다양한 유형의 주거 대안을 개발하고, 기존의 생활공간에서 활동성을 유지할 수 있는 보행로 및 공원의 확충, 다양한 사회참여 프로그램의 확대 등을 전제해야 할 것이다.

2) 노인주택정책 조직

현재 노인주택정책과 관련된 사항은 보건복지부와 국토교통부에서 맡고 있다. 주무부서로는 보건복지부에 설립된 '노인정책관'의 '요양보험운영과'[4)]가

---

4) '요양보험운영과'에서는 다음과 같은 업무를 담당하고 있다.
- 장기요양기관 확충계획의 수립 및 시행에 관한 사항
- 장기요양기관의 지정 · 변경 · 지정취소 및 운영지원에 관한 사항
- 노인주거복지시설 · 노인의료복지시설 · 재가노인복지시설의 지원 및 육성에 관한 사항
- 노인주거, 의료복지시설 및 재가노인복지시설 관련 법령 제정 · 개정에 관한 사항
- 영주귀국 사할린 한인동포 지원에 관한 사항
- 노인복지시설, 장기요양기관의 통계 생성 및 관리에 관한 사항
- 장기요양기관의 관리 · 감독 및 관련 계획 수립 · 시행에 관한 사항
- 장기요양기관 현지조사에 관한 계획의 수립 · 시행 및 행정처분에 관한 사항
- 장기요양기관의 평가에 관한 사항
- 장기요양급여의 사후관리에 관한 사항

있고, '인구정책실' 산하에 있다. 또한 2003년 7월에 신설된 건설교통부의 '주거복지과'도 현재 국토교통부의 '주거복지기획과'로 명칭이 변경되어 노인주거복지정책 마련에 관여하고 있다(저출산고령사회위원회, 2004). 이곳에서는 「고령자주거안정법」 제정 · 운영, 저출산 · 고령사회 대책 추진, 고령자정책, 「임대주택법」 운영 및 제도 개선 등의 업무를 맡고 있다. 시설 공급만이 아닌 주택 개조, 노인전용 공동주택의 보급에 '주거복지기획과'의 역할이 보다 중요해질 것으로 예상된다.

3) 노인주택정책과 관련된 법률

우리나라의 노인주택정책과 관련된 법은 「노인복지법」을 근간으로 하고 있다. 따라서 법적으로 노인주거복지시설 설치와 관련해서는 「노인복지법」에 따라 복지시설로 구분되어 이루어지며, 노인주거복지시설의 건설과 관련된 내용에 대해서 「주택법」의 내용을 준용하도록 하고 있다(유병선, 2006). 또한 2012년에는 「장애인 · 고령자 등 주거약자 지원에 관한 법률」이 제정되었으며, 2015년에는 주거안정과 주거수준 향상을 위한 「주거기본법」이 제정되었다.

(1) 「노인복지법」

노인주택과 관련해서 적용할 수 있는 법률은 「노인복지법」이다. 「노인복지법」 제8조(노인전용주거시설), 제31조(노인복지시설의 종류), 제32조(노인주거복지시설), 제33조(노인주거복지시설의 설치)에서 노인주거복지시설에 관한 규정을 명시해 두고 있다. 현재 노인주택은 노인주거시설이라는 법적인 테두리 안에서 양로시설, 노인공동생활가정, 노인복지주택의 세 가지 형태로 구분된다. 과거 1997년의 「노인복지법」에서 노인주거복지시설을 무료 · 실비 · 유료 비용을 중심으로 구분하던 것을 2007년 개정으로 비용기준을 없애고, 입소인원과 분양 · 임대 형태에 따라 현재와 같은 세 가지 유형으로 구분하였다.

〈표 5-10〉 현행 노인주거복지시설 유형별 개요

종류	시설	개념	입소 정원	입소 대상자	설치
노인주거복지시설	양로시설	노인을 입소시켜 급식과 그 밖에 일상생활에 필요한 편의를 제공함을 목적으로 하는 시설	10명 이상	다음 각 목의 어느 하나에 해당하는 자로서 일상생활에 지장이 없는 자 가. 「국민기초생활 보장법」 제2조에 따른 수급권자로서 65세 이상의 자 나. 부양의무자로부터 적절한 부양을 받지 못하는 65세 이상의 자 다. 본인 및 본인과 생계를 같이하고 있는 부양의무자의 월소득을 합산한 금액을 가구원 수로 나누어 얻은 1인당 월평균 소득액이 통계청장이 「통계법」 제17조 제3항에 따라 고시하는 전년도(본인 등에 대한 소득조사일이 속하는 해의 전년도를 말한다)의 도시근로자가구 월평균 소득을 전년도의 평균 가구원 수로 나누어 얻은 1인당 월평균 소득액 이하인 자로서 65세 이상의 자(이하 '실비보호대상자')라 한다. 라. 입소자로부터 입소비용의 전부를 수납하여 운영하는 양로시설 또는 노인공동생활가정의 경우는 60세 이상의 자	시장·군수·구청장에 신고
	노인공동생활가정	노인들에게 가정과 같은 주거여건과 급식, 그 밖에 일상생활에 필요한 편의를 제공함을 목적으로 하는 시설	5명 이상 9명 이하		
	노인복지주택	노인에게 주거시설을 임대하여 주거의 편의·생활지도·상담 및 안전관리 등 일상생활에 필요한 편의를 제공함을 목적으로 하는 시설	30세대 이상	단독취사 등 독립된 주거생활을 하는 데 지장이 없는 60세 이상의 자 -입소 대상자의 배우자는 60세 미만인 경우에도 입소 대상자와 함께 입소할 수 있다.	

출처: 보건복지부(2012).

현재 「노인복지법」에서 규정하는 노인복지시설의 분류는 〈표 5-10〉과 같다.

현행 「노인복지법」에 따르면 노인복지시설은 입소 정원의 수에 따라 양로시설과 노인공동생활가정으로 나뉜다. 노인공동생활가정은 10명 이내의 적은 수의 노인들에게 가정과 같은 환경을 제공하는 것이 그 목적인 반면, 입소 정원이 10명 이상 또는 30명 이상인 경우는 양로시설, 노인복지주택으로 구분한다. 또한 이들 시설은 「건축법」상 '교육연구 및 복지시설 중 노인복지시설'에 해당(「건축법 시행령」 별표 제8호 사목)된다. 노인주거복지시설을 설치하기 위해서는 직원과 시설배치 기준을 준수하고, 예산, 위치도 · 평면도 및 설비구조내역서 등을 포함한 노인주거복지시설 설치신고서를 특별자치도지사 · 시장 · 군수 · 구청장에게 제출하면 된다(「노인복지법」 제33조).

(2) 노인주택설치 관련 법: 「주택법」과 「건축법」

「노인복지법」 제32조에서는 노인복지주택의 설치 · 관리 및 공급 등에 관하여 「노인복지법」에서 규정된 사항을 제외하고는 「주택법」 및 「공동주택관리법」의 관련 규정을 준용해야 함을 밝히고 있다. 노인주거복지시설은 노인복지시설에 해당(「건축법 시행령」 별표 제8호 사목)하여 「건축법」을 준용하도록 되어 있으나, 노인복지주택의 경우 건축물의 용도는 「노인복지법」에 따라 예외적으로 노

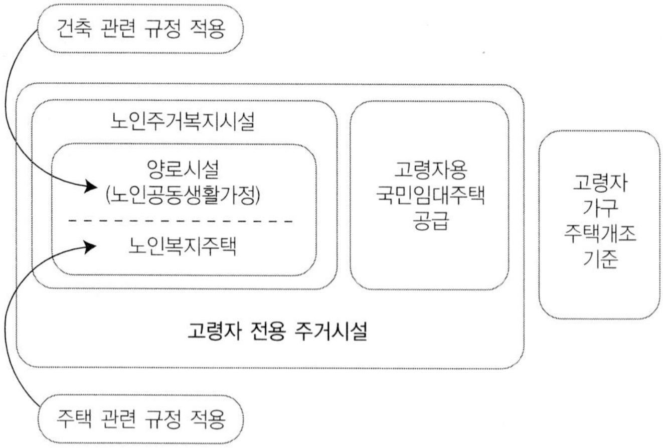

[그림 5-1] 노인주택 관련 법제현황

출처: 저출산고령사회위원회(2006a).

인복지시설로 간주됨에도 불구하고, 건설은 「건축법」이 아닌 「노인복지법 시행규칙」 별표 2의 '시설 및 설비기준'과 '주택건설기준 등에 관한 규정'을 적용하여야 한다. 다만 노인복지주택의 특성을 고려하여 일반주택과 달리 건설 시 특례를 인정하고 있는데('주택건설기준 등에 관한 규정' 제7조 제8항), 어린이놀이터, 유치원, 주민운동시설, 경로당, 주차장 등에 있어 특례를 인정받게 된다.

노인공동생활가정은 「노인복지법」 제55조에 의해 교육 및 복지시설군에 해당되어 단독주택 또는 공동주택에 설치할 수 있도록 하고 있다. 이처럼 노인주택 관련 법제현황은 [그림 5-1]에서 보는 것처럼, 「건축법」이 적용되는 양로시설(노인공동생활가정)과 「주택법」이 적용되는 노인복지주택으로 나누어져 그 설치와 관리 · 공급에 있어 차이를 보이고 있다.

(3) 「장애인 · 고령자 등 주거약자 지원에 관한 법률」

장기간 국회에서 계류 중이었던 「고령자주거안정법(안)」은 2012년에 「장애인 · 고령자 등 주거약자 지원에 관한 법률」로 제정되었다. 이 법률에서는 「민간임대주택에 관한 특별법」과 「공공주택특별법」에서 규정한 임대주택을 '주거약자용 주택'으로 정하고 관련 주택의 설치와 공급에 관한 내용을 규정하고 있다. 주거약자용 주택을 의무 건설해야 하며(3% 이상), 주택개조비용을 지원하고 편의시설 설치를 의무화하는 등의 내용을 주요 골자로 한다. 이 밖에 주거약자의 주거환경 증진을 위해 주거지원센터를 설치하거나 주거약자를 위한 주거지원계획의 수립과 주거약자의 환경 및 가구의 특성에 관한 주거실태조사를 실시하는 등의 내용을 포함한다.

3. 한국의 「노인장기요양보험법」과 노인요양시설

우리나라 노인복지시설으로는 노인주거복지시설 외에도 노인의료복지시설,

노인여가복지시설, 재가노인복지시설 등이 있다. 앞서 거론된 노인주거복지시설과 더불어 노인의료복지시설의 일부 또한 노인주거와 관련되어 있다. 노인의료복지시설은 크게 노인요양시설, 노인요양공동생활가정으로 구분되어 있는데, 노인이 장기적으로 거주한다는 의미에서 살펴보았을 때, 그리고 노인장기요양보험이라는 제도와 관련하여 노인의료복지시설은 그 중요성이 커지고 있다.

우리나라는 2008년에 노인장기요양보험제도[5]가 도입되면서 노인의료시설로 구분되어 있는 노인요양시설과 노인요양공동생활가정은 실질적으로 노인주거시설이라고 해도 과언이 아닌 상황이며, 앞으로 더욱 확대될 전망이다. 노인의료복지시설은 노인주거복지시설과는 달리 주거만을 목적으로 하는 것이 아니라 의료진의 개입이 필수적이므로 보건복지적 차원에서 보건복지부의 소관이 된다. 노인장기요양시설은 「노인장기요양보험법」[6]의 적용을 받는 노인의료복지시설의 시설급여[7]로 노인장기요양등급자 중에서 1, 2등급자[8]를 입소시켜 신체활동 지원 및 심신기능의 유지 · 향상을 위한 교육, 훈련, 급식, 요양과 그 밖에 일상생활에 필요한 편의를 제공하는 노인장기요양기관을 의미한다. 규모에 따라서 10인 미만 시설은 노인요양공동생활가정, 10인 이상인 경우는 노인요양시설로 나누어진다.

---

5) 2007년 4월에 「노인장기요양보험법」이 제정됨으로써 2008년 7월부터 노인장기요양보험제도가 시행되고 있음.

6) 현재 노인장기요양보험에서 제공하는 장기요양급여는 크게 재가급여, 시설급여, 특별현금급여로 구분된다. 재가급여에는 방문요양, 방문목욕, 방문간호, 주 · 야간보호, 단기보호, 기타 재가급여 등이 있는데, 재가급여를 제공하는 장기요양기관에 의해 제공된다. 특별현금급여는 가족요양비, 특례요양비, 요양병원 간병비가 있다.

7) 「노인복지법」(제34조)에 의해 ① 노인요양시설: 치매 · 중풍 등 노인성질환 등으로 심신에 상당한 장애가 발생하여 도움을 필요로 하는 노인을 입소시켜 급식 · 요양과 그 밖에 일상생활에 필요한 편의를 제공함을 목적으로 하는 시설, ② 노인요양공동생활가정: 치매 · 중풍 등 노인성질환 등으로 심신에 상당한 장애가 발생하여 도움을 필요로 하는 노인에게 가정과 같은 주거여건과 급식 · 요양, 그 밖에 일상생활에 필요한 편의를 제공함을 목적으로 하는 시설로 나뉜다.

8) 3등급은 재가를 원칙으로 하나, 돌보아 줄 가족이 없는 경우 등은 시설급여 3등급으로 시설보호가 가능하다. 2014년에는 4, 5등급을 신설하였다. 4등급은 요양 필요도가 높은 3등급자의 서비스 이용을 확대하기 위한 것이고, 5등급은 그동안 해당되지 않았던 치매 어르신을 포함시키기 위한 것이다.

「노인장기요양보험법」이 시행되면서 노인장기요양시설은 급격히 증가하고 있는 추세다. 법이 시행되기 전인 2007년 전국적으로 1,114개소였던 노인요양시설은 법이 시행되면서 2013년에는 4,648개소로 증가하여 제도 시행 6년 만에 4배 이상 시설 수가 급성장하고 있다(국민건강보험공단, 2013a).

노인장기요양시설은 장기요양보험제도에서 제시한 장기요양서비스 표준에 의거하여 시설 및 설비를 일정 수준 이상 유지하여야 한다. 또한 서비스의 질적 수준 보장과 서비스를 제공받는 급여대상자의 기본권을 보장하는 요양서비스[9]를 제공해야 하며, 「노인장기요양보험법」에서 규정하는 사회복지사, 간호사, 물리치료사, 요양보호사 등의 서비스 제공 인력 및 공간 확보 및 다양한 프로그램 운영을 통해 서비스의 질을 유지해야 한다(「노인복지법 시행규칙」 별표 4). 또한 노인장기요양시설은 국민건강보험공단의 평가를 받도록 되어 있는데, 평가항목은 기관운영에 관한 사항(22개 평가항목), 환경 및 안전에 관한 사항(22개 평가항목), 권리 및 책임에 관한 사항(10개 평가항목), 급여제공과정에 관한 사항(38개 평가항목), 급여제공결과에 관한 사항(6개 평가항목)으로(국민건강보험공단, 2013b) 구성되어 있다.

4. 저소득 노인을 위한 주거복지정책

노인주택정책에서 고려해야 할 중요한 부분 중 하나가 저소득층을 위한 정부지원이다. 노인주택에서 저소득층을 위한 정부지원의 필요성은 일반주택정책에 비해 더욱 증가한다(한국법제연구원, 2004). 통계청의 가계조사 결과, 노인의 경제수준은 일반가구에 비해 더욱 곤궁하며 주거실태 역시 나쁜 것으로 나타났다.

9) 노인의료복지시설의 운영기준에 대해서는 「노인복지법 시행규칙」 별표 5에 규정되어 있다. 구체적인 운영기준 내용에는 건강관리, 급식위생관리, 행정운영에 관한 규정, 보증금 관리, 회계, 장부 등의 비치, 시설에서의 기거자, 사업실시(생활지도, 입소자 의견 존중 등)에 대한 내용들이 규정되어 있다.

2014년 전체 노인가구의 연소득 평균이 2,305만 원으로 나타났으며(머니위크, 2015), 2012년 기준으로 연금의 소득대체율은 45.2%로, 국제기구가 권고하는 70~80% 수준을 크게 밑도는 수치다(한국노동연구원, 2014). 기초생활보장수급자 중 노인의 비율이 수급자의 30%에 이른다는 수치를 통해서도 노인들의 경제수준을 짐작해 볼 수 있다(보건복지부, 2006b). 이처럼 다수의 노인들이 소득이 없고 경제수준이 낮은 상황에 처해 있는 현실을 고려해 볼 때, 저소득층에 대한 노인주택지원정책이 얼마나 중요한지를 알 수 있다.

1) 노인주거복지시설 지원내용

현행 노인주택정책에서 저소득층을 지원하기 위한 정책으로는 기초생활보장수급자, 실비보호대상자가 양로시설이나 노인공동생활가정에 입소 시 무료 혹은 일부의 이용료를 지원해 주고 있는 것이 전부라 할 수 있다. 무료시설의 경우는 입소자 인원비례로 440만 원, 실비시설의 경우는 무료시설의 50%의 비용을 지원하고 있다. 무료 입소 대상자는 일상생활에 지장이 없는 65세 이상의 자로 수급자 및 생계를 같이하는 부양 의무자로부터 적절한 부양을 받지 못하는 자이고, 실비 입소 대상자는 일상생활에 지장이 없는 65세 이상의 자로 전년도 도시근로자가구 월평균 소득액 이하인 자다. 유료시설은 1995년부터 '유료노인시설융자사업'이 진행되어 융자 등의 지원이 행해진 바 있으나 외환위기 이후 폐지되었다(보건복지부, 2006a). 이 밖에 실비노인복지주택을 대체하고자 국민임대주택의 일부를 고령자 전용 국민임대주택으로 공급하는 계획이 추진되고 있으나 아직 그 성과를 판단하기 어렵다. 고령자 전용 국민임대주택은 노인만을 대상으로 하는 것은 아니나(장애인, 노약자를 위함), 시설만으로 부족한 저소득 노인을 위한 주거지원정책으로 그 효과를 기대해 볼 수 있을 것이다.

2) 노인요양시설 지원내용

「노인장기요양보험법」이 시행되면서 노인요양시설은 장기요양등급판정자만이 입소할 수 있으며, 이들의 입소비용은 장기요양보험급여에 기준하여 공단부담금과 본인부담금으로 구성된다. 노인주거복지시설과 마찬가지로, 무료 입소대상자는 본인부담금을 지자체에서 부담하고 있으며, 「노인장기요양보험법」이 시행되기 이전인 2008년 7월 1일 이전에 기존 시설에 입소해 있던 기초생활수급자 및 실비입소자 중 장기요양등급판정 결과 장기요양판정을 받지 못한 자의 입소비용을 지원하고 있다.

5. 노인주택의 사례

1) 노인복지주택: 수원 유당마을

수원에 있는 유당마을은 1988년에 우리나라에서 최초로 개원한 유료양로원으로서 도심과 전원의 장점을 동시에 갖춘 실버타운이라 할 수 있다. 정부나 지자체의 지원이 전혀 없고 입소자가 입소비용과 생활비를 전액 부담한다. 입주자

[그림 5-2] 유당마을 전경

출처: 수원 유당마을 홈페이지
(http://www.yudang.co.kr/)

[그림 5-3] 24시간 건강서비스

출처: 수원 유당마을 홈페이지
(http://www.yudang.co.kr/)

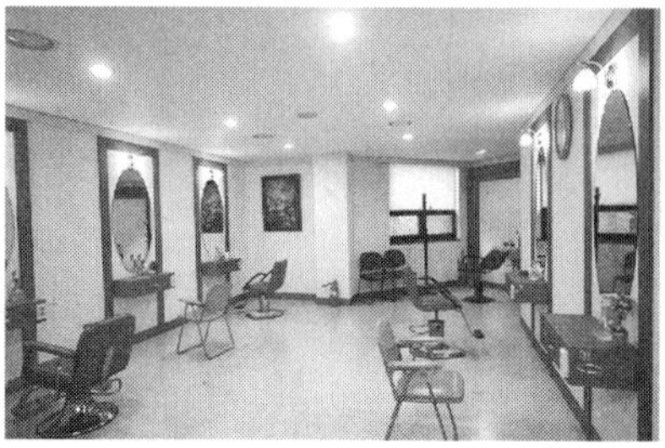

[그림 5-4] 미용실

출처: 수원 유당마을 홈페이지
(http://www.yudang.co.kr/)

들은 부부 혹은 1인가구 여부에 따라 7천만 원에서 1억 9천만 원의 보증금과 월 120만 원에서 220만 원 범위 내의 이용비용을 지불하고 다양한 서비스를 이용하게 된다. 노인성질환으로 요양이나 생활보조가 필요한 노인을 위한 너싱홈을 함께 운영하고 있다.

- 24시간 건강서비스: 가정적인 정서의 요양과 건강 유지를 목표로 건강서비스 제공
- 미용실: 미용실, 사우나, 각종 체육시설 구비
- 건강한 식단: 식생활 욕구조사를 통해 질 높은 식단을 제공하며, 잔반을 남기지 않을 경우 식단쿠폰 발급

2) 양로시설: 대구 성가양로원

천주교 대구교구 사회복지법인 안심원에서 운영하는 성가양로원은 1951년에 무의탁노인들을 보호하기 시작하면서 운영되고 있고, 현재 70여 명의 노인들이 입소되어 있다. 기본적인 체육시설서비스를 이용하여 건강을 관리하고 있고, 상담서비스와 텃밭 가꾸기 같은 여가생활서비스를 제공하고 있다. 성가양로원에

서는 노인들의 여가생활 지원과 기능 향상을 목적으로 어르신의 흥미와 욕구에 맞는 다양한 프로그램을 제공하고 있다. 이곳에는 저소득층 노인과 기초생활수급대상 노인들이 거주하고 있다. 성가양로원과 같은 무료양로원은 2007년을 기준으로 전국에 147개소가 운영되고 있다.

소득이 없고 부양가족이 없는 노인들을 위한 공간으로서, 경제력 상실과 가족의 변화를 급격하게 겪고 있는 노인의 수요를 감당하기에는 대기인원이 너무 많아 정부의 대책이 필요한 실정이다.

- 집단 프로그램: 도예활동, 천연염색, 원예활동 등 다양한 집단 프로그램 실시
- 운동 프로그램: 노인성 질환을 겪는 노인을 위한 재활서비스 제공
- 여가 프로그램: 생신잔치, 나들이 등의 여가 프로그램 제공

3) 고령자 공급용 국민임대주택

2005년 '고령친화산업 활성화 방안'의 일환으로 비교적 저렴한 2천만 원 안팎의 보증금과 월 10만 원 안팎의 사용료로 거주할 수 있는 국민임대주택단지에 고령자편의시설을 일부 갖춘 고령자용 국민임대주택을 시범사업으로 가평 읍내 355호, 부천 범박 170호, 김제 하동 79호, 수원 호매실 308호를 공급할 계획임을 발표한 바 있다.

나아가 2010년 6월 국토해양부는 '고령자용 보금자리주택 설계기준' 개정안을 마련하여 국민임대단지에서만 공급했던 고령자용 주택을 영구임대단지에서도 공급하기로 했으며, 단지별로 수도권은 5%, 지방은 3% 이상 의무적으로 공급하는 등 주거복지서비스의 범위를 확대키로 했다. 고령자용 주택은 안전손잡이 설치, 통로기울기 확보 및 바닥 단차 제거 등 무장애(Barrier free) 설계기준을 적용하게 되며, 2010년도 사업승인 보금자리주택부터 적용되고 있다(국토해양부, 2010).

4) 노인전문요양원: 동부노인전문요양센터

서울에 위치한 동부노인전문요양센터는 2005년에 개원하여 보건복지부 당해 연도 장기요양급여 고시기준에 의해 입소비용을 받고 있는 노인요양시설이다. 현재 입소정원은 296명으로, 비교적 동일한 서비스를 제공하는 타 시설에 비하여 입소 인원이 많은 편이다. 제공하는 서비스로는 생활지원서비스, 기능회복 및 여가지원 서비스, 문화지원서비스, 가족지원서비스, 의료 및 간호 서비스, 재활서비스 등으로 이루어져 있다.

[그림 5-5] 심리안정치료실

출처: 동부노인전문요양센터 홈페이지 (http://www.dbsc.or.kr).

[그림 5-6] 특별요양실

출처: 동부노인전문요양센터 홈페이지 (http://www.dbsc.or.kr).

[그림 5-7] 회상요법실

출처: 동부노인전문요양센터 홈페이지 (http://www.dbsc.or.kr).

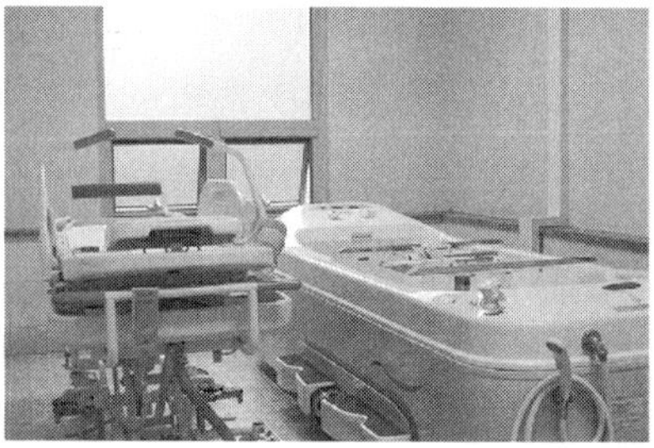

[그림 5-8] 기계욕실

출처: 동부노인전문요양센터 홈페이지 (http://www.dbsc.or.kr).

- 생활지원서비스: 세면, 목욕 등 위생서비스, 이 · 미용서비스, 급 · 간식서비스
- 기능회복 및 여가지원 서비스: 여가지원서비스, 기능회복서비스, 와상어르신서비스
- 문화지원서비스: 명절행사, 지역참여행사, 지역초청행사, 생신잔치 등
- 가족지원서비스: 가정통신문 발송, 가족자조모임, 가족송년행사 등
- 의료 및 간호 서비스: 방문진료, 한방진료, 예방접종, 응급지원 등
- 재활서비스: 운동치료, 전기온열치료, 작업치료, 심리안정치료 등

현재까지 우리나라 노인주택정책은 주거복지시설을 공급하는 쪽에 초점을 맞추고 있었다. 때문에 다양한 노인주택이 공급되기보다는 저소득층을 위한 시설 건립과 지원이 대부분이었고, 이조차 공급이 부족한 실정이다. 그러나 저소득층이라도 시설을 선호하는 노인과 독립적인 생활을 영위하고 싶어 하는 노인 등 다양한 욕구가 있다는 사실을 인식하고, 시설만을 공급하는 것이 아니라 다양한 형태의 노인주택이 공급되어야 한다. 이를 위해 노인가구의 욕구와 특성이 반영된 노인주택정책은 노인복지정책의 목표로서 명시화될 필요가 있다(조의수, 1998). 노인 내부의 다양한 집단 및 계층의 특징을 보다 명확히 이해하여 소득이나 건강의 특성, 세대의 특성을 감안한 차별화되는 주거정책을 시행할 필요가 있을 것이다.

참고문헌

건설교통부(2004). 장애인 · 노약자를 위한 편의시설 설치기준.

건설교통부(2006). 고령화에 대응한 건설교통부문 추진전략 및 과제.

국민건강보험공단(2013a). 2013 노인장기요양보험 통계연보.

국민건강보험공단(2013b). 2013년 시설급여 평가매뉴얼.

국토교통부(2015). 보금자리주택 업무처리지침.

국토해양부(2010). 2010년 6월 3일 보도자료.

김선자(2010). **서울의 고령친화도시 추진전략**. 서울: 서울시정개발연구원.

김정순(2005). **노인주거관련법제의 개선**. 서울: 한국법제연구원.

김종태, 정윤수, 정상기(2007). 노인복지주택 활성화를 위한 정책 방향. **현대사회와 행정**, 17, 301-331.

대한민국정부(2010). 제1차 저출산 · 고령사회기본계획–2010년도 중앙부처 시행계획.

보건복지가족부(2008). 노인복지시설 현황.

보건복지부(2006a). **고령사회 주거지원 종합대책**. 서울: 저출산고령사회위원회.

보건복지부(2006b). 노인보건복지사업 안내.

보건복지부(2012). 노인복지시설 현황.

신화경, 이준민(2008). 고령사회 노인주거지원정책에 관한 연구. **한국가정관리학회지**, 26, 15-25.

유병선(2006). **고령사회의 노인주거 복지과제**. 경기: 한국학술정보.

이인수, 김미주, 박신영, 현외성(2008). **복지국가의 고령자 주거정책**. 경기: 공동체.

저출산고령사회위원회(2006a). **고령사회 주거지원 종합대책**.

저출산고령사회위원회(2006b). 고령자 및 고령진입층의 주거욕구 분석.

초의수(1998). 노인주거현실과 노인주택정책(pp. 129-158). 박광준 외 편, **주택보장과 주택정책**. 서울: 세종출판사.

통계청(2005). 인구주택총조사.

통계청(2010). 인구주택총조사.

통계청(2014). 고령자 통계.

통계청(2015a). 세계와 한국의 인구 현황 및 전망 보고서.

통계청(2015b). 인구동향조사.

통계청(2015c). 장래인구추계.

통계청(각 연도). 사회조사.

통계청(각 연도). 주민등록인구 현황.

한국노동연구원(2014). 노인의 빈곤과 연금의 소득대체율 국제비교.

한국법제연구원(2004). 고령사회의 노인주거관련법제의 과제.

머니위크(2015). 아직도 배고픈 6 · 25세대. 머니위크 392호.

국토해양부 http://www.molit.go.kr

동부노인전문요양센터 http://www.dbsc.or.kr

수원 유당마을 http://www.yudang.co.kr

안심원 http://www.sug.or.kr

통계청 http://www.kostat.go.kr

제2부

노인주택 관리

제6장

노인주택서비스

임진섭 · 조아라

이 장에서는 노인주택서비스에 초점을 맞추어 고려되는 3가지의 이슈를 다루고자 한다. 첫째, 현대사회의 노인주택의 역할과 중요성, 유형과 종류를 살펴보고, 둘째, 노인주택에 있어 선호되는 서비스와 노인주택을 선택할 때 중요하게 고려해야 할 사항을 검토하고자 한다. 마지막으로 향후 우리나라가 지향해야 할 노인주택서비스 개발의 방향성을 제시하고자 한다.

1. 노인주택서비스

1) 노인주택서비스의 역할과 중요성

다양한 경제활동과 사교활동에 참여하는 청 · 장년층과는 달리 노인들은 주로 집에서 보내는 시간이 많고, 집 밖으로 나간다고 하더라도 멀리 떨어진 곳보다는 인근지역에서 시간을 보내는 경우가 많다(손정원, 차지은, 2008). 또한 신체적 · 인지적 능력의 저하로 인해 주택을 관리 · 유지하거나 보수한다는 것은 매우 어려운 일이다(이인수, 2002). 한편 노년기에는 식사를 비롯한 청소, 세탁, 목욕 등 일상생활에서 반드시 필요한 각종 활동들을 스스로 해결하려는 욕구가 유지되면서 동시에 편리하고 체계적인 서비스를 받으려는 욕구 또한 강하게 나타난다. 따라서 노인주택은 신체적 · 심리적 · 사회적 기능이 감소되는 노인에게 안전한 공간과 다양한 서비스를 제공하여 이들이 독립된 주거생활을 영위할 수 있도록 하기 때문에 그 중요성이 크다(박재간, 2002; 최성재, 장인협, 2006; Valins, 1991). 노인주택서비스란 결국 이러한 노인의 편의와 안락한 노후생활을 영위토록 하여 삶의 질을 한층 높이는 역할을 한다. 노인주택서비스는 주거와 관련한 노인의 신체 · 심리 · 사회적 특성을 고려하여, 편리하고 안락한 노후생활을 체계적이며 포괄적인 시스템하에서 보장해 주는 서비스다. 흔히 노인주택서비스는 노인의 신체적 · 심리적 · 사회적 특성을 반영하여 크게 일상생활서비스와 건강관리서비스, 그리고 문화활동서비스로 구분할 수 있다(권준오, 양옥진, 김하경, 1998). 이러한 서비스를 통해 노인은 스스로가 당면한 문제를 해결할 수 있으며, 또한 노인의 욕구를 반영한 환경을 조성하여 안락한 노후생활을 영위할 수 있다(조영훈, 김진호, 2006).

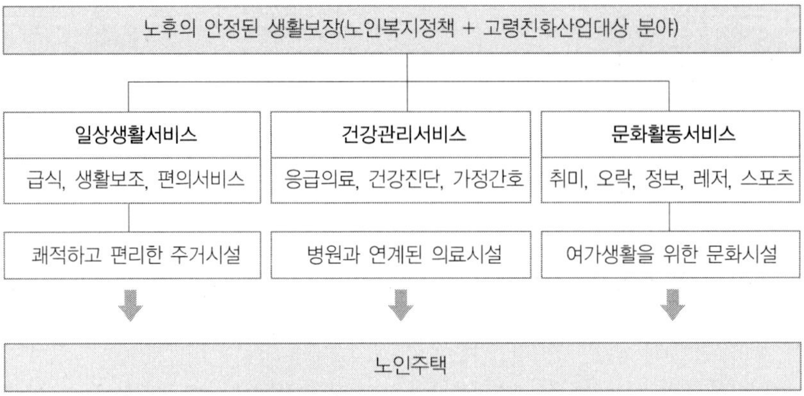

[그림 6-1] 노인주택에서 제공되는 서비스

출처: 권준오 외(1998)를 재구성.

2) 노인주택 유형별 서비스 범위

노인주택의 입주를 고려하는 사람이라면 과연 어떠한 노인주택이 나에게 가장 적합한지를 깊게 고민할 수밖에 없다. 우리나라의 경우 노인주택의 유형과 종류가 아직까지는 단순하지만 향후 이에 대한 개발이 본격화되고 활성화되면 자신에게 적합한 노인주택을 선택하는 일은 상당히 고민이 될 것이다. 현재 우리나라는 소득수준의 향상과 안락하고 쾌적한 노후생활에 대한 기대감으로 노인주택에 대한 관심이 점차 높아지고 있으며, 이에 따라 수많은 노인주택이 우후죽순으로 생겨나고 있다. 하지만 우리나라에서 의미하는 노인주택은 흔히 '실버타운'[1]으로 알려진 노인전용 복합시설단지로서 노인들에게 필요한 시설 및 서비스를 갖춘 복합시설이고, 유료양로원이나 요양원보다 큰 규모를 말하며, 은

1) 여기서 실버(silver)는 노인의 머리카락 색이 '은빛' 처럼 하얀 것에서 유래된 말로서 노인, 노령자, 퇴직자 등을 의미하는 상징적인 용어다. 이 말은 1970년대에 일본이 노령화 사회에 진입하자 실버산업(silver industry)이란 용어를 두루 사용하면서 쓰이기 시작하였다(박홍민, 권순일, 이한덕, 2003). 그러나 이 용어는 행정적 · 학문적으로 정의된 용어가 아니라 실무적인 용어라는 점에서 다른 선진국에서는 사용하지 않으며, 우리나라와 일본에서만 국한적으로 사용된다.

퇴한 고령자들이 집단적으로 거주하는 데 필요한 주거시설로 알고 있는 경우가 많다. 하지만 노인주택이란 노인이 집단적으로 거주하면서 일상생활을 영위하는 공간적 영역과 부속시설을 종합적으로 일컫는 개념(이윤형, 2007)이라는 점에서 실버타운은 노인주택의 한 영역일 뿐이며, 노인주택의 유형은 상당히 다양하다. 일반적으로 노인주택은 입지와 주거종류, 운영방식 등에서 상당히 다양하게 구분되며, 각각의 특성에 따른 최적화된 서비스를 제공한다(김우혁, 신순호, 원열, 2008). 따라서 노인주택에서 여생을 보낼 계획을 갖고 있는 노인이라면 자신의 특성과 욕구에 잘 부합되는 시설유형을 선택하고, 노인주택의 선택옵션에 대한 세부적인 사항도 고려해야 한다.

이에 다음에서는 노인주택에 대한 소비자의 이용이 가장 활발한 미국의 사례를 중심으로 가장 대표적인 3가지 노인주택의 유형인 독립주거시설(independent living facility)과 생활지원시설(assisted living facility), 그리고 요양원(skilled nursing home)에 대한 세부적인 비교를 통해 노인주택의 입주결정을 위한 아이디어를 주고자 한다(자세한 내용은 제3장의 '미국의 노인주택정책' 참조).

(1) 독립주거시설의 서비스

독립주거시설(independent living facility)은 비교적 건강상태가 양호하여 일상적인 생활을 독립적으로 수행할 수 있거나 최소한의 도움만을 필요로 하는 노인에게 적합한 주택유형이다. 요양원(nursing home)과 달리 독립주거시설에서는 거주노인에게 약물이나 간호와 같은 의료적인 서비스를 제공하지 않으며, 일상적인 개인보호서비스도 대부분 제공하지 않지만 다양한 사회활동(댄스, 영화 상영, 빙고게임 등), 건강 프로그램, 교통서비스, 수영장, 동네 사랑방(club house), 도서관, 이·미용실, 체력단련실 등의 서비스를 제공한다. 주로 개별아파트나 작은 단독주택의 형태를 갖추며, 일반적인 개인주택과 동일하게 침실, 거실, 부엌, 욕실 등을 갖추고 있다. 따라서 개인의 프라이버시가 상당히 보장될 수 있으며, 애완동물도 키울 수 있다. 비용은 지역과 서비스 수준에 따라서 다르지만 요양원

(nursing home)이나 노인보호주택과 비교하여 상대적으로 저렴한 편이다. 하지만 장기요양보험(medicare)의 혜택이 적용되지 않아 개인의 부담이 크다는 단점이 있다.

(2) 생활지원시설의 서비스

생활지원시설(assisted living facility)은 독립주거시설과 요양원(nursing home)의 중간 형태로서 일상적인 생활을 영위하는 데 있어 약간의 불편함을 가진 노인에게 적합한 주택유형이다. 즉, 도움이 어느 정도는 필요하지만 항상 필요하지는 않은 노인을 위한 주택유형이다. 이러한 노인보호주택에서는 스스로 식사를 하기가 어렵거나 밤중에 혼자서 화장실을 이용하기가 어려운 노인 등에게 필요한 서비스를 제공하기도 한다. 이 외에도 청소, 목욕, 스케줄 관리 등의 일상적인 활동에 필요한 보호서비스를 제공한다. 간혹 기초적인 의료시설 등이 함께 있는 경우도 있다. 비용의 경우 장기요양보험의 혜택을 적용받거나 개인이 비용을 충당하기도 한다.

(3) 요양원의 서비스

요양원(nursing home)은 말 그대로 신체적·정신적 건강상태가 악화되어 지속적인 케어가 필요한 노인에게 간호 및 재활 서비스를 제공하는 전문시설이다. 전문적인 의료 및 간호 서비스가 24시간 제공되며, 자격을 갖춘 전문 의료진이 상시 대기하는 등 주로 의료서비스에 중점을 둔다. 거주노인들에게 개인공간이 제공되지만 거실이나 부엌, 식사공간, 목욕공간 등은 주로 공공공간에 계획되는 경우가 일반적이다. 장기요양보험의 적용을 받으며 개인이 비용을 충당하기도 한다. 독립생활주택이나 노인보호주택에 비해 비용부담이 상대적으로 크다는 단점이 있다. 이상에서 살펴본 각 주택의 특징을 요약하면 다음과 같다(〈표 6-1〉 참조).

〈표 6-1〉 노인주택의 유형에 따른 서비스의 종류

구분	독립주거시설	생활지원시설	요양원
약물 (medications)	• 서비스 제공 없음	• 약물 복용 여부를 상시 체크해 줌	• 개별 의료진과 모니터 요원이 약물 복용에 대한 전반적인 관리를 해 줌
영양관리/식사 (nutrition/meals)	• 일부 주택에서는 식사서비스를 제공하기도 하지만 대부분 자신의 집에서 스스로 식사를 해결	• 일부 끼니 또는 모든 끼니에 대한 식사서비스 제공 • 스스로 식사하는 데 어려움이 있는 노인들에게 필요한 도움 제공	• 모든 끼니에 대한 식사서비스 제공 • 스스로 식사하는 데 어려움이 있는 노인들에게 필요한 도움 제공
치매/기억상실 (dementia/memory loss)	• 치매나 기억손상을 갖는 노인이라도 이에 필요한 도움을 제공하지 않음	• 일반적인 케어서비스 제공 • 일부 시설의 경우 주택단지 내에 별도의 부속시설에서 특별보호를 제공하기도 함	• 치매와 기억상실과 관련한 모든 전문서비스 제공
가사서비스 (housekeeping)	• 청소와 같은 단순한 가사서비스를 제공하기도 하지만 대부분의 가구들이 자신의 가사업무를 직접 수행	• 대개 청소, 빨래 등의 단순한 가사서비스를 제공	• 생활에 필요한 모든 가사서비스 제공
옷 입기 (dressing)	• 서비스 제공 없음	• 옷 입기, 단추나 지퍼 잠그기, 신발 신기 등의 간단한 옷 입기 서비스에서부터 많은 주택에서는 옷 입기와 관련한 일체의 도움을 제공하기도 함	• 옷 입기와 관련한 일체의 도움 제공
움직임 (mobility)	• 서비스 제공 없음	• 침대에서 일어나기, 화장실 이용, 보행, 휠체어 이동에 대한 도움 제공	• 움직임과 이동에 관련한 일체의 도움 제공
위생 (hygiene)	• 서비스 제공 없음	• 대개 목욕, 세안, 머리 빗기 등 간단한 개인위생에 도움 제공	• 개인위생과 관련한 일체의 도움 제공
용변업무 (toileting)	• 서비스 제공 없음	• 요실금 기저귀, 인공항문 등 용변업무에 필요한 서비스 제공	• 용변업무와 관련한 일체의 도움 제공

일상행동 (behavior)	• 서비스 제공 없음	• 일몰증후군, 공격적인 행동, 방황 등의 이상적 행동에 대한 지도감독	• 이상행동과 관련한 일체의 도움을 제공
간호서비스 (nursing care)	• 서비스 제공 없음 • 간호서비스가 필요한 노인의 경우 자신의 집에서 외부 간호서비스를 받을 수 있음	• 일일 최대 24시간까지의 간호서비스를 제공함	• 일일 24시간 간호서비스 제공
육체적 · 전문적 치료 (therapies-physical occupational)	• 서비스 제공 없음 • 거주자가 원하는 경우 스스로 외부의 서비스를 주택 내에서 이용 가능	• 작은 규모의 노인보호주택에서는 이용 가능하지만 대부분 입주계약에 따라 결정됨	• 대개 이용 가능
숙박 (accommodations)	• 개별 아파트 혹은 작은 주택의 형태	• 규모가 큰 노인보호주택의 경우 개별아파트 형태, 작은 규모의 경우 개별 혹은 공동 침실공간 형태	• 개별룸 혹은 공동룸 형태
애완동물 (pets allowed)	• 대개 가능하지만 애완동물의 종류, 크기 혹은 수에 따라 제한됨	• 가능함	• 반입 안 됨

출처: http://www.snapforseniors.com

2. 노인주택 선택 원칙

장기적이고 전문적인 보호를 받을 수밖에 없는 상황에 놓여 있든 아니면 단순히 쾌적하고 안락한 노후를 보내기 위한 목적이든 간에 노인주택의 선택은 노인 스스로와 가족에게 대단히 어려운 과정이다. 일단 자신에게 알맞은 노인주택의 유형을 알았다면 구체적으로 해당 노인주택의 다양한 조건을 면밀히 따져 보는 과정이 필요하다. 이 단계에서 가장 중요한 것은 '과연 노인주택에서 자신이 원하는 무엇을 얻을 수 있는지'를 정확하게 이해하는 것이다. 노인주택은 제공되는 서비스의 종류도 다양하고, 소요되는 비용의 범위도 크기 때문에 본인에게 가장 적절한 노인주택을 선택하는 것은 매우 어려운 일이다. 그렇기에 정확한 정보는 노인주택을 효과적으로 결정하는 데 있어서 필수적인 요소다(Gibler, Lumpkin, & Moschis, 1997).

그렇다면 과연 노인주택을 선택하는 데 있어서 고려하여야 할 요소는 무엇인지 알아보고자 한다. 이 장에서는 미국 재활시설 인증위원회(Commission on Accreditation of Rehabilitation Facilities: CARF)에서 제공한 연속보호형 주거(Continuing Care Retirement Community: CCRC) 체크리스트와 뉴저지 주에서 발행한 CCRC 가이드북 그리고 다양한 비영리 노인주택 사이트에서 제공하는 정보를 바탕으로 가장 중요하게 고려해야 할 사항들에 대해서 노인주택의 입주를 고려하는 노인과 가족에게 선택의 지침을 제공하고자 한다.

1) 비용

노인주택의 선택과 입주에 있어서 가장 중요하게 고려해야 할 사항은 바로 비용일 것이다. 재정적인 문제로 인하여 노인주택에 입소할 수 없다면, 노인주택을 선택함에 있어서 다시 제자리로 돌아올 수밖에 없다. 이처럼 비용문제는 가장 기본적인 고려사항일 뿐만 아니라 노인주택의 유형과 서비스에 따른 질적 수준을 결정할 수 있는 중요한 사항이다. 자신의 경제적 수준에 알맞은 노인주택을 선정하고 이에 따른 제반비용을 감당할 수 있어야 한다. 이러한 문제에 대해 조언을 해 줄 수 있는 가족이나 친지의 도움을 받는 것도 중요하지만 평소 재정거래를 해 오던 은행 등의 재정기획가(financial planner)나 재산대리인(estate attorney) 등의 전문적인 조언을 통해 비용에 대한 계획을 수립하는 것이 가장 적절한 방법이 될 수 있다. 또한 노인주택에서 생활하는 데 필요한 비용에 대한 지급방법을 노인 자신이 받아들일 수 있는지도 살펴봐야 한다. 만약 정부의 재정지원이 아닌 개인적으로 비용을 지불하고자 할 때 갑자기 경제적인 사정이 나빠지게 되었을 경우 어떠한 조치를 받을 수 있는지, 또는 장기요양보험과 같은 혜택을 받게 되었을 때 이를 적용받을 수 있는지 등도 면밀히 따져 봐야 하며, 이와 관련된 세부적인 지불조항(payment terms)을 문서화할 수 있어야 한다. 구체적으로 노인주택에 처음 입소할 때 일시불로 지불해야 하는 비용과 월별로 소요되는 비용의 지불가능성을 반드시 체크해야 할 것이다. 〈표 6-2〉는 미국의 노인주택 입주에 있어 예상되는 비용을 스스로 체크할 수 있는 일종의 예상비용산출서(cost worksheet)다.

〈표 6-2〉 노인주택 입주를 위한 예상비용산출서

항목	있다	없다	비용	비고
대기보증금(waiting list deposit)	□	□	원	
이사비용(move-in fee)	□	□	원	
초기 사정비(initial assessment fee)	□	□	원	
기본서비스 패키지(basic service package)	□	□	원	
식사(meals)	□	□	원	
가사서비스(house keeping)	□	□	원	
세탁서비스(personal laundry service)	□	□	원	
침구, 타월과 같은 린넨서비스(linen service)	□	□	원	
유선 TV(cable TV)	□	□	원	
전화기(private phone line)	□	□	원	
공과금(가스, 전기, 물 등)	□	□	원	
24시간 긴급호출 서비스(resident call system with 24hr)	□	□	원	
인터넷(internet Access)	□	□	원	
교통서비스 제공(transportation)	□	□	원	
야외활동비(field trips/planned outings)	□	□	원	
웰빙 프로그램(wellness program)	□	□	원	
주차(parking)	□	□	원	
창고이용료(storage)	□	□	원	
게스트룸(guest room)	□	□	원	
기타	□	□	원	
총 예상비용			원	

출처: http://www.snapforseniors.com

2) 위치

노인주택은 가족뿐만 아니라 가까운 친지와 친구들이 자신이 있는 곳으로 쉽게 방문할 수 있는 편리한 곳에 위치하고 있어야 한다. 노인주택에서 생활하고 있는 부모들은 비록 함께 살지는 않더라도 가족이나 친구들이 자주 찾아볼수록 행복해하고 안정된 보호를 받고 있다는 생각을 갖는다. 만약 부모가 지리적으로 상당히 먼 노인주택에서 생활한다면 반드시 자주 찾아볼 수 있는 가까운 곳으로 옮겨 드리거나 부모가 외롭지 않도록 최대한 자주 방문하는 노력을 기울일 필요가 있다.

3) 보호서비스

노인주택에서는 다양한 종류의 서비스가 제공된다. 이에 자기에게 어떠한 서비스가 필요한지 파악하는 것이 선행되어야 하며, 그 이후에 노인주택에서 어떠한 서비스들이 제공되고 있는지 비교 · 검토해야 한다. 즉, 노인주택에 입주하는 자신에게 필요한 욕구가 무엇인지 그리고 이러한 욕구를 충족하는 서비스를 노인주택이 제공해 줄 수 있는지를 파악해야 하고, 특히 건강과 관련한 서비스가 가장 중요하다. 만약 입주하려는 노인이 노인성치매나 낙상, 장애 등과 같이 특별한 보호서비스를 필요로 한다면 이에 대한 숙련된 보호가 가능한 주택인지를 면밀히 검토해야 한다. 또한 일부 노인들의 경우 목욕이라든지 옷 입기, 화장실 이용, 식사, 약물 복용 등과 같이 일상적인 활동에 있어 다른 사람의 도움이 필요한 경우가 있는데, 이러한 개별적인 보호서비스를 제공받을 수 있는지도 확인해야 한다. 또한 이러한 서비스들이 어느 정도의 비용으로 제공되는지도 점검이 필수항목이다.

4) 공간구조

공동주택이나 아파트와 같은 주택의 유형에서 자신에게 가장 알맞은 최적의 방을 찾는 것은 매우 중요하기 때문에 이를 조정하는 일 역시 쉽지 않다. 노인주택에 입주하려는 노인에게 있어서 개인적인 삶의 공간인 개별실이 차지하는 비중은 매우 크다. 이와 더불어 얼마나 많은 사람들이 공간을 공유하는지도 중요하게 살펴볼 사항이다.

5) 식사

자신이 선택한 노인주택에서 얼마나 양질의 식사서비스가 제공되는지를 알기 위해서는 직접 식사시간에 방문하여 체크하는 것도 좋은 방법이다. 이때는 거주자들이 안락하고 편안한 공간에서 식사를 제공받고 있는지, 식당의 크기는 어떠한지, 음식의 맛과 향기는 어떠한지, 제공되는 음식이 영양가가 풍부하고 건강에 도움이 되는지, 조명이 너무 어둡지는 않은지, 접시나 수저와 같이 식사에 사용되는 기구들이 사용하기 편리하고 깨끗한지, 테이블과 의자 등이 노인들이 사용하기에 불편함은 없는지 등을 꼼꼼히 살펴봐야 한다. 이때는 가족이나 친구가 함께 동반하여 살펴보는 것도 좋은 방법이다. 더불어 중요하게 고려해야 하는 점은 식단을 짜는 데 있어 거주자들의 개별적인 의견을 수렴하고 이를 반영하는가다. 왜냐하면 어떤 사람은 종교나 인종의 특성으로 인해 특정한 음식을 기피하기도 하고, 또 어떤 사람들은 당뇨와 같은 질병으로 인해 식단조절에 각별한 주의를 요하기도 하기 때문이다. 또한 건강에 도움이 되는 간식이 제공되는지, 혼자서 식사를 하지 못하는 노인에게 존엄과 존경심을 가지고 도움을 주는지, 식당 내에 다른 음식물 반입이 허락되는지 등도 꼼꼼히 살펴볼 내용이다.

6) 활동 및 건강 서비스

노인주택에서 거주자들을 위해 어떠한 활동서비스가 제공되는지도 확인해야 한다. 쇼핑, 영화 관람, 공원 방문과 같은 다양한 활동서비스가 선택 가능한지 그리고 이러한 활동서비스가 체계적으로 조직되어 운영되는지도 면밀하게 살펴봐야 한다. 특히 선행연구들에서 노인주택에 입주하게 되는 원인 중 본인이나 배우자의 건강의 악화가 큰 원인이라는 점에서 건강 관련 서비스의 제공이 중요한 선택기준이 될 수 있다. 이뿐만 아니라 우리나라의 경우에도 일상생활보조 및 의료관리지원이 노인들이 노인주거시설을 선호하는 주된 요소로 나타났다(이인수, 2002). 그렇기에 노인주택 결정에 있어서 건강과 관련된 서비스는 매우 중요한 요소다. 의사와 간호사, 작업치료사, 물리치료사 등 건강과 관련된 전문가들이 상주하는지, 정기적인 건강검진이 이루어지는지, 어떠한 운동서비스가 제공되는지, 운동서비스를 제공하는 직원들은 전문적인 자격을 갖추고 있는지, 의료적 응급상황이 발생했을 때 바로 대처할 수 있는 시스템이 마련되어 있는지, 개인의 건강상태와 관련된 맞춤식사서비스가 제공되는지, 규칙적인 약 복용을 지원해 주는 제도가 있는지, 노인의 운동성의 수준과 관련 없이 모든 거주자가 함께할 수 있는 건강서비스가 제공되는지도 중요하게 살펴봐야 한다. 또한 별도의 비용을 지불해야 하는 서비스는 무엇이며, 무료로 이용 가능한 서비스는 무엇이 있는지를 목록으로 정리하여 받아 볼 수 있어야 한다.

7) 편의서비스

입주하고자 하는 사람들에게 있어 노인주택이 '내 집 같은 집'이라는 느낌을 갖는 것은 무엇보다 중요하다. 따라서 평소 자신의 집에서 생활할 때와 같이 불편함이 없는 편의시설이 갖추어져야 한다. 예를 들어, 각 방마다 전화기와 TV는 있는지, 마당이나 정원과 같은 공간이 있는지, 창문은 모두 열리는지, 방 안의 온도조절이 손쉽게 이루어지는지, 자신이 기르는 애완동물의 치료는 가능한지, 청소서비스는 제공되는지 등과 같이 좀 더 나은 삶의 질을 위한 다양한 편의서비스가 제공되는지도 살펴봐야 한다.

8) 기타

(1) 공인된 믿을 수 있는 노인주택인가

노인주택이 정부로부터 정식적인 허가를 받은 시설인지, 이와 관련한 다양한 보호서비스를 제공해 줄 수 있는 능력을 갖춘 시설인지 등 자격요건을 반드시 확인해야 한다. 노인주택을 비영리기관에서 운영하는 경우도 있지만, 대부분의 경우 영리기관에서 운영하고 있다. 이에 노인주택을 운영하고 있는 기관에 대한 정보도 반드시 확인해야 하는 요소다. 미국의 경우 미국 재활시설 인증위원회(CARF)나 연속보호인증협회(The Continuing Care Accreditation Commission: CCAC) 그리고 미국 노인주거 및 서비스연합회(America Association of Homes & Services For the Aging: AAHSA)에서 인증한 기관인지를 확인하는 것이 매우 중요한 절차다. 또한 시설이 운영된 기간, 일하는 직원들이 공인된 자격증이 있는지도 함께 살펴봐야 할 것이다. 우리나라의 경우 이를 위해 가까운 관공서를 통해 직접 확인받는 것이 가장 확실한 방법이다.

(2) 개인재산의 보호

노인주택에서 생활하다 보면 종종 집을 비우게 되는 경우가 발생하게 된다. 멀리 여행을 가게 되는 경우도 있고, 병원에 입원하게 되는 경우에는 장기간 집을 비우게 될 수도 있다. 따라서 노인주택으로부터 재산보호와 관련하여 어떠한 보호조치를 받을 수 있는지도 확인할 필요가 있다. 즉, 어떠한 사유재산을 가져올 수 있는지, 강도나 기타 재산손실에 대한 보험적용이 가능한지 등을 면밀히 검토해야 한다.

(3) 노인주택의 거주기간과 퇴소과정

얼마나 오랫동안 그리고 어떠한 상황에서만 노인주택에서 거주할 수 있는지도 입주자들이 중요하게 고려해야 한다. 어떠한 상황에서 거주자들이 퇴소되는지, 만약 퇴소를 하게 되는 불가피한 상황이라면 노인주택에서 이들을 위한 어떠한 조치를 취해 줄 수 있는지를 확인해야 한다.

(4) 사생활 보호

노인주택에서 어느 정도의 원하는 사생활 보호가 가능한지도 고려사항이다. 수시로 거주자들이 바뀌게 될 경우 방문의 잠금장치가 교체되는지, 방문자들에 의해 거주자들의 사적인 공간이 침해될 수 있는지 등과 관련한 사생활 보호도 안락한 거주를 위해 반드시 고려되어야 할 사항이다. 또한 입주 시 의무적으로 알려야 하는 거주자들의 개인적인 정보는 다른 거주자들에게 노출되지 않도록 반드시 비밀보장이 되어야 한다.

(5) 노인주택의 분위기

노인주택에 방문하였을 때 거주노인들의 첫인상을 파악해야 한다. 주택의 특성상 실제로 그곳에서 살아 보지 않는 이상 정확한 결정을 내리는 것은 매우 어려운 일이다. 그렇기 때문에 노인주택에 실제로 거주하고 있는 사람들에게 노인주택과 관련된 정보를 얻는 것은 올바른 선택에 있어서 좋은 방법이다(Aimee & Patrica, 2005). 거주하는 노인들이 행복해 보이는지, 표정이 밝은지를 살핀다. 또한 로비나 식당에서 느껴지는 거주노인들의 분위기가 어떠한지도 꼼꼼하게 살펴본다. 거주노인과 직원 간의 상호작용은 좋은지, 직원들이 친절한지 등과 같이 노인주택이 거주자 중심케어(resident-centered care)의 문화로 운영되는지 확인할 필요가 있다. 앞으로의 남은 여생을 노인주택에서 생활하게 될 경우 거주자들이 주택단지에서 환영받고 편안함을 느낄 수 있어야 한다.

(6) 거주자의 안전관리

여타 주택과 달리 노인주택은 신체적 · 정신적인 기능이 떨어지는 노인가구가 다수 거주한다는 점에서 긴급한 위기상황에 자주 발생하게 될 가능성이 크다. 따라서 마당이나 정원, 편의시설 등과 같이 노인들이 자주 이용하는 동선을 수시로 체크하여 직원이 위기상황에 처한 노인을 재빨리 발견하고 대처할 수 있도록 해야 한다. 또한 모든 출입문과 창문을 수시로 점검하고, 화재경보시스템이나 스프링클러 및 화재안전장치, 실제 화재 발생 시 안전하고 긴급히 대피할 수 있는 안전대책이 확보되어 있는지도 확인해야 한다. 또한 가족력, 이전의 질환, 복용약물, 유언서(living will), 보험종류, 의사소견서와 같은 개별 노인의 건강과 관련된 상황을 일목요연하게 정리한 파일을 구비하여 응급상황 발생 시 효과적인 의료서비스가 가능하도록 해야 하며, 이러한 건강 관련 상황파일은 수시로 업데이트되어야 한다. 〈표 6-3〉은 노인주택 선택 체크리스트의 예시다.

〈표 6-3〉 노인주택 선택 체크리스트

주택이름: 성명:

이메일: 전화번호:

위치	예	아니요	비고
주택의 위치와 외관이 마음에 든다.	□	□	
주택이 안전한 지역사회에 위치하고 있다.	□	□	
주택이 가족이나 친구가 방문하기에 편리한 장소에 위치하고 있다.	□	□	
주택이 병원, 도서관, 쇼핑몰, 극장 등의 중요한 시설과 가까운 곳에 있다.	□	□	
거주자와 방문객이 이용할 수 있는 주차공간이 넉넉하다.	□	□	
마당이나 정원과 같은 공간의 상태가 좋고, 야외활동을 하기에 적합하다.	□	□	

직원	예	아니요	비고
주택을 방문했을 때 직원들이 친절하고 따뜻하게 환대해 주었다.	□	□	
직원들이 거주자들에게 따뜻하고 존경심을 갖고 대해 주고 있었다.	□	□	
직원들이 거주자의 이름을 일일이 알고 친근한 유대관계를 맺고 있었다.	□	□	

분위기	예	아니요	비고
주택이 깨끗하고 평온한 분위기를 가지고 있었다.	□	□	
거주자들끼리 친하게 잘 지내고 있었으며 서로 편안하고 행복해 보였다.	□	□	
나이와 행동, 민첩성 등에서 거주자들이 화목해 보였다.	□	□	
모두가 함께 사용하는 공용공간에서는 소란스럽지 않았다.	□	□	
모두가 함께 사용하는 공용공간은 편안하고 마음에 들었다.	□	□	
가구의 상태와 배치가 양호하고 사용하기 편리한 곳에 위치했다.	□	□	

생활공간		예	아니요	비고
제공하는 생활공간의 유형은?	원룸 □ 1침실 아파트 □ 2침실 아파트 □ 3침실 아파트 □ 단독가구주택 □			
각 방마다 냉난방시스템이 있다.		□	□	
각 방마다 벽장과 같은 충분한 수납공간이 있다.		□	□	
별도의 창고가 있다.		□	□	
욕실에는 미끄럼방지용 손잡이(grab bar)가 있다.		□	□	
주방은 거주자들에게 적합하게 설비되어 있다.		□	□	
찬장 등은 쉽게 손닿을 수 있는 곳에 위치하고 있다.		□	□	
샤워시설과 드라이어가 각 방마다 배치되어 있다.		□	□	

편의시설 및 활동		예	아니요	비고
월별 활동계획표가 발간되고, 수시로 공지된다.		□	□	
야외활동에 대한 교통수단이 지급된다.		□	□	
거주자들을 위한 정신건강 상담서비스가 제공된다.		□	□	
다음의 편의시설을 주택 내에서 이용할 수 있다.		□	□	
• 이 · 미용 시설		□	□	
• 활동룸		□	□	
• 예술 공예방		□	□	
• 도서관		□	□	
• 피트니스 시설		□	□	
• 컴퓨터실		□	□	
• 마사지 치료실		□	□	
• 기타		□	□	

보안 및 안전	예	아니요	비고
시계 주변에 프런트 데스크 직원이 있다.	□	□	
출입문은 항시 보안이 유지된다.	□	□	
긴급대피 관련 공지사항이 있다.	□	□	
화재진압을 위한 스프링클러가 있다.	□	□	
복도마다 손잡이용 바가 있다.	□	□	
복도는 항상 밝게 유지되고 있다.	□	□	
각 건물마다 연기감지 센터가 있다.	□	□	
긴급호출용 버튼이 침실과 욕실에 모두 있다.	□	□	
휠체어나 지팡이 등으로 현관이나 복도, 공용공간을 쉽게 갈 수 있다.	□	□	
건물 평면도는 이해하기 쉽게 표시되어 있다.	□	□	
욕조가 아닌 서서 하는 샤워시설(walk-in shower)이 있다.	□	□	

주택의 입주와 관련하여 주위의 많은 사람들과 의견을 공유하는 것은 현명한 결정을 내리는 데 도움이 됩니다. 주위 사람의 의견을 메모하시기 바랍니다.

예) 당신은 다음의 사람들과 상의를 하였습니다.	예	아니요	비고
거주자, 그들의 가족과 친구들	□	□	
중개업자와 그 외 전문가들	□	□	

출처: http://www.snapforseniors.com

3. 새로운 형태의 노인주택서비스 개발

1) 노인용 코하우징

미국을 비롯한 영국, 호주, 북유럽을 중심으로 노인들의 새로운 주거형태인 노인용 코하우징(senior co-housing)이 유행하고 있다. 특히 신체기능이 점점 떨어지고 사회적 유대가 보다 필요한 노인들에게 'aging in place(자신이 살아왔던 곳에서 오래 살기)'를 실현하는 데 코하우징이 유용하다는 것이 시대적인 흐름으로 자리 잡아 가고 있다. 기본적으로 코하우징이라는 개념은 주민들이 공동으로 사용하는 공용공간을 단지의 중심에 배치하고 그 점유비율을 크게 하며, 개인공간은 최소한의 필요 공간만을 확보하도록 축소시켜 계획함으로써 주민 간에 공동체 의식을 강화시키고 자발적인 공동 활동을 촉진할 수 있도록 구성된 주거형태다(McCament & Durrett, 1994: 최정신, 2003 재인용). 이러한 주택의 구성을 통하여 개인의 사생활을 영위하면서 더불어 이웃과의 사회적인 교류는 물론 협동생활을 통해 여러 가지 사회 · 경제적 이익을 얻을 수 있다(어정선, 홍선관, 김억, 2004). 미국은퇴자협회(American Association of Retired Persons: AARP) 자료에 따르면 50대에서 60대에 이르는 인구의 22%가 코하우징에 관심을 갖고 있다. 미국의 베이비부머처럼 우리나라의 베이비부머들 역시 독립적이고 적극적이며 친환경적인 라이프스타일을 추구하고 있으며, 실제로 귀농이나 귀촌이 늘어나고 있는 상황에서 미국의 노인용 코하우징과 같은 주거문화에 대한 관심과 참여는 나날이 증가할 것으로 예상되고 있다.

특별히 노인용 코하우징은 노인들이 자신이 가지고 있는 능력과 인적 자원을 바탕으로 주민 상호 간의 공동체 활동에 자발적으로 참여하며 자치적으로 생활하는 노인주택의 일종이다(주거학연구회, 2000). 노인용 코하우징 중에 특히 자치관리모델(self-work model)은 주택단지를 구성하고 계획하는 시작점에서부터 노인주택에 입주하는 마무리 단계까지 미래의 노인주민들이 스스로 참여하고 지방정부가 협동하여 조성되는 단계로 이루어진다(최정신, 2003). 개인의 사생활을 유지하면서 이웃과의 공동체 생활도 가능한 노인용 코하우징이 우리나라 노인주택의 새로운 대안으로 제시되고 있다(정우석, 조한, 2007; 최정신, 2003). 이러한 코하우징은 단위 주거공간에서는 갖추기 어려운 편의시설을 제공할 수 있으며, 공간을 같이 사용함으로써 사회적 관계가 활발해져 공동체 의식이 증가한다는 장점이 있다. 하지만 공동의 경제나 실질적이고 사회적인 문제를 다룸에 있어서는 이웃 주민과의 관계가 자칫 폐쇄적이 될 수 있으며, 생활이 내부지향적이고 자기만족적으로 변할 수 있다. 또한 건축가와 시공자 사이의 갈등으로 인해 긴

[그림 6-2] 코하우징 설계도

출처: http://www.CoFlats.com

[그림 6-3] Tiny Blue 노인용 코하우징 외관

출처: http://daikukoji.org

시간이 걸리고 많은 비용이 발생한다는 단점도 있다(정우석, 조한, 2007).

노인용 코하우징의 모범적인 사례 중 하나로 2006년에 미국에서 최초로 노인용 코하우징 서비스를 시작한 캘리포니아 주 데이비스 시의 '글레이시어 서클(Glacier Circle)'을 들 수 있다. 글레이시어 서클에는 보통 60~86세의 노인 40여 명이 공동으로 거주하고 있는데, 일반적으로 하우스를 자가로 소유하는 경우 약 16만 5,000달러(한화 약 2억 원)가량이 들고, 임대는 매월 약 315~500달러(한화 약 35~55만 원)가 소요된다. 글레이시어 서클은 심리치료사, 교사, 교수, 작가, 물리학자, 과학자 등 과거 다양한 직업 출신이 함께 거주하며 상호 간에 도움을 주고받는 노인용 코하우징이다. '독립된 생활'과 '이웃'은 '제2의 가족'이라는 개념으로 출발한 글레이시어 서클은 노화의 단계적 특성을 고려한 친 거주자 중심환경을 지향하고 있는데, 예를 들어 화장실 문 폭의 경우는 90cm 이상으로 휠체어를 탄 노인이 자유롭게 이동이 가능하고, 2층 집은 계단에 전동의자를 설치할 수 있는 등 보편적 설계(universal design)로 설계가 되어 있어서 수발이 필요한 입주자가 가족 같은 이웃들을 통해 빠르고 실질적인 도움을 받을 수 있다는 장점이 있다(노년시대신문, 2010. 10. 29.).

2) 대학에 기반을 둔 은퇴주택

최근 선진국에서는 노인주택단지(retirement community)들이 점점 지역사회 대학의 평생교육(lifelong learning)을 활용하는 추세다. 대표적인 사례가 미국의 대학 기반 노인전용주택(University-Based Retirement Community: UBRC)이다. 대학이 사업주체가 되어 실버타운과 같은 노인복지주택을 직접 운영하거나 노인복지주택의 거주자들이 대학의 다양한 교육 프로그램 등을 이용할 수 있도록 해 은퇴자 커뮤니티와 대학 모두 시너지 효과를 얻고, 그 혜택이 노인들에게도 돌아가는 구조다. 선진국에서는 노인이 되면 상대적으로 시간적인 여유가 많고, 자녀교육 및 지원 부담이 감소되면서 경제적으로 여유가 생겨 자신의 지적 호기심을 채우기 위한 공부와 여가에 더욱 관심을 갖기 때문이다. 따라서 UBRC 형태의 노인주택은 대학과 일련의 관계를 맺고, 노인주택 거주자들에게 대학에 기반을 둔 프로그램들을 제공하고 있다. 우리나라의 경우 점차 고령화 현상이 심해지고, 이에 따라 소비의 강력한 주체로 성장할 베이비부머들의 평생교육에 대한 관심과 참여가 더더욱 높아지고 있다(노년시대신문, 2010. 6. 11.).

UBRC에 관해 정해진 정확한 기준은 없는데, 어떠한 대학은 대학의 이름이나 토지를 빌려주는 정도에 그치는 반면, 어떠한 대학은 개발, 건축, 운영에까지 참여하는 경우도 있다. 이러한 UBRC의 수는 점점 늘어나고 있는 상황이다. 미시간대학교 건축학과 명예교수인 Leon A. Pastalan은 이러한 미국 노인주택 흐름에 대해서 주목하고 있다. 그는 전통적인 은퇴 커뮤니티들에서 제공해 주지 못했던 개인적인 성장이 UBRC를 통해서 해결될 수 있다고 말하고 있다. UBRC는 살기 좋은 장소를 제공하는 것뿐만 아니라 정신적인 자기계발을 실현하는 데 있어서 매우 중요하고 의미 있는 움직임이라고 말하고 있다.

UBRC는 CCRC나 요양원 등 다른 종류의 노인주택들에서처럼 식사서비스, 집안청소서비스, 간단한 의료지원서비스, 오락 관련 프로그램 등의 기본적인 서비스를 지원함과 동시에 노인들의 배움에 대한 욕구도 놓치지 않았다는 점에서 그

차별성이 있다. 이러한 점에서 UBRC는 미국 노인주택의 새로운 흐름 속에서 평생학습이라는 새로운 가치를 창조하고 있다고 말할 수 있다.

또한 이러한 노인주택들은 단순히 학문적인 부분뿐만 아니라 다양한 방면에서 학교와 연계되어 있음을 여러 사례를 통해서 알 수 있었다. UBRC는 대다수의 경우 그 학교의 졸업생이나 해당 학교의 은퇴한 교직원들이 입주하는 경우가 많다. UBRC 형태로 운영되고 있는 Village at Penn State의 경우 거주자의 70%가 연계 대학과 관련된 사람들이었다. 이 외에도 UBRC를 운영하고 있는 대학으로는 스탠퍼드대학교를 비롯하여 노트르담, 듀크, 코넬대학교 등이 있다. UBRC는 1990년대까지 20년 동안 천천히, 꾸준히 성장해 왔고, 이후 은퇴자, 주거 관련 사업자, 대학의 상호 필요에 의해 현재까지 100여 개의 대학들이 추진해 왔다. 전문가들은 향후 20년간 미국에 있는 4,000여 개의 대학 중 약 10%에 해당하는 400여 개의 대학들이 UBRC를 추진할 것으로 예상하고 있다.

〈표 6-4〉 Lasell Village의 강의편람

Course Title	Number	Day/Times Offered	Building/Room
Personal Financial Management	0104-220-71	Wed: 6-9:50pm	08-2355
Principles of Marketing	0105-363-01	Mon/Wed: 8-9:50am	12-3125
Principles of Marketing	0105-363-02	Mon/Wed: 12N-1:50pm	12-3125
Principles of Marketing	0105-363-03	Tues/Thurs: 4-5:50pm	12-3125
American History Special Topic History of the American West	0507-305-01	Mon/Wed: 2-3:50pm	12-3245
Literary and Cultural Studies:	0504-210-01	Tues/Thurs: 2-3:50pm	12-3215
Hero Myths of Film/Literature	0504-443-01	Mon/Wed: 12N-1:50pm	12-3245
The Novel: Fine Arts: Theater Arts	0505-216-01	Mon/Wed: 4-5:50pm	07-1480
Criminology	0501-400-70	Tues/Thurs: 6-7:50pm	06-A201

출처: http://www.lasellvillage.com

[그림 6-4] UBRC 노인거주자의 모습

출처: http://www.boston.com/news

평생건강은 물론 평생교육을 책임지는 UBRC는 대학에 가깝게 위치하고 대학의 많은 교육 프로그램과 여러 행사를 자유롭게 참여할 수 있는 장점 때문에 많은 노인의 관심과 사랑을 받고 있다(Ward, Spitze, & Sherman, 2005). 하지만 입소비용을 생각해 본다면 UBRC는 노인들에게 부담스러운 노인주택이다. 처음 노인주택에 입소할 때 드는 비용은 171,000~372,000달러 정도인데, 이는 보통의 노인들에게 적잖이 큰 비용이다. 이뿐만 아니라 매달 지불해야 하는 비용은 식사, 집안청소서비스, 건강보험료 등을 모두 포함했을 때 최대 월 3,500달러까지 소요되기도 한다. 많은 사람이 평균 이상의 입주비용 때문에 UBRC의 실효성에 대하여 비판적으로 보기도 한다. 하지만 Pastalan 교수는 UBRC에서 필요한 비용이 평균 이상의 고급 은퇴주택에서의 비용과 별반 차이가 없다고 말하며, UBRC가 보다 보편화되면 될수록 가격은 점점 내려갈 것이라며 긍정적으로 전망하고 있다.

국내의 경우 명지대학교 용인캠퍼스에 위치한 명지엘펜하임이 UBRC와 유사한 노인주택이라고 볼 수 있다. 비영리 사회복지법인인 명지원이 직접 운영을 맡으며, 국내에서 유일하게 단지 내에 9홀 골프장을 비롯한 각종 레저시설을 자랑한다. 명지병원과 연계한 의료시설, 호텔급의 서비스를 제공하는 것도 특징이다. 특히 명지대학교 평생교육 프로그램을 활용해 젊은이들과 어울리며 공부도 하고 취미생활도 즐기는 새로운 노후 라이프스타일을 제공한다.

3) 특수한 노인주택

최근의 은퇴노인들은 동족의 은퇴공동체, 게이 · 레즈비언 · 트랜스젠더들의 은퇴공동체 등 자신의 인종, 성(性)적 취향, 종교, 취미 등과 연관된 노인주택에 거주하기를 원하는 경향이 있다.

종교단체가 운영하는 노인주택의 대표적인 예로 Luther Park를 살펴보면, 이 노인주택은 2008년에 설립되었으며, 노인주택 개발기관과 운영기관이 모두 미국 복음주의 루터교회(Evangelical Lutheran Church in America: ELCA)라는 종교단체 소속이다. 교회의 입장에서는 노인주택을 교회 가까이에 건축함으로써 거주자들을 대상으로 보다 널리 전도와 지역사회봉사를 할 수 있다는 장점 때문에 환영받는다. 이뿐만 아니라 입주노인의 입장에서는 교회와 가까운 편리한 위치 덕분에 성경공부나 교회에서 진행되는 다양한 문화 프로그램에 보다 편하게 참가할 수 있다. 또한 Dave Olson 담임목사의 인터뷰에 따르면 입주노인들은 교회 유치원 아이들과 함께하는 세대 간 활동들에 매우 만족하고 있다. 노스캐롤라이나 주에 위치한 Southminster 노인주택은 동일한 지역에 위치한 두 개의 교회가 연합하여 하나의 노인주택을 설립하여 운영하고 있다. 이러한 노인주택은 개신교뿐만 아니라 성공회의 Collington Episcopal Life Care Retirement Community, 천주교의 Cathedral Village 등 다양한 종교와 연합하여 널리 개발되고 있는 상황이다.

종교적인 연계뿐만 아니라 인종과 연계한 노인주택도 쉽게 찾아볼 수 있다. 그 대표적인 예로 유대인 노인주택을 들 수 있다. 이러한 노인주택은 유대인들 특유의 문화와 종교적인 예배관습을 지키며 살 수 있게 도와준다.

다음으로는 성(性)적 취향과 관련된 노인주택이다. 일반적으로 레즈비언 · 게

이 · 양성애자 · 트랜스젠더(Lesbian · Gay · Bisexual · Transgender: LGBT)들은 보통의 은퇴주택에 입주하는 데 많은 어려움을 가지고 있는 소수자들이다. 대부분의 LGBT는 원가족과의 연결고리가 끊어진 경우가 많은데다 나이가 들어 파트너가 죽고 나면 혼자 살면서 고립된 생활을 하는 경우가 많다. 하지만 점차 LGBT 노인의 숫자가 증가하면서 Spirit on Lake, Palms of Manasota 등 LGBT를 위한 노인주택이 개발되는 움직임을 볼 수 있다.

마지막으로 취미활동을 공유하는 노인주택들도 하나둘씩 설립되고 있다. Penn National Golf Course Community, Coastal Golf and Retirement Community라는 노인주택은 주택단지에 멋진 골프코스를 갖추고 있으며, 하루의 주된 일과가 골프로 이루어져 있다.

지금까지 미국에서 등장하고 있는 노인주택의 새로운 경향을 살펴보았다. 지금까지의 내용을 정리해 보면 다음과 같은 몇 가지 공통점을 찾을 수 있다.

첫째, '공통의 관심사와 배경'을 공유하고 있는 노인주택을 선호한다는 것이다. 2006년에 미국은퇴자협회에서 발행한 보고서에 따르면, 은퇴한 사람들은 공통된 이념이나 고유의 흥미를 공유할 수 있는 주택을 선택한다. 즉, 'Aging in Place'라는 말처럼 자신이 살아왔던 공간의 익숙함에 대한 갈망도 크지만 그에 못지않게 포기할 수 없는 것은 노인주택 거주자 간 공유할 수 있는 부분이라는 것이다. 발전하고 있는 노인주택의 최신 경향을 살펴보면 자신의 소속에 기반을 두어 형성되고 있다. UBRC의 경우 자신이 다녔던 모교나 해당 학교의 교직원의 입소가 상당 부분을 차지하고 있고, 노인용 코하우징의 경우에도 아예 자신들의 관심사나 비전이 같거나 같은 배경에서 자라온 사람들과 함께 노인주택을 형성하고 있다. 또한 종교, 인종, 취미생활 등 자신의 공통적인 배경을 공유하고 있는 노인주택이 점차 늘어나고 있는 상황이다.

둘째, '다양한 선택'을 존중해 주는 노인주택을 선호한다는 것이다. 은퇴노인들은 다양한 서비스의 선택이 가능한 노인주택을 선호한다. 시설화된 분위기나 똑같은 모양의 디자인과 서비스는 노인들을 만족시키지 못한다. 같은 노인주택에 살고 있더라도 각각의 입주자가 선호하는 평수를 선택할 수 있으며, 정해진 서비스 꾸러미가 아니라 자신에게 필요한 서비스를 노인이 스스로 선택할 수 있어야 한다. 다양한 선택권을 존중함으로써 자율성과 개인의 프라이버시를 향상시킬 수 있다. 자율성과 프라이버시는 노인이 현재 거주하고 있는 공간을 자신의 집처럼 느끼게 하는 가장 중요한 요소(김영주, 2005)다. Regnier(1994)는 노인의 주거는 프라이버시, 존엄성, 선택권, 독립성, 개인성 및 안정감을 느낄 수 있어야 한다고 주장했다.

마지막으로 우리나라에서 노인주택을 결정하게 될 때 다음과 같은 사항을 특별히 고려해야 할 것이다. 첫째, 지불가능성은 여전히 가장 중요한 노인주택의 쟁점이다. 새로운 경향의 노인주택이 은퇴자들에게 인기를 얻고 있기는 하지만, 노후의 주거를 선택하는 데 있어서 경제적인 측면은 간과될 수 없는 부분이며 현실적으로 매우 중요한 요소다. 둘째, 보편적인 노인을 대상으로 하는 주택정책은 물론 저소득층과 차상위 취약계층을 위한 노인주거복지정책의 개발도 병행되어야 할 것이다. 이에 중앙정부와 지역사회는 노인주택에 대한 포괄적이고 종합적인 도시계획은 물론 노인주택에 대한 적극적인 인센티브 등 '지불가능성이 높은 노인주택' 보급에 박차를 가해야 할 것이다.

참고문헌

권준오, 양옥진, 김하경(1998). 노인주거 복지시설의 개발방안에 관한 연구. **건설기술연구**, 18(1), 1-24.

권중돈(2016). **노인복지론(6판)**. 서울: 학지사.

김동배(1996). 노인주택이 노인의 삶의 질에 미치는 영향. **연세사회복지연구**, 3, 357-376.

김영주(2005). 미국 노인보호주택 거주자들의 '집'으로서의 속성에 관한 사례 연구. **한국가정관리학회지**, 23(4), 67-77.

김우혁, 신순호, 원열(2008). 노인주거단지 개발에 대한 수요자 의식에 관한 연구. 도시행정학보, 21(2), 323-341.

박재간(2002). 노인주거 및 요양시설의 개발과 운영. 노인복지정책연구, 26, 3-26.

박홍민, 권순일, 이한덕(2003). 보험회사의 실버산업 진출방안. 서울: 보험개발원.

손정원, 차지은(2008). 선진 도시정책 벤치마킹: 영국의 노인을 위한 주택 정책. 도시문제, 43(477), 92-98.

어정선, 홍선관, 김억(2004). 노후 집합주택의 리모델링을 통한 도시형 중규모 Cohousing 계획에 관한 연구. 대한건축학회 2004년도 추계학술발표대회, 24(2), 159-162.

이윤형(2007). 노인주거복지의 고찰에 따른 대응과제. 사회복지개발연구, 12, 257-284.

이인수(2002). 노년기 주거환경과 실버산업. 서울: 도서출판 하우.

정우석, 조한(2007). 고령화 사회에 대응한 도시형 노인용 코하우징의 단위평면 계획에 관한 연구. 대한건축학회 2004년도 추계학술발표대회, 27(1), 173-176.

조영훈, 김진호(2006). 고령화 시대 실버타운의 발전방향에 관한 실증적 연구. 주거환경, 4(1), 1-23.

주거학연구회(2000). 더불어 사는 이웃 세계의 코하우징. 서울: 교문사.

최성재, 장인협(2006). 노인복지학. 서울: 서울대학교 출판부.

최정신(2003). 스칸디나비아 노인용 코하우징 주민의 이주동기. 대한건축학회논문집, 19(2), 129-138.

Aimee, D. P., & Patrica, W. (2005). Selection of a Continuing Care Retirement Community-Does Extent of Search Help Predict Resident Satisfaction? *Journal of Housing For the Elderly, 19*(2), 27-48.

Carle, A. (2006). Guest Comment: Defining a New Form of Senior Housing. *Journal on Active Aging, 5*(5), 94; September-October 2006.

Continuing Care Retirement Communities. (2007). *A Guide Book for the New Jersey Consumer.* Department of Community Affairs.

Gibler, K. M., Lumpkin, K. R., & Moschis, G. P. (1997). Mature consumer awareness and attitudes toward retirement housing and long-term care alternatives. *Journal of the*

American Geriatrics Society, 40(3), 255-258.

Harrison, A., & Tsao, T. C. (2006). Enlarging the Academic Community: Creating Retirement Communities Linked to Academic Institutions. *Planning for Higher Education, 32*(2), 20-30; January-March 2006.

Krout, K. A., Moen, P., Holmes, H. H., Oggins, K., & Bowen, N. (2002). Reasons for relocation to a continuing care retirement community. *The Journal of Applied Gerontology, 21*(2), 236-256.

MaCament, K., & Durett, C. (1994). *Cohousing, A contemporary Approach to Housing Ourselves*. Ten Speed Press.

Marilynn, L. (2007). University-based retirement communities on the rise. *The Journal on Active Aging*, March-April 2007.

Regnier, V. A. (1994). *Assisted living housing for the elderly: Design innovations from the United States and Europe*. New York, NY: Van Nostrand Reinhold.

Ward, R. A., Spitze, G. D., & Sherman, S. R. (2005). Attraction to Intergenerational Housing on a University Campus. *Journal of Housing For the Elderly, 19*(1), 93-111.

Valins, M. (1991). *Housing for the Eldery People: A Guide for Architecture and Clients*. New York: Mutterworth-heinemann Ltd.

노년시대신문(2010. 6. 11.). 美 UBRC · 日 칼리지링크형 시니어커뮤니티의 성공 사례.

노년시대신문(2010. 10. 29.). 선진국선 시니어공동체 '코하우징' 인기.

http://www.aahsa.org

http://www.boston.com/news/education/higher/articles/2005/10/17/seniors_opting_to_retirewith_a_touch_of_class

http://www.carepathways.com

http://www.carf.org

http://www.CoFlats.com

http://www.eac.org.uk

http://www.fullcirclecare.org

http://www.heraldbiz.com

http://www.lasellvillage.com

http://www.praxeis.com

http://www.snapforseniors.com

http://www.villageatpennstate.com

제7장

노인주택과 헬스케어

채수진

노인의 주거환경은 건강과 질병에 대한 취약성을 보호하고 남아 있는 기능을 최대한 유지할 수 있는 헬스케어 체계를 구축해야 한다. 활동반경이 축소되는 경향이 있는 노년기에는 주택이 삶의 기반임과 동시에 중심 활동영역이기 때문이다. 이에 이 장에서는 노년기 사회적 보호의 주요 영역인 노인주택을 헬스케어의 관점을 통해 살펴보고자 한다. 특히 한국 사회의 두드러진 특성인 IT(Information Technology) 발전을 이용한 U-헬스케어를 알아본다. 노인의 사회경제적 지위에 따른 노인주택과 헬스케어에 대한 첨단기술의 결합에 관한 사례들을 소개함으로써 차세대 노인의 새로운 주거복지의 가능성을 모색해 보고자 한다.

1. 노인주택에서 헬스케어의 중요성

노인이 유지하는 신체적 기능상태, 질병의 심각성에 따라 이들의 주거욕구는 매우 다양하다. 또한 건강하고 독립적인 생활이 가능했던 노인이라 하더라도 시간의 경과에 따라 점차 일상생활 수행능력(ADL)에 제한을 받게 된다. 따라서 이러한 건강수준의 다양성과 노화의 연속성은 빠른 속도로 고령화되어 가는 우리 사회에 노인을 위해 지금보다 더 전문화되고 다양한 주택 및 시설 내의 건강서비스들을 요청하고 있다. 한편, 2010년 이후로 전후 베이비붐 세대가 노년층으로 유입되고 있는데, 이들은 높은 교육 및 소득 수준과 함께 전반적으로 활발한 정보통신 이용 경향을 보이고 있다. 이들은 노년층의 IT 견인세대로 부상할 것으로 예측되고 있는데, 이러한 현상은 전문화되고 다양한 노인 주거문화에 대한 새로운 패러다임으로서 IT를 기반으로 하는 지능화된 주거 공간, 즉 유비쿼터스(ubiquitous) 홈의 개념을 등장시키고 있다(문재호, 2008). 특히 많은 논쟁에도 불구하고, 2014년에 원격의료에 대한 내용을 포함한 「의료법」 일부 개정법률안이 국무회의를 통과하고 관련 시범사업이 계획되면서 노인주택이나 의료복지시설에서의 유비쿼터스 기술 적용은 점차 가시화되고 있다.

헬스케어(health care)란 질병의 예방 · 치료 · 관리 모두를 포괄하는 것으로 의료진과 건강전문가들이 제공하는 서비스를 통해 정신적 · 신체적 안녕을 유지 및 보존하는 서비스와 상품, 체계와 조직, 산업 모두를 통칭한다. 특히 노인은 노화로 인해 나타나는 신체 · 심리적 기능 쇠퇴와 안전, 건강, 질병에 대한 취약성을 가지기 때문에 헬스케어의 중요성은 더욱 강조된다.

여기에 생활영역이 주거환경, 즉 생활반경이 주택을 중심으로 축소되는 노년기를 고려할 때, 노인의 주택은 신체적 특성 변화에 따라 다양한 측면을 고려해야 하며, 우선적으로 노인의 신체적 기능 쇠퇴를 보완하거나 기능을 최대한 유지할 수 있도록 하는 주거 관련 건축과 디자인의 적용이 노인의 주거 중심 헬스케어 시스템의 기반이 될 수 있다(박희진, 전창미, 2004). 〈표 7-1〉은 노인의 신체적 변화와 특성에 따라 노인주택에서 고려해야 할 사항을 보여 주고 있다.

이러한 노인주택과 헬스케어의 결합은 노인주거에서 중요시되는 다음의 5가지 영역을 보장하기 위함인데, 첫째, 건강 관련 사고 및 위급상황을 예방할 수 있는 안전시스템 확보, 둘째, 신체 · 심리적 안녕 및 건강 증진을 위한 다양한 시설과 프로그램, 셋째, 질병 및 건강관리를 위한 정기적인 검진, 넷째, 발병한 질병에 대한 전문적인 진료와 치료, 다섯째, 질병이나 후유 장애 후의 요양을 보장하는 것이다. 한편 이러한 5가지 영역은 모든 노인에게 필수적이지만, 각 노인의 신체 · 심리적 노화 정도, 질병의 경중, 사회경제적 지위 등에 따라 개별적으로 중요도를 달리할 수 있고, 헬스케어의 보장 영역에 대한 체계와 서비스 욕구 역시 달라질 수 있다. 물론 실제로 노인 스스로도 건강, 소득 특성, 거주지 특성 등에 따라 노후의 주택을 선택하는 데 있어서 이용의사와 기호도, 서비스 욕구가 차별화되는 추세를 보인다.

〈표 7-1〉 노인의 신체적 변화와 특성에 따른 주택의 고려사항

변화	특성	노인주택에서의 고려사항
골격 및 운동기능 쇠퇴	신체 경직, 척추와 하지만곡, 뼈의 취약화, 지구력 감소, 보행 불편	공간 및 가구 치수, 안전사고 방지, 기구 조작이 용이하도록, 동선 축소, 형태와 구조의 단순화, 피난 및 공간계획
감각기관 쇠퇴	시력 · 야간시력 · 색채감각 · 가시거리 저하, 후각 · 미각 · 촉각 쇠퇴, 평형유지 기능 약화, 체온조절 능력 저하	조명 · 색채계획, 사인과 로고 · 음향계획, 각종주의(가스탐지, 화재경보), 안전대책, 보행보조, 미끄럼 방지, 온도 및 습도 설비의 고려
호흡 및 혈액순환 쇠퇴	호흡기질환 증가, 빠른 피로감, 야뇨횟수 증가	난방, 공기조화방식 고려, 화장실 배치, 욕실과 변기의 인접 배치
소화기능 쇠퇴	치아상실, 소화능력 저하	가벼운 운동공간의 배려

출처: 박희진, 전창미(2004).

2. 노인주택과 U-헬스케어

1) U-헬스케어의 개념

U-헬스케어(U-health care)[1]는 건강하고 편안한 삶에 대한 사회적 욕구의 증대와 고도화된 의료서비스 구축을 위한 정부의 전략적 정책 및 투자증대로 주목받고 있는 대표적인 서비스 분야다(송지은, 김신효, 정명애, 2009). 특히 우리 사회에서는 무선통신 등의 정보통신기술이 급격하게 발전하면서 이를 활용하여 새로운 의료정보 서비스 영역의 개척을 촉진시키는 의료서비스 환경의 변화가 진행되고 있다. 2002년 이후 지속적으로 U-헬스케어에 대한 정부 차원의 계획이 추진되고 있으며, 2009년 8월의 「의료법」 개정을 통해 의료진과 환자 간의 원격진료가 합법화되면서 U-헬스케어의 중요성과 활용가능성은 더욱 부각되고 있다.

U-헬스케어는 정보통신과 보건의료를 연결하여 제공하는 보건의료서비스를 의미하는 것으로(지경용, 김문구, 박종현, 오동섭, 정우수, 2005), IT기술과 의료서비스를 연결하여 언제, 어디서나 예방 · 진단 · 치료 · 사후관리의 서비스가 제공되는 것을 지칭한다. 주거생활을 하면서 거주자가 일정한 장비를 특정 장소 또는 자신의 몸에 부착하거나 센서에 의해 별도의 시간을 빼앗기지 않으면서 의료기관 또는 U-Health 데이터 센터 등을 통해 유 · 무선의 다양한 통신망으로 건강상태에 대한 주기적인 점검을 진행하며, 질병의 예방과 관리 및 치료를 목적으로 높은 수준의 건강을 유지하는 것이다.

---

1) U-헬스케어의 'U'는 ubiquitous의 약자로서 물이나 공기처럼 시공을 초월해 '언제, 어디에나 존재한다'는 뜻의 라틴어로 사용자가 자유롭게 네트워크에 접속할 수 있는 환경이다. U-헬스케어는 IT기술과 의료서비스를 연결하여 언제 어디서나 제공되는 예방 · 진단 · 치료 · 사후관리의 서비스를 지칭한다(지경용 외, 2005). 학자에 따라 E(electronic)-헬스케어 혹은 Tele-헬스케어라고 하기도 한다.

2) U-헬스케어의 구성

U-헬스케어의 핵심 구성요소는 다음과 같다. 첫째, 센싱(sensing)으로 인체에서 발생하는 물리적 · 화학적 현상변화를 감지하는 것, 둘째, 모니터링(monitoring)으로 필터링 처리와 분석과정, 시각화과정으로 구성되어 측정된 생체정보를 1차적으로 가공하는 것, 셋째, 분석과정(analysing)으로 현재의 상태를 모니터링할 뿐 아니라, 장시간에 걸쳐 측정된 데이터에서 건강상태, 생활패턴 등을 나타내는 새로운 건강지표를 발굴하는 것, 넷째, 피드백(feedback)으로 건강상태의 변화, 경고 등의 과정을 사용자에게 전달하는 과정이다(정창덕, 2005). [그림 7-1]은 보건복지부에서 구체적으로 제시하고 있는 U-헬스케어의 개념도다.

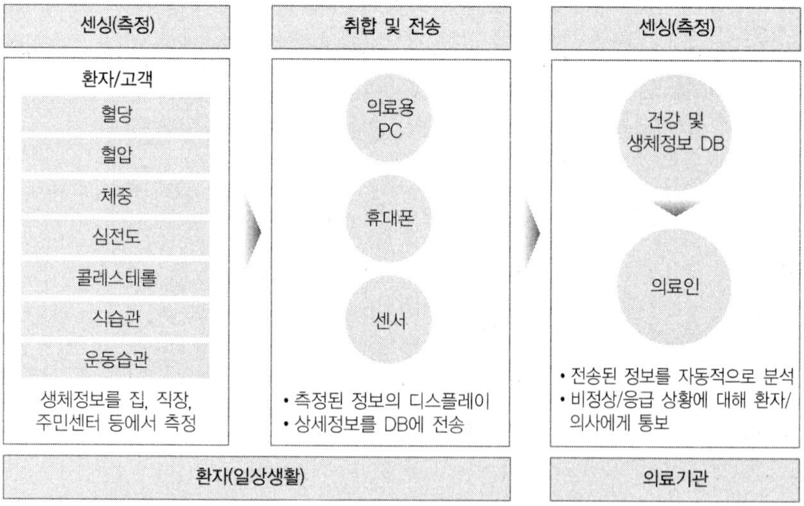

[그림 7-1] U-헬스케어의 개념도

출처: 보건복지부 홈페이지(http://www.mohw.go.kr).

3) U-헬스케어의 유형

U-헬스케어의 유형은 응용환경 유형과 이용 목적에 따라 그 서비스 유형이 구분될 수 있다. 응용환경에 따라서 병원 헬스케어와 홈 헬스케어, BAN(Body Area Network) 중심의 개인 헬스케어로 분류할 수 있으며, 이러한 각 환경에서 〈표 7-2〉와 같은 다양한 서비스가 제공될 수 있다.

〈표 7-2〉 U-헬스케어서비스 유형

유형	서비스 내용
무선인식 센서	무선인식 센서를 응용하여 노인 또는 환자의 이동현황, 현 위치, 이상 징후 등의 데이터를 실시간으로 간호사, 간병인의 PC와 PDA 단말기에 제공
병원환자 정보서비스	환자상태 및 병상정보 등을 의료기관 정보시스템에서 구현하여 유·무선 단말기를 통해 필요한 정보를 통합 제공
모바일 건강관리	휴대폰을 이용하여 혈압, 당뇨 등 건강상태를 실시간으로 관리
Wearable 컴퓨터	옷처럼 입는 컴퓨터를 통해 화자의 건강상태를 관찰하고, 응급상황이 발생하면 의료진이 바로 투입될 수 있는 서비스
온라인 진료상담	병원을 직접 방문할 필요 없이 온라인을 통해 전문 의료진과 상담
의료 텔레매틱스 (Telematics)	원격조정, 텔레매틱스, 구급시스템을 통합한 의료서비스로 환자의 생체 신호에 따라 모니터링 센터와 응급병원 등이 GPS와 연계하는 긴급출동 서비스

출처: 문재호(2008).

4) U-헬스케어 정책

정보통신기술의 선도국가인 우리나라는 2002년 이후로 현재까지 학계와 산업계, 정부 등의 협력을 통해 다양한 생활환경에서 U-헬스케어를 현실화하는 시범사업과 정책들을 시도하고 있다. 모바일과 스마트 정보통신기술을 적용하여 건강관리와 만성질환자를 모니터링, 특정질환(치매 등)의 조기발견 및 관리 등 범위를 확장하여 다양한 서비스 모델을 지속적으로 연구개발해 왔다(송태민, 조영하, 김계수, 류시원, 2012). 특히 정부에서는 2008년에 'U-Health 활성화 종합계획'을 통해 국가적 차원의 중장기 비전 및 단계적 실천계획을 수립하고, 보건복지부 주관 'U-Health 활성화 협의체'를 구성하여 U-헬스케어와 관련된 정책을 개발하고 지원을 강화해 왔다(한국보건산업진흥원, 2008). 최근 보건복지부뿐만 아니라 안전행정부, 문화체육관광부, 산업통상자원부, 국토교통부, 식품의약품안전처 등 다양한 정부부처에서 의료산업화 정책을 중심으로 U-헬스케어에 첨단 IT기술을 활용하여 의료접근성과 편의성을 제공하고, 의료서비스 전달체계의 효율화를 위한 정책을 본격적으로 추진하고 있다. 여기에는 성장잠재력이 높은 의료서비스 산업에 첨단 IT기술을 융합하여 고부가가치 차세대 신성장 동력산업을 육성하는 것뿐만 아니라 의료취약지역의 의료불평등을 해소하는 원격의료 서비스의 개발과 같은 공공복지산업의 육성까지 포함한다. 정부에서는 U-Health 정책들을 통해 기대하는 구체적인 효과를 다음과 같이 제시하고 있다.

- 고령자 · 만성질환자에 대한 질병의 조기진단 및 예방
- 건강관리서비스 제공을 통한 의료비 절감으로 건강보험 재정 안정화에 기여
- 농어촌 오지, 도서지역 등 의료취약지역에 대한 원격의료서비스 제공을 통한 의료형평성 제고 기여
- 의료서비스에 첨단 IT 기술을 융합하여 고부가가치 차세대 성장동력산업으로 발전 기대
- U-City(Ubiquitous City: 첨단 IT기술을 바탕으로 도시통합운영센터를 통해 도시를 효율적으로 관리하고, 시민들에게 유용한 서비스를 제공하는 도시) 사업, 고령친화사업 등 국가적 사업과의 연계 서비스 발굴을 통해 전후방 산업으로 부가가치 확대 가능

3. 노인의 다양성을 고려한 노인주택에서의 헬스케어

이처럼 빠른 속도의 디지털 기술 발전은 헬스케어에 대한 최첨단의 다양한 서비스 유형의 개발을 촉진하고 있다. 그러나 사실 이러한 기술들이 노인의 U-헬스케어에 활용되기 위해서는 실제 사용자인 노인들의 다양성에 맞추어 쉽고 편리하게 사용될 수 있도록 이용자 중심의 서비스 개발이 중요하다. 노인의 경제적 수준 고려, 노인의 특성에 맞는 현실적인 서비스 접근성 확보, 적절한 디자인, 그리고 노인의 심리 · 정서적 개입을 위한 휴먼서비스와의 결합 등 보다 깊은 사려와 함께 다양한 시범사업들을 통한 구체적이고 경험적인 연구가 필요하다. 이제 여기서는 최근 한국 사회에서 노인주택 이용자 특성과 욕구의 다양성을 고려하여 시도되고 있는 노인주택 헬스케어서비스를 살펴볼 것이며, 특히 U-헬스케어를 적용하고 있는 사례들을 통해 노인주거환경의 헬스케어의 새로운 방향성을 모색해 보고자 한다.

1) 최첨단 서비스를 제공하는 실버타운형 최고급 노인공동주택에서의 헬스케어

실버타운은 고령자들이 필요로 하는 복합시설을 갖추고 각종 생활서비스를 제공하는 유료주거단지를 의미한다. 건강하고 경제적 자립이 가능한 노인계층을 대상으로 주거를 주된 기능으로 하면서 의료, 휴양, 위락, 기타 서비스를 받을 수 있는 물리적 시설과 서비스를 제공하기 위해 계획적으로 조성된 노인 전용의 유료복합시설 주거단지를 의미한다.

특히 최근 충분한 경제력을 확보하고 있는 중 · 상류층의 노인들을 대상으로 최첨단기술을 적용한 도심형 실버타운이 개발되고 있다. '더 클래식 500'은 입주민의 '평생건강 서비스'를 위해 영양, 건강, 운동 등에 '맞춤식 트레이닝 방문

관리'와 '무인건강정보 측정시스템'을 갖추고 있고, 전문분과별 진료상담을 통해 개인의료 정보관리서비스를 운영하고 있으며, 건국대학교 병원과의 진료연계 서비스도 함께 제공하고 있다. 가양시니어타워 역시 각 입주자의 건강 변화에 따른 체계적인 헬스케어서비스를 제공한다. 입주자의 건강 변화에 따라 협약된 종합병원, 검진 전문병원, 휴양병원 등의 다양한 의료기관과 연계하여 검진 및 치료, 요양에 대한 전자건강기록시스템(health master program)을 진행한다.

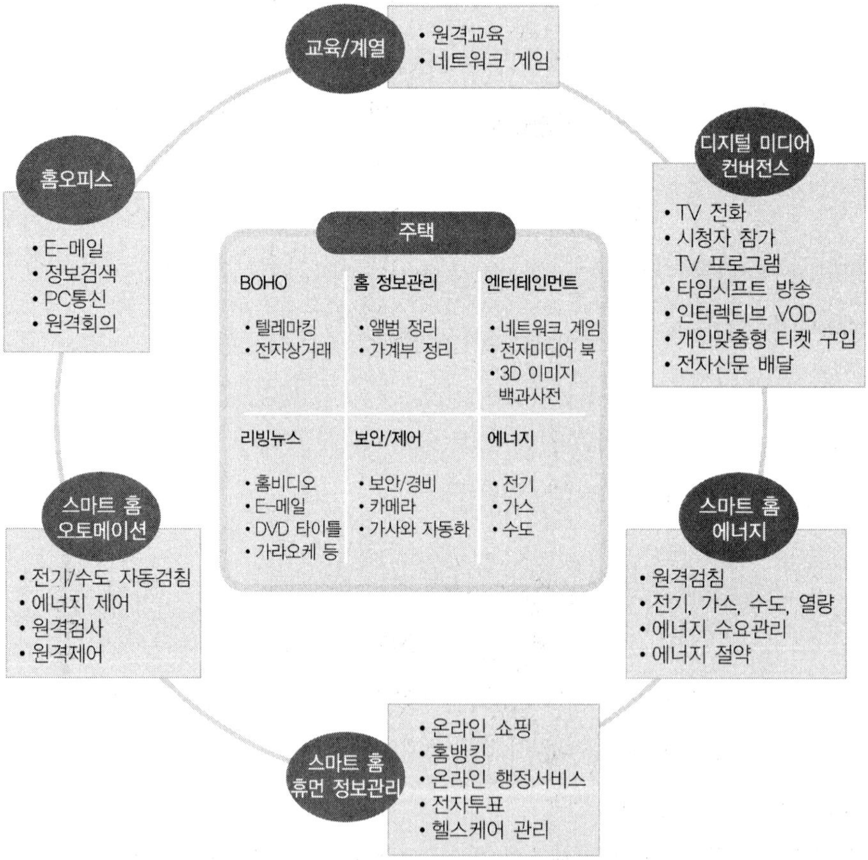

[그림 7-2] 지능형 홈 네트워크의 유형

출처: 경남 TP ICT 진흥센터 홈페이지(http://www.gntp.or.kr).

특히 건강 이상 시 직접 호출이 가능한 간호응급콜시스템(nurse call system), 비상호출시스템, 입주자의 움직임을 감독하고 비상사태를 감지하는 무동작 감지시스템, 목걸이형 위치추적 위급호출기 등 다양한 U-헬스케어 기술과 서비스들을 적용하여 질병뿐만 아니라 안전과 위기관리시스템에 종합적이고 체계적인 헬스케어를 제공한다.

2) 중저가 노인공동주택에서의 헬스케어

전북 정읍시에 분양된 노인종합복지타운은 60세 이상이면서 단독취사 및 독립된 주거생활을 하는 데 지장이 없는 노인들이 저렴한 임대료를 내고 입주할 수 있는 아파트형 노인공동주택이다. 총 147세대로 15~40평형으로 구분되어 있는데, 노인종합복지타운이라는 입지조건을 최대한 활용하여 거주지에 인접한 노인복지회관, 노인 실내외 게이트볼 장, 실비노인요양원, 노인전문병원, 노인전문요양원 등을 이용하도록 하고, 지역사회 보호체계를 최대한 활용하여 노인공동주택에 필요한 헬스케어와 관련된 시설비용을 최소화하였다.

[그림 7-3] 전북 정읍의 노인종합복지타운

출처: 내장산 실버아파트 홈페이지(http://www.njsilver.kr).

3) 저소득층 독거노인의 노인공동주택에서의 헬스케어

핵가족화, 평균수명 연장, 고령화 등의 현대사회 특징으로 인해 독거노인의 인구 증가가 두드러지고 있다. 특히 저소득층 독거노인들의 경우 거주지역의 특성에 따라 주거와 건강, 경제활동에서 다양한 취약성을 보이고 있다.

(1) 도시형 저소득층 독거노인 공동주택 헬스케어

성남시에서 건설한 '아리움'은 도시형 저소득층 독거노인들에게 주거와 헬스케어, 경제활동을 결합하는 새로운 노인공동주택의 대안을 제시하고 있다. '아리움'이란 아름다운 우리들의 보금자리라는 뜻으로, 저소득층 독거노인에게 제공된 무상복지주택이다. 2009년에 완공된 이 무상노인 공동주택은 제3섹터 방식으로 건립하였는데, 성남시가 옛 성남동 주민센터 부지 575m^2를 제공하고 지역난방공사와 금호아시아나그룹이 건설 관련 비용을 지원하였다. 또한 성남시 '성모성심수도회'에 위탁되어 노인생활 지원을 위한 주택관리 수녀 1명과 사회복지사가 상주한다. 이 건물의 3~6층에 19세대 노인들의 원룸형 주거공간이 배치되었으며, 저소득층 노인의 가장 중요한 욕구인 경제활동을 위해 1층에 고령자 일자리를 제공하는 베이커리와 카페가 운영된다. 무엇보다 2층에는 노인의 직접적인 헬스케어를 위해 경로당과 봉사실, 요가 등을 할 수 있는 건강관리실이 위치해 있다. 이러한 구조는 독거노인들이 공동주거와 상근관리자를 통해 안전과 위기관리에 대한 헬스케어를 보장받을 수 있을 뿐만 아니라, 주거지와 가장 가까운 곳에서 건강 관련 프로그램과 저소득층 노인의 가장 취약요인인 경제활동 등을 병행할 수 있다는 점이 가장 큰 장점이다.

2013년에 개소된 안양시의 '카네이션 하우스'는 지방자치단체 주도하에 진행되는 또 다른 도심형 독거노인 공동생활공간이다. 안양의 '카네이션 하우스'는 성남시의 '아리움'과 같이 잠을 자는 공동주택 형태는 아니지만, 지역에 사는 독거노인들이 낮시간 동안 와서 생활하면서 일자리 · 여가생활 참여 및 지역 보건

[그림 7-4] 성남시 '아리움'

[그림 7-5] 안양시 '카네이션 하우스'

소를 통한 건강관리서비스를 제공받을 수 있다. 20여 명이 공동생활을 하는데, 시설 운영을 노인종합복지관에 위탁하고, 보건소를 통한 건강관리, 소방서를 통한 지속적인 안전관리가 이루어진다.

한편, 서울시 K구 영구임대아파트에서 시범적으로 진행되었던 '고령친화적 헬스케어 스마트 홈 시스템'은 저소득층 비만노인들이 거주지역에서 효과적인 건강관리를 할 수 있는 새로운 대안을 제시하고 있다. 이 프로그램은 저소득층 고령자에게 저비용 구조의 헬스케어서비스를 제공하기 위해 주거 단지 중심으로 고령자의 생활공간을 주거공간, 공용공간, 집중관리공간으로 구분하여 각각에 특화된 건강서비스를 제공하였다. 특히 주거공간에서 고령자의 건강상태에 따라 혈압, 혈당, 폐기능, 심기능을 모니터링할 수 있는 무선건강측정기들을 홈게이트웨이와 함께 제공하여 자가측정과 임상의사결정지원시스템에 의한 자동피드백(예: 건강영상시청) 서비스를 제공하였다. [그림 7-6]은 홈 시스템의 대상자를 위한 사용자 화면과 실제 사용하는 모습이다. 공용공간에서는 집에서 측정하기 어려운 건강측정기를 공용부 게이트웨이를 통해 사용하게 하여 상주하는 U-Health 간호사가 건강 상담을 진행하였고, 노인의 질병상태에 맞추어 운동프로그램을 이용하도록 하였으며, 집중관리공간에서는 주거공간과 공용공간에서 모니터링 중 이상치가 발견될 경우 정밀측정하고, 필요한 경우 인근 의료기

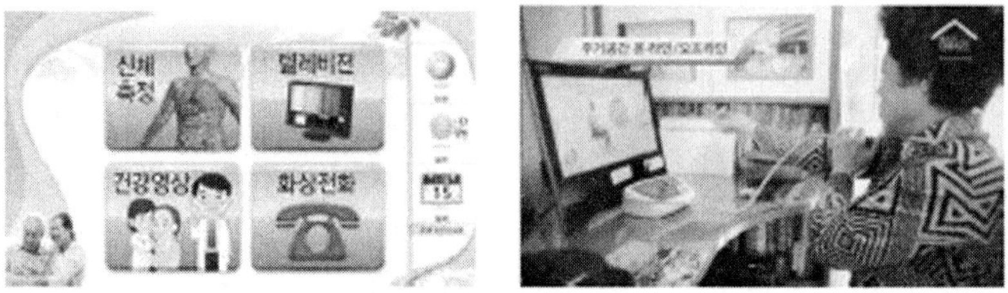

[그림 7-6] 헬스케어 스마트 홈 시스템인 건강 모니터링 서비스 사용 모습

출처: 공현중 외(2014).

관 방문을 연계할 수 있도록 하였다. 12주간의 프로그램 진행 후, 참여 비만여성 노인의 복부비만 개선에 효과적이었음을 보고하여 저소득층 노인들이 주거공간과 공용공간을 활용하면서 건강과 질병을 효과적으로 관리할 수 있음을 보여 주었다(공현중 외, 2014).

(2) 농어촌형 저소득 독거노인 공동주택

'농어촌 지역의 독거노인 공동거주제'는 U-헬스케어를 효과적으로 제공할 수 있는 거주 시스템이 될 수 있다는 점에서 관심을 가질 필요가 있다. 독거노인 공동거주제는 교통이 불편하고 노인 여가시설이 없는 지역에 거주하는 독거노인들이 각자의 집을 소유한 상태에서 공동으로 숙식을 함께하며 안전한 생활을 할 수 있는 공간을 마련한 제도다. 2007년 경남 의령의 2개 마을에서만 2년간 시범 운영 후 시범사업의 효과성이 높게 평가되면서 2013년에는 경기도를 비롯한 대다수의 읍·면 등에서 '독거노인 공동거주시설'이 설치되는 비약적인 성과를 이루었다. 대개의 농촌 노인들이 고향을 떠나 도시의 자녀에게로 이주하는 것과 노인복지시설에 입주하는 것 모두를 꺼리는데, 이 제도는 기존의 거주지를 최대한 활용한다는 점에서 노인욕구 중심의 접근이라는 장점을 가진다. 또한 약 1,000만 원의 저렴한 비용으로 마을회관이나 노인정을 개·보수하고, 냉난방 비용 및 관리비에 대해 연 300만 원의 생활비를 지원하는 것으로 다수의 노인들이 안전하면서도 자율적으로 생활할 수 있게 한다는 점에서 비용 효과적 장점을 갖는다.

대부분의 농어촌 지역은 이미 초고령사회로 진입해 있지만, 노인들의 주택은 대부분 이들의 안전과 건강, 자립생활을 위협하는 많은 요인을 가지고 있다(권오정, 2004). 특히 가구밀집도가 낮은 지역적 특성으로 인해 건강 관련 서비스 기관들이 대부분 원거리에 위치해 있으며, 주택 역시 매우 낙후되어 있기 때문에 노인의 건강 유지와 질병에 대한 예방 · 치료 · 관리 · 안전 등에 있어서 열악성을 갖는다. U-헬스케어는 안전과 건강에 취약한 농어촌 독거노인들에게 지리적 열악함을 극복하고 의료진과의 새로운 통로를 제공할 수 있는 대안이 될 수 있으며, 무엇보다도 농어촌 독거노인에게 이들의 안전과 건강을 위한 보건의료체계를 보다 쉽게 이용할 수 있도록 연계할 수 있다는 점에서 저비용으로 효율적인 노인복지의 실천대안을 보여 준다.

첫 시범사업 지역이었던 경남 의령군의 만상마을은 노인 20가구로 구성된 전형적인 산골농촌으로, 이곳의 노인들은 주거에서 가장 중요한 안전과 건강의 취약성이 높은 상태였으나, '농어촌 독거노인의 공동주거제'를 시행하면서 밑반찬 지원, 생필품 지원, 자원봉사자연계 등의 생활지원서비스를 제공하면서 동시에 보건소를 통한 정기적인 무료진료 등을 통해 찾아가는 헬스케어서비스를 제공하였다. 2013년 7월부터 경기도 6개 지역에 순차적으로 개소되고 있는 '카네이션 하우스'는 기존의 공동생활주택 기능과 함께 농협과의 협약을 통한 일감 제공을 통한 일터와 휴식공간까지 그 기능을 확대하고 있다. 특히 각종 건강 및 질병 관련 프로그램을 원격으로 제공함에 있어서 매우 효과적일 수 있는데, 다음에 제시되는 U-헬스케어는 이러한 독거노인의 주거환경에 활용 가능한 대안적 서비스다.

(3) 저소득층 독거노인을 위한 U-헬스케어 시스템

보건복지부에서는 2002년부터 보건의료정보화에 집중하면서 전국 242개 보건소에 건강정보 및 관련 정보 DB를 구축하여 이와 관련한 다양한 사업을 2007년부터 진행하고 있다. 이 사업들은 지역주민 중 특히 노인과 저소득층, 장애인, 영유아 등 우선 취약계층들을 위해 보건소를 중심으로 진행하고 있는데, 최근 U-IT기술을 활용한 원격진료 시스템 구축이 활발히 진행되고 있다(박민진, 정문희, 2008).

행정안전부와 보건복지부에서 2008년부터 시행하고 있는 'U-Health 서비스' 시범사업은 독거노인을 대상으로 하는 '독거노인 U-Care 시스템 구축사업', 취약계층을 대상으로 하는 '원격 건강모니터링 시스템 구축사업'으로 구성되고 있다. 이를 통해 독거노인과 같은 의료취약계층에게 보다 능동적으로 헬스케어서비스를 제공함으로써 사용자 중심의 공공의료서비스 구축을 목적으로 한다. '독거노인 U-Care 시스템 구축사업'은 동작감지, 출입감지, 환경감지 등 집 안 내에 감지 센서를 부착, 독거노인의 안전한 생활환경 구축을 목표로 한다. '원격 건강모니터링 시스템 구축사업'은 의료취약계층, 만성질환자 등을 대상으로 원격진료, 방문간호, 재택건강관리 등의 보건의료서비스를 제공하는 것을 목표로 한다. 여기에는 생체정보측정센서, 동작감지센서, 무선통신기술 등 최신의 U-IT기술을 활용하고 있다. 한편 노인의 경우 일반 지역사회주민에 비해 컴퓨터 및 IT에 대한 접근도가 낮다는 점을 간과할 수 없기 때문에 방문간호 및 재택건강관리의 다양한 서비스들이 U-헬스케어서비스와 결합되어 이미 몇 개 지역에서 시도되고 있으며, 많은 지역으로의 확대가 기대된다. 다음은 지방자치단체에서 최근 실시되어 온 구체적인 시범사업들이다.

① 지능형 홈(intelligent home)

경상남도 통영, 양산(1차)과 창원, 진주시(2차) 독거노인들을 대상으로 2009년부터 2013년까지 진행된 이 시범사업은 IT기술을 활용하여 지역 노인들에게 다양한 복지서비스를 제공하는 시스템으로, 1차 시범사업 지역에서는 독거노인 800명과 마을회관 217곳, 노인복지회관, 요양원 2곳에서 사업을 진행하였다. 센서와 네트워크, 자동화기술, 컴퓨터를 이용하여 안전과 건강 및 질병관리를 진행한다. 독거노인의 집에는 전기 및 가스 사용량을 통해 노인들의 활동량을 체크하고, 화재 및 가스감지 센서를 설치하여 안전관리를 진행하며, 마을회관에 스마트 TV를 통해 화상통화가 가능하도록 하였다. 또한 노인복지회관과 요양원에는 냉난방 제어기, 혈압 및 혈당 체크, 체지방 분석기 등을 설치하였다. 이 모든 기기들은 보건소와 지역 소방서, 노인전문병원과 온라인으로 연결되어 있어 이상이 발생할 경우, 즉각적인 호출과 대응이 가능하도록 하였다(연합뉴스, 2011. 4. 3.).

② 방문건강관리에서의 U-헬스케어

고령자의 증가와 가족부양기능의 감소라는 사회적 추세에 따라 많은 선진국에서는 재가거주노인의 헬스케어와 관련하여 방문건강관리사업을 진행하고 '삶의 질' 향상과 의료비 절감 등에서 성과를 얻어 왔다. 우리나라도 1991년부터 서울시의 일부 보건소를 시작으로 하여 2004년에는 대도시 방문건강관리사업을 통하여 활성화되고 있으며, 2007년부터는 간호사 이외에 영양사와 물리치료사, 사회복지사 등 여러 보건복지인력을 확충하여 맞춤형 방문건강관리사업을 전국적으로 확대 추진하고 있다(보건복지부, 2007). 특히 최근에는 서비스의 신속성과 접근성을 최대화하기 위해 가정방문을 통한 건강관리활동에 U-헬스케어를 결합하고 있다. 즉, 방문 간호사가 휴대용 의료기기가 부착된 개인용정보단말기(Personal Digital Assistants: PDA) 모바일 폰을 이용하여 혈압, 혈당, 맥박 등을 측정 및 전송하고, 결과에 따라서 건강상태에 대해 정보를 제공하며, 보건교육을 시행한다. 비정상적인 결과에 대해서는 보건소 의료진의 모니터링 후 전문 의료상담 또는 추가 방문 등 그에 따른 조치를 취하는 형식이다. 노인의 주거환경에서 이러한 건강전문가와 첨단기술의 결합은 실제로 서비스 이용 노인들이 임상적인 건강지표와 건강인식 등에서 모두 긍정적인 변화가 검증되면서 보다 적극적인 활용이 기대된다 하겠다(박민진, 정문희, 2008).

③ 이동보건소 차량 헬스케어

도시형 방문보건서비스와 달리 농어촌 지역은 보건시스템과 원거리인 의료취약지역으로서 이에 대한 효과적인 방문보건서비스를 필요로 한다. 최근에는 농어촌 지역의 의료취약계층을 위한 이동보건소 차량을 운영하여 지속적이고 종합적인 헬스케어서비스를 제공하고 있다.

양평군에서는 맞춤형 보건의료사업의 일환으로 2008년에 의료취약 지역주민에게 이동보건소 차량을 통해 헬스케어서비스를 제공하고 있다. 이동보건소 차량은 간이검진실과 진료실, 세탁실 순으로 이용할 수 있으며, 공중보건의사와 간호사, 자원봉사자 등 3명을 전담 배치하여 양평군 의료취약지역 및 시설 등을 방문하여 차량 내에서 일반진료 및 검사, 투약, 혈압 및 당뇨 측정 등과 같은 헬스케어서비스와 독거노인의 일상생활 지원을 위해 의류, 이불 등에 대한 세탁서비스를 함께 제공하고 있다.

한편 완주군에서는 관내 읍면의 취약지역 노인들의 구강건강 증진을 위하여 2008년부터 1억 8천여 만 원의 예산을 들여 이동치과보건소 차량 서비스를 제공하고 있다. 이 서비스는 취약지역의 노인 및 장애인들을 주기적으로 방문하여 치과 관련 의료서비스와 구강보건 예방사업을 실시하는 것이다. 이동치과보건소 차량에는 불소이온 도입기, 위상차 현미경, 구강측정기 등 25종의 치과 의료장비가 갖추어져 있으며, 치과의사 1명과 치위생사 2명, 운전기사 1명 등으로 구

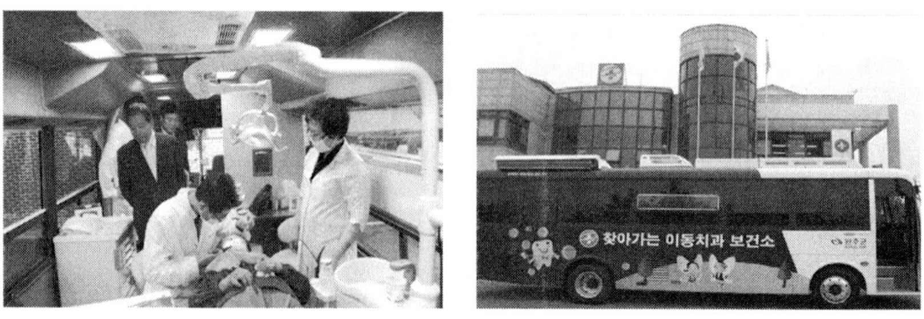

[그림 7-7] 완주군의 이동치과보건소 차량 서비스

출처: 완주군청 홈페이지(http://www.wanju.go.kr).

성된 진료팀이 동승하여 생활현장 중심의 찾아가는 구강보건사업을 진행하고 있다.

④ 정기전화서비스

서울시에서는 서울시 통합민원 안내 120다산콜센터(http://120.seoul.go.kr)를 통해 2008년 3월부터 65세 이상의 홀몸노인에게 120명의 상담원이 120명의 노인들을 1:1 형식으로 담당하여 주 2~3회 전화를 걸어 주는 '안심콜' 서비스를 제공하고 있다. 서비스 시행 1년 동안 노인 154명에게 8,640통의 안부전화를 통해 일상적인 말벗 서비스를 제공함과 함께 헬스케어의 기본적 상태를 모니터링하고 있다.

⑤ 응급맥박시계

광주시 동구는 2008년 행정안전부 주관 U-City 서비스 표준모델 공모전을 통해 응급시계 사업지역으로 선정되었으며, 관내 독거노인 300명에게 응급시계를 지급하였다. 이 시계는 착용한 사람의 맥박이 40 이하로 떨어지게 될 경우 광주 응급의료정보센터에 전달되며, 정보센터에서 전화를 걸어 해당 환자가 전화를 받지 못하거나 움직일 수 없는 상황이라고 판단되면 대기 중인 119 구조대가 현장에 바로 출동하여 대상자를 치료하고 병원으로 이송하도록 하는 시스템이다.

이미 실제로 시계를 착용한 독거노인들 중 갑작스런 건강상태 악화가 응급맥박시계를 통해 파악되고 신속한 의료서비스를 제공받으면서 긴급 후송과 안정적인 치료에 큰 도움을 받는 노인들이 있다. 이는 노인들의 응급상황에 대해 적극적인 지역사회보호시스템을 구축하는 대표적인 사례로, 지역사회의 다양한 위기관리 시스템이 U-헬스케어와 결합되면서 노인에 대한 안전위기관리에 있어서 보다 신속하고 접근성 높은 헬스케어를 보장하는 것이라 하겠다.

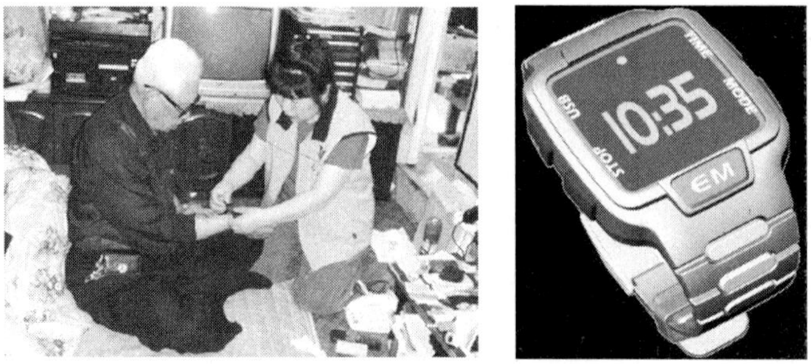

[그림 7-8] 응급맥박시계

출처: 광주광역시 동구청 홈페이지(http://www.donggu.kr).

⑥ 위치추적 목걸이

서울 강남구, 성북구, 구로구 등에서는 사회안전망시스템에 첨단 유비쿼터스 기술 중 하나인 USN(Ubiquitous Sensor Network), GPS 위치인식 기술 등을 결합한 'U-Safe'를 도입하고 있다. 이 시스템은 노인을 비롯한 지역사회 취약계층에게 위치추적 목걸이를 보급하여 이들에 대한 위기관리 헬스케어서비스를 제공하는 것이다. 이 서비스는 국민기초생활보장 수급자 중 14세 미만 아동, 65세 이상 치매노인, 지적장애인 등 약 500여 명의 대상자에게 위치추적 목걸이를 지급하고, 자동위치알림(일정 간격으로 보호자에게 위치를 알림), 발자취서비스(특정일, 특정 시간에 경로추적), 스케줄 zone(특정 장소, 특정 시간에 대상자가 위치하지 않으면 알림), 거리알림(보호자 거리 통보), 긴급구조요청(긴급상황 시 보호자와 경찰서, 119에 위치 확인 제공, 구조요청) 등의 서비스를 제공한다. 실제로 치매노인에게 위치추적 목걸이를 제공하여 치매노인이 집 주변 일정 반경을 벗어나 배회할 때 시스템에 의하여 보호자와 담당 간호사에게 문자서비스를 통하여 연락이 취해지는 등 지역사회 보호의 효과를 거두고 있다.

4. 노인주택과 헬스케어의 전망

노년기 주택은 건강상태, 경제상황, 거주지역 등 노인의 다양한 특성에 따라 그 선택이 결정된다. 그리고 노화로 인해 생활반경이 점차 거주지 중심으로 축소되면서, 노인들은 자신의 거주환경 안에서 건강에 대한 다양한 욕구를 반영하게 된다. 이는 노인들이 이용할 수 있는 헬스케어의 서비스 유형이나 그 접근경로를 차별화하는 중요한 요인이 될 수 있다. 따라서 노인의 헬스케어서비스와 시스템 개발은 이들이 거주하는 주택을 기반으로 하고, 건강상태, 경제적 수준, 거주형태 등과 같은 개인적 특성을 고려할 때 노인의 욕구에 부합하고 동시에 현실적으로 이용 가능한 서비스와 시스템으로 발전될 수 있을 것이다. 노인복지와 실버산업 등의 다양한 기능을 복합적으로 수행하는 노인주택에서 이는 반드시 세심하게 고려하고 종합적으로 계획해야 할 부분이다. 그동안 우리나라 노인주택의 주거복지와 헬스케어는 수요자인 노인의 욕구와 선호도, 선택의 다양성보다는 서비스 제공자 중심으로 진행되면서, 획일적인 시설제공 중심의 주택정책에 집중하여 관리와 감독 측면이 강조되어 왔던 것이 사실이다. 그러나 최근 노인인구의 증가와 베이비부머 세대의 주거 관련 헬스케어의 다양한 욕구가 표출되면서 노인주택은 헬스케어의 중심 장소로 자리 잡고 있으며, 앞서 제시되었던 것처럼 노인의 주거환경 특성에 부합하는 차별화된 헬스케어 시스템과 서비스의 개발이 시도되고 있다.

이러한 점에서 IT를 기반으로 하는 U-헬스케어 시스템은 노인의 다양한 거주환경에 부합하는 헬스케어서비스를 제공하고, 그 접근경로를 확대시킴으로써 주택 중심의 헬스케어를 가능케 하는 획기적인 도구가 될 것으로 기대되고 있다. 이미 많은 국가에서 U-헬스케어에 대한 다양한 프로젝트를 진행하고 있는데, 미국은 U-Health 전담조직인 OAT(Office for the Advancement of Tele-Health)를 통해 'Tele-Health' 프로젝트를 추진 중이며, EU 역시 2007년부터 7년간 약 3억

5,000만 유로를 투입하여 고령자에게 IT기기와 서비스를 제공함으로써 독립적인 생활을 지원하는 AAL(Ambient Assisted Living) 프로젝트를 진행하고 있다. 우리나라에서 2008년 이후 진행하고 있는 'U-Health 활성화 종합계획'은 이러한 세계적 추세를 반영하고 있다고 하겠다. 물론 현대사회의 노인에게 빠른 속도로 발전하는 IT는 최신의 첨단기술에 새롭게 적응해야 하는 장애물로 표현되기도 한다. 하지만 노인의 거주환경에 적용되는 U-헬스케어 체계의 발달을 통해 IT는 다양한 취약성을 갖는 노인이 자신의 주거환경에서 안전하게 보호받고, 효과적으로 건강을 유지하고 질병을 관리하도록 도움을 주는 보다 유용한 도구로 빠르게 진화할 것이다.

참고문헌

공현중, 김정은, 황은진, 홍지영, 김석화(2014). 헬스케어 스마트 홈 운동프로그램이 비만여성 노인의 대사증후군 위험요인에 미치는 효과. **한국노년학**, 34(1), 103-114.

권오정(2004). 반의존 노인용 시설주거개발을 위한 기초연구. **한국가정관리학회지**, 22(6), 27-45.

김영주(2005). 미국 노인보호주택 거주자들의 '집'으로서의 속성에 관한 사례연구. **한국가정관리학회지**, 23(4), 67-77.

문재호(2008). 고령자를 위한 U-헬스케어디자인의 특성 분석과 조형성 연구. **기초조형학연구**, 9(3), 113-123.

박신영(2003). 고령화시대 노인주거정책. 밝은 노후를 만들어가는 사람들의 모임, **창립 5주년 기념세미나 자료집**, 1-23.

박민진, 정문희(2008). 유헬스케어 도입전후 방문건강관리 건강지표의 관찰. **한국생활환경학회지**, 15(1), 42-50

박희진, 전창미(2004). 노인의 특성에 따른 환경친화적 노인주거단지 계획요소. **노인복지연구**, 26, 215-235.

보건복지부(2007). 맞춤형 방문건강관리사업 기본 안내 지침서.

송지은, 김신효, 정명애(2009). U-헬스케어서비스에서의 의료정보보호. 정보보호학회지, 17(1), 47-56.

송태민, 조영하, 김계수, 류시원(2012). U-Health 수용요인의 교차타당성 검증: 공급자와 수요자 집단 간 분석. 한국보건정보통계학회지, 37(1), 98-108.

신원식, 신근화(2005). 공공임대주택에 대한 노인들의 주관적 인식. 사회복지정책, 32, 243-259.

이동호, 최상복, 박용억, 이희완(2006). 노인들의 유료노인복지주택 이용의사 결정 예측에 관한 연구-대구광역시를 중심으로. 한국노년학, 26(3), 493-503.

이소영(2007). 노인을 위한 지능형 주택기술개발 특성분석. 한국의료복지시설학회, 13(4), 15-23.

정창덕(2005). 정보보안관리사. 서울: 진한 M&B.

지경용, 김문구, 박종현, 오동섭, 정우수(2005). 신규 U-Health 비즈니스 모델 개발을 위한 시장 수요분석 보고서. 서울: 한국전자통신 연구원.

하정순, 곽재용(2008). 실버타운 개발유형별 활성화 방안에 관한 연구. 호텔경영학연구, 17(3), 229-247.

한국보건산업진흥원(2008). U-Health care 활성화 중장기 종합계획 수립.

경남 TP ICT 진흥센터 http://www.gntp.or.kr

광주광역시 동구청 http://www.donggu.kr

내장산 실버아파트 http://www.njsilver.kr

보건복지부 http://www.mohw.go.kr

완주군청 http://www.wanju.go.kr

제8장
노인주택과 마케팅

김명일 · 조완기

이 장에서는 노인을 대상으로 하는 노인주택산업과 관련한 소비시장 안에서의 노인에 대한 이해를 돕고자 한다. 이에 소비자로서의 노인의 특성에 대해 살펴보고, 주거선호를 면밀히 파악하여 다양한 노인주택의 수요를 반영하는 마케팅 전략의 필요성을 제시하고자 한다. 그리고 마케팅의 개념과 특성에 대한 이해를 바탕으로 노인의 심리사회적 특성을 고려한 실버타운의 마케팅 전략 과정과 사례를 살펴봄으로써 노인에게 적절한 주택산업의 활성화 방안을 고찰해 보고자 한다.

1. 노인 소비자와 마케팅

노인주택의 경우 현재까지는 고급형 실버주택을 중심으로 한 초기 단계라고 할 수 있으며, 시장이 그다지 활성화되어 있지 않은 상태다. 2015년 이후 구매력을 갖춘 노인인구가 급격히 증가함에 따라 잠재적 수요 측면에서 고령자 주거시설, 주택개조, 전원주택(은퇴용 주거) 등 실버산업이 전반적으로 성장할 것으로 전망되고 있다(조성신, 2009). 따라서 바람직한 노인주택산업이 이루어지기 위해서는 노인 소비자에 대한 이해를 바탕으로 수요자들의 선호, 욕구에 따른 적절한 마케팅 전략을 수립하는 등의 다양한 발전방안을 고찰해 보는 것이 필요하다. 이에 마케팅에 관한 기본적인 개념 이해를 돕고, 노인 소비자와 실버 마케팅에 대해 살펴보고자 한다.

1) 마케팅의 개념, 4Ps 원칙, 종류

(1) 마케팅의 개념

일반적으로 마케팅이라는 개념은 다양하게 논의되는데, 대표적으로 미국 마케팅 협회(American Marketing Association: AMA, 1985)에서는 "개인과 조직의 목표를 충족시킬 교환을 야기하기 위하여 아이디어 및 제품, 서비스의 개념화와 가격결정, 촉진, 유통을 계획하고 수행하는 과정이다."라고 정의하고 있다. 교환의 개념을 도입한 AMA의 정의는 마케팅의 주체와 대상을 모두 확대하는 것이며, 마케팅 의사결정 분야를 명확하게 포괄하는 것이다. 한국마케팅학회(2002)에서도 "마케팅은 조직이나 개인이 자신의 목적을 달성시키는 교환을 창출하고 유지할 수 있도록 시장을 정의하고 관리하는 과정이다."라고 정의 내리고 있으며, AMA와는 달리 시장의 정의를 추가하여 보다 포괄적인 의미를 나타낸다.

마케팅의 개념과 관련하여 학자들의 논의도 다양한데, 마케팅 분야의 세계적인 학자인 Kotler(2005)는 마케팅에 대하여 "표적시장의 욕구를 충족시켜 이익을 올릴 수 있는 것을 탐구하고 창조하며 전달하는 것이며, 마케팅은 미충족 상태의 욕구를 찾아내며, 찾아낸 시장의 규모와 잠재이익을 규정하고 측정하며 수량화한다. 마케팅은 어느 한 부서에서만 관심을 기울여야 하는 활동이 아니라, 기업의 모든 활동에서 마케팅에 대한 노력을 엿볼 수 있어야 한다."라고 말하고 있다. 오동훈(2006)은 마케팅을 "생산자와 소비자 간의 상품 또는 서비스의 유통과 관련된 모든 경영활동"이라고 하였으며, 채서일(2005)은 마케팅이란 "기업이 경쟁하에서 생존과 성장 목적을 달성하기 위해 소비자를 만족시키는 제품, 가격, 유통, 촉진 활동을 계획하고 실행하는 관리과정"이라고 정의하고 있다.

이상에서 살펴본 마케팅의 개념을 정리하면 마케팅이란 상품, 서비스, 아이디어 등 교환가치를 지닌 것이면 모두 대상이 될 수 있으며, 현대적 마케팅의 분야는 영리조직뿐만 아니라 비영리조직으로까지 확대되고 있다(이용재, 2005).

(2) 마케팅의 4Ps 원칙

앞서 살펴본 바와 같이 마케팅은 기업의 경영자가 기업전략을 수립할 때부터 시작되며, 경영활동을 원만하게 지속하기 위해서는 반드시 경영전략이 필요하다. 마케팅 전략의 대표적인 예로는 STP 전략과 마케팅 믹스(4Ps) 전략을 들 수 있다.

첫째, STP 전략은 표적시장 전략(target marketing)이라고도 일컬어지는데, 시장세분화(segmentation), 표적시장 설정(targeting), 제품 포지셔닝(product positioning)의 단계를 거치며, 기업의 전략적 사고를 대표하게 된다.

둘째, 마케팅 믹스의 경우 대표적으로 마케팅의 4Ps 원칙을 들 수 있다. 4Ps는 McCarthy(1964)가 처음으로 주장한 원칙으로 제품전략(product), 가격전략(price), 유통전략(place), 판매촉진(promotion)을 말한다. 이러한 마케팅 믹스를 구체적으로 설명하면, 첫째, 제품 개념의 경우는 제품의 구색, 이미지, 상표, 포장 등에 관한 의사결정을 말하며, 둘째, 가격 개념의 경우는 상품 가격의 수준 및 범위, 가격 결정기법, 판매조건의 결정을 말한다. 셋째, 유통의 경우는 유통 경로의 설계, 물류 및 재고 관리, 도 · 소매상 관리를 위한 계획을 포함하고, 넷째, 판매촉진의 경우 광고, 인적 판매, PR, 판매촉진 등을 고객 및 일반 대중에게 전달하는 의사결정을 말한다. 이러한 구성요소들이 적절히 통합되고 구성되었을 때 효율적인 마케팅 믹스를 구성하게 되며, 마케팅 환경과 소비자에 대한 이해를 바탕으로 적절한 계획의 수립, 수행, 통제가 이루어져야 한다.

(3) 마케팅의 종류

마케팅에는 다양한 종류가 있으며, 취급 대상에 따라 다양한 절차와 방법으로 고객 및 일반 대중에게 접근하게 된다. 이에, 현대에는 다양한 종류의 마케팅 기법들이 개발되고 있으며, 통용되고 있는 마케팅의 종류도 상당히 많다. 박상준과 변지연(2008)의 연구에서는 마케팅의 종류를 크게 5가지 그룹으로 나누어 4Ps 믹스 · Relationship의 관계성 분석을 시도하였다. 즉, 기존의 마케팅 믹스 방법에 고객과의 관계 또는 기타 업체와의 관계를 나타내는 Relationship 요소를 결합하여 세부 마케팅 종류를 분류하였다. 그 결과, 조사된 마케팅의 종류는 총 159가지였으며, 결과적으로는 109가지의 마케팅 기법이 〈표 8-1〉과 같이 제시되었다.[1)]

1) 그룹 I의 경우는 유통전략(place)과 가장 관련성이 높으며, 그룹 II의 경우는 비교적 Relationship과 제품전략(product)과의 관련성이 높다고 볼 수 있다. 그룹 III은 고객과의 Relationship과 판매촉진(promotion)을 강조한 그룹이라고 할 수 있고, 그룹 IV는 전반적인 모든 요소의 관련성이 높은 그룹이며, 그룹 V의 경우는 기업 Relationship과 판매촉진(promotion)을 강조한 그룹이라고 할 수 있다.

〈표 8-1〉 마케팅 종류

그룹	마케팅 종류	개수
I	감각, 바캉스, 배너교환, 병원, 키즈, 유비쿼터스, 부동산, 인더스트리얼, 쿨사이트 등록, 에어리어, 착신 텔레, 인터넷, 내부, 조직, 토네이도, 테스트모니얼, 패러디, 스팸메일, PPL, 퍼미션, 스포츠, 신학기, 대인, 토착, 디스플레이, 버터플라이, 시즐, 이메일, 텔레, 메신저, 커뮤니티, 정치, 컬트, 캐쉬백, Niche	35
II	비차별적, 시험, 애완견, 인디케이터, 창업, 시간, 시스템, 쑹, 원투원, 표적, Character, 선점, 체험, 플래그십, 웰빙, 임페리얼	16
III	색채심리, 음악, 향기, 효심, DM 광고, 앰부시, 여심, MOT, Day, BPL, DB, Fun	12
IV	공동상표, 다이렉트, 날씨, 링크, Netcentive, 감동, 골프, 공격, 금요일, 디자인, 문화, Mother, Noise, 공짜, 디지털, 감성, 모바일, 공간, 공주, 길거리, 귀족, 덤, 럭셔리	23
V	게시판, 그린, 구전, 래디컬, 누드, 드라마, 고객 로열티, 공동, 브랜드, 공익, 관계, 대의명분, Pandora, 마이크로, 복고, 싸인, Star, Storytelling, De, 네트워크, 애프터, 상호작용, 신뢰	23

출처: 박상준, 변지연(2008) 재인용.

더불어, 앞에서 분류된 마케팅 종류 중 노인주택의 설립과 운영에 있어서 도움이 될 것으로 여겨지는 몇 가지 종류를 구체적으로 다시 정리하면 〈표 8-2〉와 같다.

〈표 8-2〉 마케팅의 종류 및 내용 설명

마케팅 종류	설명
MOT (Moment of Truth)	일상생활 공간을 파고드는 마케팅 기법을 말한다. 소비자들이 아침에 일어나서 신문을 보는 순간부터 집을 나와서는 교통수단을 통해, 식당에서 또는 친구를 만나 차를 마시는 곳, 그 어느 곳에서나 제품의 이미지를 심어 주는 것이 MOT 마케팅의 핵심 전략이다.
DM (Direct Mail Advertising)	우편에 의해서 직접 예상 고객에게 송달되는 광고로 직접광고의 일종이다. DM 광고는 광고물을 예상 고객에게 직접 우송한다는 점에서 시장의 세분화 전략에 적당하다. 따라서 DM의 가장 중요한 점은 메일 리스트의 작성이다.

고객 로열티 마케팅	고객 데이터베이스를 기반으로 보상 프로그램과 퍼스널 마케팅 프로그램을 통합적으로 수행하여 장기적으로 고객 로열티를 구축하고, 기업 수익성의 극대화를 추구하는 마케팅 방식을 의미한다.
구전 마케팅 (Word of Mouth Marketing)	구전 마케팅은 소비자 또는 그 관련인의 입에서 입으로 전달되는 제품, 서비스, 기업 이미지 등에 대한 말에 의한 마케팅을 말한다. 사람들이 알게 모르게 이야기하는 입을 광고의 매체로 삼는 것이다. 구전 마케팅의 기본 원칙은 전체 10%에 달하는 특정인의 공략이며, 90%의 다수 소비자는 10%의 특정인에 의해 영향을 받게 되므로 기업들은 10%의 특정인의 전달자를 공략한다. 특정인에게 무료 샘플을 보내거나 기업들이 무료 체험, 시공, 시음과 같이 소비자로 하여금 상품을 실제로 써 보고 품질, 성능을 파악해 보게 하는 체험형 판촉도 구전 마케팅 효과를 노린 것이다.
귀족 마케팅 (Noblesse Marketing)	VIP 고객을 대상으로 차별화된 서비스를 제공하는 것을 말한다. e-귀족 마케팅이라고도 한다. 온라인상에서의 귀족 마케팅은 철저한 신분 확인을 통해 선발한 특정 계층의 회원을 대상으로 고급 와인, 패션, 자동차 등 상류계층을 위한 정보와 귀족 커뮤니티, 사이버 별장 등의 인터넷 멤버십 서비스와 오프라인의 사교 공간 등을 제공한다.
그린 마케팅	고객의 욕구나 수요 충족뿐만 아니라 환경보전, 생태계 균형 등을 중시하는 마케팅 전략이다. 소비자보호운동에 입각하여 공해를 유발하지 않는 상품을 제조하고 판매함으로써 삶의 질을 높이려는 새로운 기업 활동을 의미한다.
네트워크 마케팅	기존의 중간 유통단계를 배제하여 유통 마진을 줄이고, 관리비, 광고비, 샘플비 등 제비용을 없애 회사는 싼값으로 소비자에게 직접 제품을 공급하고, 회사 수익의 일부분을 소비자에게 환원하는 시스템이다.
데이터베이스 마케팅	고객에 관한 데이터베이스를 구축, 필요한 고객에게 필요한 제품을 직접 판매하는 것으로, 원투원(one-to-one) 마케팅이라고 한다. 다시 말해서, 어느 고객이 무엇을 얼마나 자주 구매했는지, 어느 매장에서 어떤 유형의 제품을 구매했는지, 언제 재구매나 대체 구매를 할 것인지 등과 같은 데이터를 가지고 고객의 성향을 분석하며 향후 필요한 마케팅 전략을 수립하는 것이다.
관계 마케팅	고객의 기호가 다양해지고 신상품의 개발은 경쟁 기업의 즉각적인 유사 상품 개발로 이어져 이익이 오래가지 못하며, 광고를 통한 판촉활동 또한 막대한 비용이 이익과 직결되지 않기 때문에 전통적인 마케팅 수단인 4Ps(제품, 판매촉진, 가격, 유통)만으로는 충분한 힘을 발휘하기가 어렵게 되었다. Relationship 마케팅은 사회 전체의 효익과 복지를 증진시킨다는 기본 테두리 안에서 자사의 판매 신장과 이익 증진에 도움이 된다면 무엇이든 협조자로 만든다는 것이 기본 입장이다. 고객 등 이해관계자와 강한 유대관계를 형성하여 이를 유지해 가며 발전시키는 마케팅 활동을 말한다. 개별적 거래의 이익 극대화보다는 고객과의 호혜관계를 극대화하여 고객과 우호관계를 구축하면 이익은 절로 수반된다고 보고 있으며, 최근에 많은 관심을 끌고 있는 CRM과 관계가 있다.

바이러스 마케팅	컴퓨터를 통해 자료를 다운로드할 때 컴퓨터에 바이러스가 침투되듯이 자동적으로 홍보 내용 또는 문구가 따라 나오게 하는 마케팅 기법으로 미국의 무료 전자우편인 '핫메일(hotmail)'이 처음으로 시도해 큰 성공을 거둔 이후 보편화되었다.
부동산 마케팅	부동산과 부동산업에 대한 태도나 행동을 형성, 유지, 변형하기 위하여 수행하는 활동을 말한다.
Social 마케팅	기업이 자기의 이익을 추구하기 전에 사회 전체의 이익을 손상시키지 않도록 하고, 구매자의 이익뿐만 아니라 사회 전체의 이익을 고려해야 한다는 사고방식에 기초를 두고 있다. 기업이 사회 전체의 이익을 손상시키지 않도록 배려하는 것이 중요하다는 사실을 강조한 사고방식이다.
인터넷 마케팅	개인이나 조직이 인터넷을 이용하여 양방향 의사소통을 바탕으로 마케팅 활동을 하는 것을 말한다. 전통적인 마케팅과 비교할 때 인터넷 마케팅은 불특정 다수가 아닌 일대일 마케팅을 할 수 있고, 비용을 절감할 수 있으며, 실시간으로 고객의 욕구를 파악해 신속하게 대응할 수 있는 장점이 있다.

출처: 박상준, 변지연(2008).

2) 노인 소비자와 마케팅

(1) 노인 소비자의 구매 행태

현대의 노인들은 핵가족화와 사회환경 등의 변화로 그 욕구, 태도, 가치체계, 구매 형태가 변화하고 있으며, 그에 발맞추어 노인세대를 겨냥한 마케팅 활동도 그들의 욕구에 맞게 조정되어야 하고, 이를 위한 노인 소비자의 특성을 이해하는 것이 필요하다. 실제로 노인층의 다양한 태도와 행동은 노인의 욕구 혹은 구매 등 소비 행동에 있어서도 다양성을 나타내고 있다(이주희, 2007). 오늘날의 노인 세대는 예전보다 확연하게 증가하였으며, 경제력 있는 노인들도 증가해 과거와는 달리 독립적이고 보다 능동적인 소비 형태를 보인다(박영근, 김판준, 2002). 따라서 과거 수년간 활동적인 노인을 대상으로 하는 시장이 기업의 신규 진출 시장으로 꾸준히 주목받아 왔으며, 노인들이 직접 상품을 구매하는 비율도 증가함을 알 수 있다(한국소비자보호원, 1999). 특히 실버타운이나 재가서비스에 대해 갖고 있던 노인들의 부정적 인식이 많이 개선되면서 그에 대한 관심도

〈표 8-3〉 노인 소비자의 구매행태

구매 행태	내용
느낌과 감각 중시	어떤 장소에서 식사하거나 구매할 때, 장소의 전반적인 느낌과 분위기를 중시하는 경향이 있다. 또한 노인들은 원색 계통을 좋아한다.
구매지연	구입하기 전 망설임은 노인의 특징적인 행동이며, 위험이나 불이익에 대한 경계심이 늘어나는 데서 오는 심리적 반응으로, 오랜 경험 끝에 오는 심리적 특성이다.
사용 간편한 제품 애호	구매한 상품이 후속처리가 많아 번거로운 것을 매우 싫어한다. 값이 비싸더라도 이것만 있으면 된다는 간단한 사고방식을 지닌다. 따라서 안심하게 이용할 수 있는 고부가가치의 완제품을 선호한다.
다양한 선택의 폭 선호	본인의 미래에 대한 선택이 좁다는 강박관념을 가지고 있기 때문에 구매행동에서 다양함을 추구하여 보상받으려는 심리가 있다. 따라서 다양한 선택의 가능성이 있는 것을 선호한다.
구매 시 구매행동에 대한 보상 기대	특별한 사은품이나 유용한 것을 덤으로 받음으로써 노인들은 큰 만족을 느낀다.

출처: 이현기, 김진욱(1998).

증가하고 있는데, 이는 이후 주택산업과 관련하여 좀 더 자세히 논의하겠다.

일반 소비자의 구매의사결정에는 크게 개별적 소비자의 특성, 환경적인 요인, 마케팅 전략 등의 요인이 작용하는데(유동근, 1991), 노인의 소비형태는 제품보다는 서비스를 강조하며, 기존에 이용하고 있는 제품에 대한 선호도가 높아 다른 제품으로 바꾸려는 경향이 적다. 이와 관련하여 이현기와 김진욱(1998)은 노인 소비자의 구매행태를 〈표 8-3〉과 같이 총 5가지로 분류하였다.

(2) 실버 마케팅

① 실버 마케팅의 개념

'실버 마케팅'은 '현재 50세 이상의 사람들을 위하여 구입하는 상품과 서비스, 또는 앞으로 50세 이상이 되었을 때 효력을 발생할 수 있는 상품과 서비스의 매매가 이루어지는 마케팅 활동'(Sterns & Sterns, 1995)이라고 할 수 있다. 또한 김봉(2006)의 연구에서는 실버 마케팅을 "실버세대만을 대상으로 하는 기업 이미지 제고 및 제품 판매 비즈니스나 서비스뿐만 아니라, 노후대책을 준비하고 있는 사람들을 포함한 관련 제반 마케팅 활동"이라고 정의하고 있다. 최근 기업들은 노인들의 소비 잠재력이 증가함에 따라 이러한 실버 시장에 주목하고 있다. 특히 실버 마케팅은 '실버' 이미지에 대한 노년층의 부정적 인식이 완화되면서 관련 산업을 효과적으로 성장시킬 수 있는 기회가 될 것으로 보고 있다(김정실, 2007).

② 실버 마케팅의 특성

노인들과 노후대책을 준비하고 있는 사람들 모두를 소비계층으로 하는 실버 산업은 노후생활 안정과 편의 그리고 건강유지 등에 필요한 재화와 서비스를 시장의 원리에 의해 공급한다. 노인 소비자들의 소비패턴 및 가치관의 변화는 앞으로 더욱 가속화될 것이며, 이는 실버산업 성장의 토대가 될 것이다(박영근, 김판준, 2002). 이러한 측면에서 실버 마케팅의 특성을 정리해 보면 〈표 8-4〉와 같다.

〈표 8-4〉 실버 마케팅의 특성

특성	내용
서비스 지향성	노인층은 건강과 생명에 대한 양질의 서비스를 기대한다. 따라서 실버산업에서는 서비스를 중심으로 상품, 시설 등을 갖추어야 한다.
다품종 소량형	개인의 다양한 기호, 선호도, 심신의 부자유도 정도 등 특정한 욕구에 대응할 수 있는 다양한 생산과 공급이 이루어져야 할 것이다.
여성 주도형	노인층의 인구 구조상 남성보다 여성이 많고, 일상의 구매결정권을 여성이 쥐고 있는 비율이 높다. 구전에 의한 광고 효과 역시 여성이 가능성이 높다.
시간소비형	노인층의 관심은 여가를 어떻게 즐길 것인가에 대한 부분이 크다. 그러므로 시간을 효율적으로 활용하는 서비스보다는 시간을 충실하게 소비할 수 있는 서비스가 보다 잘 소비될 것이다.

출처: 김용만(1998), 박영근, 김판준(2002) 재정리.

③ 실버 마케팅의 전략

이러한 실버 마케팅과 관련하여 김현진(2003)은 고령화에 따른 기업의 대안으로서 '경제적 파급 효과에 대한 효율성 제고, 노인 소비시장에서의 선제적 대응, 세대와 연령을 연계한 산업, 노인 인재 활동을 통한 경쟁력 제고' 등을 들고 있다. 다양한 실버 마케팅의 전략을 살펴보면 〈표 8-5〉와 같다.

〈표 8-5〉 실버 마케팅의 전략

마케팅 전략	내용
수요 창출 마케팅	노년층은 자산과 가처분 소득은 많으나 살 게 없다고 말한다. 노인들의 새로운 소비 수요를 자극할 수 있는 마케팅 전략이 필요하다.
3세대를 겨냥한 마케팅	노년층을 주로 겨냥하되, 노년층과 한 부분으로서 자녀세대인 중년층, 손자녀세대인 청소년층까지를 함께 겨냥하는 것이 좋다.
소프트화 마케팅	제품 자체보다도 사용법, 사용가치에 대한 설명, 정보제공, 판매 후 관리 등을 고려해야 한다.
불안해소형 마케팅	노년층은 건강, 노후생활, 재산관리 등 불안감이 많다. 노인 소비자의 불안심리 해소에 최대한 마음을 쓴 마케팅이 바람직하다.
세분화 마케팅	노년층의 다양한 욕구, 구매 행동에 초점을 맞추어 다품종 소량형 공급에 대처할 수 있는 차별화된 마케팅 전략이 필요하다.

출처: 박영근, 김판준(2002).

2. 노인 소비자와 부동산 마케팅

주택시장의 환경을 변화시킬 수 있는 가장 큰 요인으로 인구 및 가구 구조의 변화를 들 수 있다. 조성신(2009)은 특히 베이비붐 세대의 은퇴로 인한 노인가구의 급격한 증가는 중·장기적으로 주택매매 등 재고주택 시장과 주거유형 및 점유형태 등 주거소비 패턴 변화에 큰 영향을 줄 것이며, 고령인구의 독립적인 주거공간 선호 추세는 더욱 증가할 것으로 전망하고 있다. 따라서 효과적인 부동산 마케팅을 위해 노인 소비자의 주거선호를 면밀히 파악하고, 노인 편의시설을 갖추는 등 고령인구의 다양한 주택 수요를 반영하는 부동산 마케팅이 필요하다.

1) 부동산 마케팅

앞에서 살펴본 마케팅의 개념을 바탕으로 주택산업과 관련된 마케팅을 조금 더 자세히 살펴보고자 한다. 앞에서 논의되었던 것과 같이 마케팅은 경쟁시장에서 발생되는 것이며, 대상의 특성, 환경, 마케팅 전략 등에 따라 다르다. 따라서 분야 혹은 대상의 독립적 성격 때문에 동일한 개념으로 접근할 수 없는 경우가 있을 수 있다. 오동훈(2006)은 이와 관련하여 일반 마케팅과 부동산 마케팅, 도시 마케팅에 대한 분류를 정하였고, 부동산 개발을 '필요 시설의 건축과 인테리어 및 외장 구성 위주의 공간조성에 주력하는 활동'으로 정의하였으며, 이와 관련한 마케팅 활동을 부동산 마케팅이라고 하였다. 배상욱, 공희숙, 이만희(2005)는 부동산 마케팅은 "경제구조, 정책, 자원, 경제 상황에 따라 영향을 받으며, 소비자와 의뢰자의 행동, 사회계층 및 조직에 있어 주택 구입자의 행동을 살펴야 한다."고 하였다. 앞에서 살펴본 내용을 요약하면, 부동산 마케팅은 주택업자 혹은 그 외 부동산 개발과 관련한 활동에 있어서 이루어지는 분양관리, 고객관리, 서비스, 평가, 부가 상품과의 상호연계성 등을 살피고 조절하는 활동이라고 할 수 있다.

2) 노인 소비자의 주거선호

노인 소비자를 위한 주택마케팅에 있어서 가장 중요한 요소는 이들의 선호도라 할 수 있을 것이다. 그렇다면 우리 사회의 노인 소비자가 선호하는 주거환경은 어떤 것일까? 노인주택산업의 마케팅 전략 수립을 위해 노인 소비자의 주거선호의 특성을 지역적 선호, 외부 환경, 그리고 내부 환경으로 구분하여 살펴보고자 한다. 이러한 주요 특성들은 노인주택 마케팅 전략에 적극적으로 활용되어야 할 것이다.

(1) 거주지역

노인 소비자가 선호하는 거주지역은 대개 자신이 현재 살고 있는 거주지, 거주지 근거리에 있는 노인복지주택, 또는 이와 유사한 환경이다(이선형, 2014; 조남연, 문신용, 2012; 국토연구원, 2008; 이윤재, 이현수, 2008). 국토연구원(2008)의 노인거주실태보고서에서 현재 65세 이상의 노인의 경우 건강과 가족구성 등 상황 변화와 관계없이 현재 집에 계속 거주하고자 하는 욕구가 높게 나타나고 있으며, 평상시에 비해 건강이 악화되거나 혼자 살게 되면 양로시설이나 실버타운 등에 대한 이용욕구가 10~20% 정도 증가하는 것으로 나타났다(〈표 8-6〉 참고). 또한 조남연과 문신용(2012), 이윤재와 이현수(2008)는 노인들이 기존에 생활하던 연고지와 가까운 도시근교형을 가장 선호한다고 하였다. 이는 노인주거의 국제적인 추세라고 할 수 있는 'aging in place' 개념과도 일치하는 것으로, 우리 사회의 노인 소비자 역시 현재의 주거지역과 동일하거나 유사한 환경에서 거주하는 것을 선호하고 있음을 알 수 있다.

〈표 8-6〉 상황별 노후 희망거주 형태 (단위: %)

구분	현재 집	무료 양로 시설	고령자 전용 국민임대	실버타운	노인공동 생활주택	다른 주택으로 이사	자녀/ 친지집	기타	모름/ 무응답
평상시	94.1	0.5	0.6	0.3	0.4	3.3	0.3	0.5	0.0
건강 악화 시	71.8	8.8	1.7	3.8	1.0	3.8	7.0	1.2	0.0
혼자 살게 될 경우	69.3	6.2	1.7	4.6	2.0	4.8	9.6	1.8	0.0

출처: 국토연구원(2008).

(2) 외부 환경

저출산고령사회위원회(2006)의 '고령사회 주거지원 종합대책'을 살펴보면 고령자 및 고령 진입층의 주거욕구를 분석한 결과, 살고 싶은 노후의 주거환경은 의료, 교통, 여가 및 문화시설, 치안 확보와 같은 생활 인프라의 조성이 우선인 것으로 나타났다. 즉, 현대사회 노인들의 거주지는 자연친화적 환경보다 근거리에서 사회적 관계를 지속하고 편리한 생활을 유지할 수 있는 외부환경을 선호한다는 것이다. 이준민과 신화경(2004)의 연구에서도 노후 주거환경에 대한 요구는 교통 및 주변 환경에 대한 요구도가 가장 높게 나타난바, 노인 주거계획 시 버스 정류장과 같은 대중교통시설의 이용이 편리하고 소음 및 공해시설물과 격리될 수 있는 지역의 선택이 우선시되어야 한다.

다음으로 정원시설에 대한 요구가 높게 나타났는데 노인주거단지 위치 설정 시 주변의 산책로 및 공원의 이용 가능성을 고려할 필요가 있으며, 노인주거단지 내에 채소를 가꿀 수 있는 공간 계획도 필요하다. 또한 앞에서 언급되었듯이 약국, 병원, 쇼핑센터, 시장, 우체국, 금융기관, 대중목욕탕, 관공서, 사회활동 공간 등의 근린생활시설이 가까이 있기를 요구하는 것으로 나타나 이에 대한 고려가 적극적으로 필요함을 알 수 있다.

신영숙(2004)은 노인주거 문제의 최선의 해결방법으로 건강단계에 따라 임종시까지 평생보호 차원의 유료시설주거를 제시하고 있다. 그는 바람직한 유료노인시설주거의 디자인 특성으로 도시에서 반경 100km 내외의 거리에 공기 맑고 자연환경이 아름다운 곳, 더불어 정원도 조경이 잘 되어 바라만 보는 정원이기보다는 직접 활용할 수 있는 정원으로 계획되는 것이 노인들의 거주시설에 대한 선호도와 활용도를 높일 수 있는 방법이라고 제시하고 있다.

(3) 내부 환경

내부 환경은 노인 소비자의 선호하는 거주유형에 따라 달라진다. 신영숙(2004)의 연구를 보면, 노인시설에 거주하는 경우 상대적으로 주택 외관의 물리적 디자인보다는 기능상의 편리성에 높은 관심을 보였다. 즉, 한 건물 내에 시설이 집중되거나 외부로 나가지 않고 복도를 통하여 이동하는 것을 선호하고, 아파트와 달리 한 층에 개인실 이외에 공동사용 공간이 있는 점에 대해 긍정적으로 평가하였다. 또한 시설 거주 노인들이 로비나 개인실에서의 만남보다 식당 등에서 식후에 만나는 것을 가장 좋아하므로 식당 공간이 모임 공간으로서의 디자인적 배려가 필요함을 제시하였다.

개인주택의 경우, 이윤재와 이현수(2008)의 연구를 살펴보면 현재 노인과 예비 노인 모두 공간을 통합하여 넓게 보이는 것보다는 기능에 따라 공간을 분리하는 것을 선호하였다. 구체적으로 거실과 침실, 욕실, 부엌은 필수공간으로 나타났으며, 거실의 필요성이 가장 높고 식당의 필요성이 가장 낮아서 부엌과 식당을 통합하고 거실과 분리하는 것을 가장 선호하였다.

한편 3세대 간 또는 핵가족 세대 간의 공간 분리를 선호하는 경우 이층집이 선호되었다. 이는 세대 간 공간 분리 방법의 다양성에 대한 연구도 필요함을 의미하는 것이다(신영숙, 2001). 노인들이 배우자 없이 혼자 거주하거나 건강이 악화되는 경우 가족에 대한 의존성이 높아지게 되는데, '동거'의 의미를 현대적으로 해석하여 '같은 주거단지 내에 사는 것'으로 재정립하고, 삼대가족 아파트 단지와 같은 가족지향적, 지역사회통합형 노인주택유형을 개발할 필요가 있다(이연숙 외, 1999).

3. 실버타운

실버타운은 본질상 영리를 목적으로 하지만 공익성이 요구되는 사업이다. 실버타운에 대한 기본 개념과 특성에 대한 설명을 바탕으로, 나아가 실버타운의 마케팅 전략 수립과정과 사례를 통해 이해를 돕고자 한다.

1) 실버타운

(1) 실버타운의 개념

노인전용주거시설을 개발하면서 부동산개발회사에서 사용한 용어가 바로 실버타운이다. 실버타운의 개념은 아직까지 명확하게 구분이 지어져 있는 것은 아니며, 우리나라 「노인복지법」의 양로원, 노인복지주택에 해당되는 혼자서 일상생활이 가능한 건강한 노인이 노후에 주거로 사용할 수 있도록 개발된 노인전용주거시설로 보는 것에 무리가 없다. 실버타운이 어느 정도 자리 잡은 서구사회에서도 실버타운을 가리키는 개념은 노인주택(elderly housing), 양로원(retirement home), 요양원(nursing home) 등으로 다양하게 통용되고 있다(이주희, 2007).

그러나 일반적으로 실버타운이란 '노인촌 또는 노인주거단지라고 하며, 고령자들에게 필요한 시설 및 서비스 기능을 갖춘 복합시설로서 유료양로원보다 큰 규모이며, 사회생활에서 은퇴한 고령자들이 집단으로 또는 단독으로 거주하는데 필요한 주거시설 및 각종 레저스포츠 등 휴양시설과 노인용 병원 등 각종 서비스 기능을 갖추고 있는 노인 전용의 종합시설단지'를 일컫는다(홍연숙, 2006). 더불어 서강훈과 정영일(2008)은 실버타운이 이익을 목적으로 하는 산업이라 할지라도 주 소비층인 노인은 사회 · 경제적 취약층이기 때문에 사회복지적 성격을 함께 포함하고 있어야 하며, 특별히 영리 목적에 의한 노인의 피해를 최소화할 수 있도록 입법 · 행정적 보호와 더불어 질적 관리, 공급가격 등에 대한 국가의 개입이 요구되는 산업이라고 하였다.

(2) 실버타운의 유형과 특징

실버타운은 입지유형별로 도시형, 도시근교형, 휴양단지형, 전원형으로 구분할 수 있다. 또한 실버타운은 운영방식에 따라서도 나뉘는데, 입주금을 일시에 지불하는 종신형제, 입주 시 보증금을 지불하고 임대 형태로 생활하는 임대형, 건물의 소유권을 취득하는 형태인 분양형 등이 있다(소연경, 허선구, 2005). 그 외에도 실버타운은 주거 종류별로도 나눌 수 있는데, 첫째는 단독주거용이고, 둘째는 공동주거용이다(이민경, 김양희, 박정윤, 2004). 단독주거의 경우는 개별적인 생활에 초점을 맞춘 것으로, 개인별로 다양성을 경험할 수 있으며, 관리비 역시 개별적이기 때문에 갈등이 적은 장점이 있다. 하지만 시설 투자비와 운영관리비가 많이 들고 표적시장이 좁아질 수 있다는 단점이 있다. 둘째로, 공동주거의 경우에는 공동 부담하는 부분이 많기 때문에 운영관리비가 저렴하고 함께 사용할 수 있는 면적이 넓다는 장점이 있다. 그러나 공용부담으로 인한 갈등이 발생할 수 있다.

실버타운의 특징은 다음과 같다. 첫째, 실버타운은 본질상 영리산업이지만 공익성이 함께 요구되는 노인복지사업이다(이인수, 2003). 둘째, 실버타운은 지역사회와 깊은 연관을 가지고 있다. 셋째, 노인인구는 대도시 및 중소도시에 거주할 확률이 높으며, 자신이 속한 환경 안의 실버타운에 입주하는 것을 희망한다. 마지막으로, 실버산업 간의 연관성이 깊다. 그 예로 의료산업과 간병산업을 들 수 있다.

(3) 실버타운의 마케팅 전략

① 마케팅 계획 과정

실버타운은 영리산업이지만 공익성이 함께 요구되는 사업으로 수익을 내야 하는 영리적 목적도 분명히 가지고 있기 때문에 마케팅 역시 매우 중요하다. 실버타운의 마케팅 계획 역시 조직의 마케팅과 유사한 양식을 보이는 경우가 있으며, 박병식(2001)은 부동산 개발의 경우에도 소비자에게 효과적으로 접근할 수 있는 방법 수립의 기초가 부동산 시장 분석과 마케팅 조사 활동이라고 하였다. 마케팅 계획의 과정은 크게 환경 분석-세분시장 분석-마케팅 믹스 수립-활동 조정 및 통제의 과정을 거치게 된다. 구체적인 내용으로는, 첫째, 마케팅 시장과 경쟁사, 자사, 소비자 분석을 통한 마케팅 환경 분석을 하고, 둘째, 시장 세분화와 표적시장 결정 후 입지 선정의 STP 마케팅 과정을 거친다. 이 과정에서는 유효수요 파악과 소비자 특성 파악, 마케팅 포인트 결정이 중요하다. 셋째, 앞서 논의되었던 4Ps 원칙에 의해 세부 계획을 세운 후, 그것을 바탕으로 한 성과분석과 평가 및 통제를 통한 조정 활동을 하는 것으로 마케팅 계획이 이루어질 수 있는 것이다.

앞의 내용을 요약하면, 시행사나 대행사의 협의를 통해 분양 및 임대를 확정하고 난 후에 표적집단을 설정하고, 유효수요 파악 과정을 거쳐 전체적인 마케팅으로 이끄는 과정을 거친다고 볼 수 있다.

② 실버타운 접근에 있어서의 고려사항

우선 사회적 인식의 경우 실버타운에 대한 인식이 많이 완화되기는 했으나 아직까지도 자녀들이 부모를 부양하지 않는다고 하면 사회적으로 부정적 인식이 있는 것이 사실이다. 실제로 부모를 모시지 않으면서도 실버타운을 마치 버려진 노인들이나 가는 곳으로 치부하는 모순적 인식이 아직 존재한다. 이에 실버타운에 대한 기존의 부정적 이미지를 개선하고, 실버타운의 장점을 부각시키는 노력이 필요하다.

다음으로 환경적 요인을 고려해 볼 수 있는데, 그 대표적인 것으로서 입지 조건, 입주비용, 제공 서비스 등을 들 수 있다. 첫째, 입지 조건은 접근이 편리하고 지역사회와 연계가 가능하며, 다양한 서비스가 불편 없이 제공되는 곳이어야 한다. 이와 관련하여서는 앞서 말한 실버타운 개발 유형 중 입지별 유형을 함께 고려하여 살펴볼 수 있겠다.

다음으로 입주자에게 중요한 것이 비용이라고 할 수 있는데, 입주비용의 경우 입주금 지불 형태에 따라 달라지며, 장단점을 고려하여 자신에게 적절한 지불 형태를 고려하는 것이 좋다. 마지막으로, 고려할 수 있는 것은 서비스 제공의 질인데, 어떤 프로그램이 제공되는지, 서비스 이용료는 얼마인지, 자신에게 필요한 서비스가 제공되고 있는지를 잘 판단하여 선택하는 것이 필요할 것이다. 따라서 공급자는 이와 관련한 수요자의 욕구를 이해하고 파악하여 적절한 마케팅 전략을 세워야 할 것이다.

2) 실버타운의 마케팅 사례

(1) 마케팅 전략 수립 과정

앞서 언급되었듯이, 마케팅 계획은 보통 크게 '환경 분석–세분시장 분석–마케팅 믹스 수립–활동 조정 및 통제'의 과정을 거치게 된다. 이러한 과정을 기본으로 하여 마케팅 전략 수립 과정을 실버타운에 적용하여 설명해 보겠다.

첫째, 환경 분석의 경우 마케팅 시장과 경쟁사, 자사, 소비자 분석을 통한 마케팅 환경 분석을 하게 되는데, 실버타운의 경우 위치나 규모, 시설, 서비스, 입주비용 등과 같은 부분에 대한 비교를 할 수 있을 것이다. 이를 통하여 자사의 현재 위치나 수준 등에서 장단점을 찾고, 마케팅의 주안점을 어디에 두어야 할지도 파악할 수 있을 것이다.

둘째, 시장 세분화와 표적시장 결정 후 입지 선정의 STP 마케팅 과정을 거친다. 이 과정에서는 유효수요 파악과 소비자 특성 파악, 마케팅 포인트를 정하는 것이 중요하다. 예를 들면, 위치나 환경 근접성, 투자가치 등을 따져 보고 그에 따른 잠재수요층을 예상해 보는 것이 필요하다. 더불어 잠재수요층 중에서 유효수요가 얼마나 될 것인지, 자사가 목표로 할 수 있는 대상층은 어디가 될 수 있는지를 살펴보아야 한다. 구체적으로 지역, 노인부양형태(독거/부부/동거 등), 경제적 능력, 교육 수준, 사회적 위치 등으로 세분화하여 나눌 수 있으며, 그 비중 역시 고려해 볼 수 있다. 이를 통하여 구체적으로 자사의 마케팅은 어디에 주안점을 둘 것인지를 정할 수 있을 것이다.

셋째, 앞서 논의되었던 4Ps 원칙에 의해 세부 계획을 세우게 되는데, 이는 실버타운의 이미지나 서비스 등의 제고, 입주비용의 고려, 분양 경로의 설정, 분양 촉진 계획(광고, 홍보, 영업 등)을 연결시켜 생각해 볼 수 있다. 특히 분양 촉진 계획은 분양률과도 밀접한 관련을 가지는데, 분양을 촉진하기 위해서 다양한 마케팅 방법들이 동원되기도 한다. 가장 보편적으로 신문 광고, 전단지, 일간지, TV 등의 광고를 들 수 있으며, 입소문이라고도 불리는 구전 마케팅, 입주자들과 강한 유대관계를 형성하는 관계 마케팅, 실시간으로 고객의 욕구를 파악할 수 있는 인터넷 마케팅, 지역사회의 자료 등을 통한 DB 마케팅 등도 그 예라고 할 수 있다. 마지막으로 넷째, 4Ps 원칙을 바탕으로 한 성과분석과 평가 및 통제를 통한 조정 활동을 하는 것으로 마케팅 계획이 이루어질 수 있다.

(2) 실버타운의 마케팅 사례: 서울에 위치한 N실버타운

일반적으로 주택시장에서의 적극적인 마케팅은 분양률에도 직접적인 영향을 주기 때문에 준공단계 이전부터 매우 중요시되는 부분이다. 주택시장에서 노인세대를 대상으로 하는 실버타운의 전략적인 마케팅 사례로 서울에 위치한 N실버타운을 예로 들어 보고자 한다. N실버타운의 경우 전단지, 일간지, 신문 전면 광고 등 일반적으로 실시하는 홍보 전략 이외에 실제 실버타운이 위치한 인근 지역이 아닌 인구 유동성을 고려한 특정 지역에 분양 사무실을 설치 · 운영하였다. 그리고 실버타운 입주자들이 친밀한 유대관계를 맺고 커뮤니티를 형성할 수 있도록 함을 마케팅 전략의 주안점으로 삼았다.

분양 사무실을 문화행사 장소로 적극 활용하여 매주 '화요 문화살롱'이라는 이름으로 다양한 문화예술인을 초청하여 문화행사를 실시, 가계약자에게 초청장을 발송하여 동반인과 함께 즐길 수 있도록 하였다. 또한 계약자 전원에게 일본, 중국 등의 여행상품권을 제공하여 1회당 50~60명의 인원이 동반 여행을 하였다. 초반의 이러한 적극적인 마케팅 전략은 상당 부분의 예산이 소요되었으나 경쟁업체에서는 볼 수 없는 이례적인 경우였고, 입주 전 노인들에게 매우 만족스러운 과정이었다. 또한 계약을 맺었던 영업부 담당 직원이 계약자들에게 결혼기념일과 생일에 맞춰 직접 꽃 배달을 하기도 하였으며, 집을 방문하여 식사준비나 청소 등 집안일을 도와준 경우도 있었다. 자동화 시대, 무인 시대 등으로 표현될 수 있는 요즘 세상에서 사람이 직접 방문하여 선물도 주고, 말동무도 되어 주는 등의 인간적인 접근은 노인 세대에게 입주 전부터 감동과 만족감을 주는 성공적인 마케팅 전략이었다고 볼 수 있다. 이러한 세심함과 감동의 마케팅 전략은 입주자인 노인의 자녀들에게까지 다양하게 적용되었다.

실버타운 입주자들 대부분이 본인의 의지로 입주하고 있지만, 자녀들에게도 입주 전부터 서면으로 다양한 소식을 전하고, 입주 후에는 노인 개인의 일상생활 사진을 촬영하여 발송하였다. 입주자의 생일인 경우 혹시라도 자녀들이 잊었을까 하루 전날 전화 통화를 통해 알려 주었다. 또한 입주 초반에는 매월 1회씩 연회장에서 새로운 입주민에 대한 소개 및 인사와 함께 생일자에 대한 축하 파티를 실시하며, 장기자랑 등 공연의 시간을 갖고, 뷔페 식사를 하였다. 이처럼 입주민들이 편안하고 친밀하게 지낼 수 있도록 적극적으로 배려하는 마케팅 전략이 이 N실버타운의 성공 요인이라고 할 수 있다.

마케팅에서 지상파 공영방송의 효과는 따로 설명하지 않아도 짐작이 갈 것이다. 인구고령화 시대, 실버세대, 노인 부양 실태 등 시사 프로그램에서 관련 내용을 다루면서 직간접적으로 매스컴에 노출될 경우 그 광고 효과는 대단하다. 또한 드라마 등을 통해 간접 광고 효과를 보기도 한다. 몇 년 전만 해도 신문 전면 광고 등을 통한 광고 효과가 매우 컸으나 현재는 그 효과가 매우 미미하며, 이미 신문 지면 광고를 통한 수요층은 한계에 다다랐다고 실무자는 평가한다. 현재의 중 · 노년층은 이미 인터넷에 능숙해진 세대이기 때문에 앞으로는 더욱더 온라인을 통한 마케팅 전략의 활성화가 필요하다.

N실버타운에서 입주민들이 가장 만족스러워하는 부분 중의 하나는 직원 인력배치다. 각종 프로그램의 기획 및 운영을 담당하고 있는 복지팀의 경우 다른 시설에 비해 직원들의 연령대가 낮은 편으로, 활력 있고 적극적인 분위기 연출에 매우 긍정적인 반응이 있다고 본다. 반면 간호직의 경우에는 반드시 경력직으로 선발하고 있는데, 이는 세심하게 제공되는 의료서비스로 노련미를 강조한 것이라고 볼 수 있다.

이상으로 N실버타운의 분양 및 운영에 있어 마케팅의 과정을 대략적으로 살펴볼 수 있었다. 이는 노인세대에 대한 끊임없는 관심과 분석이 적절하게 활용된 성공적인 마케팅 사례라고 볼 수 있다. 그러나 이와 반대로 입지나 분양 조건에 대해 철저한 계획 없이 혹은 과대광고 등으로 분양에 실패한 사례도 뉴스에서 종종 접할 수 있다. 더불어 입주 후 운영과 케어 등에 대한 확실한 전략 없이는 실버타운의 운영 및 유지가 결코 쉽지 않을 것이다.

4. 노인주택산업 활성화를 위한 방향

인구고령화는 노인에게 있어 주거 및 주거환경에 대한 문제 등을 제기하고 있으며, 한정된 재화와 자원 속에서 노년을 더욱 만족스럽게 보내기 위한 노인의 주거 환경 조성은 우리에게 당면한 중요한 문제라고 할 수 있다. 현재 노년층 안에서 관심이 증가되고 있는 실버타운의 활성화가 성공적으로 이루어지기 위해서는 몇 가지 주의해야 할 점이 있다. 앞에서 말한 바와 같이, 실버타운은 공익적 목적도 포함되는 수익사업이므로 노년기의 주거환경에 대한 이해 및 노인 욕구의 분석이 선행되어야 할 것이며, 이용자의 부담을 최소화할 수 있는 방안이 연구되어야 할 것이다. 공급자 중심보다는 수요자 중심의 개발이 이루어져야 하며, 규모의 적정화를 통한 수익성 분석을 철저히 해야 한다. 수요 예측과 이를 바탕으로 한 철저한 수익성 분석을 통해서만이 성공적인 실버타운 활성화가 이루어질 것이다.

더불어, 노인층 역시 노인주택을 선택할 때 입주 동기와 목적을 명확히 하는 것이 필요하며, 가족과의 충분한 합의가 선행되어야 한다. 또한 노인주택에 대한 정보 수집과 더불어, 자신이 활용할 수 있는 경제적 자원(연금, 보험 등) 등을 고려해 보는 것도 필요하다. 자료가 수집이 되면 프로그램이나 서비스, 편의시설 등의 비교 검토를 해 보고 직접 찾아가 보는 것은 물론, 입주에 앞서 시설을 체험해 보고 지역사회 주민들의 의견을 참고하는 것도 많은 도움이 될 것이다. 최종 계약을 체결하기 전에 계약조건을 잘 살피고, 계약을 해지했을 경우에 발생할 수 있는 불이익을 최소화하기 위한 제도 등도 함께 살펴보아야 한다. 체크리스트를 만들어 자신에게 적절한 주택 조건을 연구하는 것도 좋은 방법이 될 수 있다.

이와 같이 노인의 소비산업에 있어서는 기업과 개인 모두의 노력이 필요하며, 정부와 국가 기관 역시도 실버산업 활성화에 적극적인 지원과 관심을 기울이는 것이 요구된다.

참고문헌

국토연구원(2008). 2007년도 노인주거실태조사.

김봉(2006). 실버 관광시장과 마케팅. http://cafe.naver.com/japyyng/2534

김용만(1998). 고령화 사회의 도래에 의한 실버산업의 마케팅 전략. 21세기 경남도민의 삶의 질, 3, 189-245.

김정실(2007). 실버 의류산업의 마케팅 전략에 관한 연구. 한국패션뷰티학회지, 5(3), 87-91.

김현진(2003). 일본의 저출산고령화와 한국 기업에 대한 시사점. 서울: 삼성경제연구소.

박병식(2001). 부동산 마케팅 활동의 발달과정과 향후 과제. 한국부동산분석학회, 7(1), 105-118.

박상준, 변지연(2008). 마케팅믹스에 기초한 마케팅 분류. 한국항공경영학회지, 6(2), 91-102.

박영구, 김파주(2002). 노인소비자의 구매행태와 실버 마케팅 전략. 산업관리학회, 19, 121-133.

배상욱, 공희숙, 이만희(2005). 전원주택 마케팅 믹스 전략에 관한 탐색적 연구: 서울 · 수도권과 부산 · 경남권을 중심으로. 산업경제연구, 18(5), 1931-1955.

서강훈, 정영일(2008). 한국형 실버타운 모델 개발연구. 한국여성교양학회지, 17, 151-206.

소연경, 허선구(2005). 실버타운 선호도에 영향을 미치는 요인에 관한 연구. 한국가정관리학회지, 23(6), 145-152.

신영숙(2001). 선호하는 유료노인시설주거 디자인을 위한 중산층의 집에 대한 개념–내 집과 같은 노인시설주거 디자인 특성에 관한 연구(II). 대한가정학회지, 39(12), 141-158.

신영숙(2004). 중년층과 노년층의 노인시설주거 선택 속성에 관한 연구. 한국주거학회논문집, 15(2), 43-54.

오동훈(2006). 도시 마케팅의 개념 정립을 위한 소고. 대한국토 · 도시계획학회지, 41(1), 53-73.

유동근(1991). 소비자행동론. 서울: 선일문화사.

이민경, 김양희, 박정윤(2004). 중노년기의 실버타운 선호도 및 관련 변인에 관한 연구. 한국노년학, 23(4), 1-16.

이선형(2014). 노인복지주택 사례분석을 통한 노인복지주택 개발 방향–스마트 기술 활용을 중심으로. 디자인융복합학회, 13(5), 1-18.

이연숙, 이숙영, 박정아, 변혜령(1999). 노년기 상황에 따른 노인주거 선호특성에 관한 연구–대학생 자녀를 둔 중년층 대상. 한국노년학, 19(2), 147-158.

이용재(2005). 전문도서관 마케팅 경영전략. 한국도서관정보학회, 38(3), 335-351.

이윤재, 이현수(2008), 노인주택 면적 계획을 위한 예비노인층 및 노인층의 선호주거특성과 공간사용특성. 한국주거학회, 19(6), 115-125.

이인수(2003). 유료 노인주거복지시설에 거주하게 된 이유에 관한 연구. 한국주거학회 논문집, 14(2), 121-132.

이주희(2007). 노인 연률적 특성이 실버타운 유형과 선호도에 미치는 영향에 관한 연구. 한국전략마케팅학회, 15(4), 37-68

이준민, 신화경(2004). 중년층이 선호하는 노인주거환경에 관한 연구. 자연과학연구, 14, 1-15.

이현기, 김진욱(1998). 실버산업의 활성화 방안연구. 경기: 경기개발연구원.

저출산고령사회위원회(2006). 고령사회 주거지원 종합대책.

조남연, 문신용(2012). 노인복지주택 거주자의 입주 선호요인에 관한 연구. 사회복지정책, 40(3), 51-74.

조성신(2009). 주택시장 변화에 대한 마케팅 방안에 관한 연구. 한양대학교 대학원 석사학위논문.

채서일(2005). **마케팅(제3판)**. 서울: 비엔엠북스.

홍연숙(2006). 실버타운 입주의도 예측요인에 대한 분석. **한국사회복지학**, 58(3), 313-340.

한국마케팅학회(2002). 한국마케팅학회의 마케팅 정의. **마케팅연구**, 17(2), 5-6.

한국소비자보호원(1999). 국민 소비행태 및 의식구조 조사. http://www.kca.go.kr

American Marketing Association (1985). American Marketing Association Release New Definition for Marketing. http://www.marketingpower.com/

McCarthy, E. J. (1964). *Basic Marketing, a Managerial Approach*. Homewood, III: Richard D. Irwin, Inc.

Kotler, P. (2005). **필립코틀러 마케팅을 말하다**(정준희 역). 서울: 비즈니스북스.

Sterms, R. S., & Sterms, H. L. (1995). *Consumers Issues: The Mature Market, In The Encyclopedia of Aging*. NY: Springer Publishing Co.

노블카운티 http://www.samsungnc.com

서울시니어스타워 http://sst.co.kr

한국마케팅학회 http://www.kma.re.kr

제9장

노인주택과 금융

김성웅

노인주택과 관련해서 도입된 금융으로 주택연금이 있다. 주택연금은 주택에 거주하면서 동시에 고정적인 소득원 확보가 가능한 노인들에게 유용한 제도다. 따라서 이번 장에서는 한국의 주택연금을 외국의 역모기지론과 비교해 알아보고, 그 활용방법에 대해 살펴보고자 한다.

1. 노인주택시장과 금융

주택연금은 만 60세 이상의 노인이 보유한 주택을 담보로 평생 혹은 일정 기간 동안 매월 연금 방식으로 노후생활자금을 지급받는 역모기지 상품으로 지급은 국가가 보증한다. 주택연금은 주택만 소유하고 마땅한 노후대책과 소득원이 없는 노인들에게 노인 가계에 큰 도움이 된다. 노인들은 한국주택금융공사가 시행하는 주택연금을 시중 금융기관을 통해 가입한다. 2007년 이 제도의 도입 직후에는 가입자가 저조했으나, 정부의 독려와 가입기준의 완화, 노인들의 의식변화 등으로 2015년에 주택연금 가입자는 3만 명에 육박하였다.

1) 주택금융의 의의

주택금융시장은 주택이라는 재화에 대한 거래뿐 아니라 고정자산의 다양한 활용 욕구가 시장에 반영되어 나타난다. 즉, 주(住)생활이라는 국민의 기본권에 속하는 문제를 해결해 주는 주택이라는 재화는 보통 고가(高價)이기 때문에, 막상 주택 구입에 막대한 자금을 쓰고 나면 주택거래가 이루어지지 않는 한 자산으로서 활용이 제한적일 수밖에 없다. 이러한 문제를 해결하기 위해서 금융의 역할이 중요하다. 한편, 금융의 중요성만큼 주거안정도 중요하기 때문에 거의 대부분의 국가에서 정부가 주택금융시장에 개입하는 구조로 주택금융시장이 형성된다.

2) 노인주택시장에서의 주택금융의 역할

노인주택시장에서 주택금융의 역할 중 대표적인 것이 역모기지론(reverse mortgage loan)이다. 역모기지론은 생계를 위해 일정한 소득이 필요한 노인에게 주택을 담보로 노후소득을 연금 형식으로 지급하는 것을 말한다. 이는 한국의 경우 다수의 노인가구가 주택을 소유하고 있다는 현실을 고려하여, 노인들이 기존 주거환경에 계속 머물고자 하는 욕구를 동시에 충족시켜 주는 방안이다. 또한 우리 사회처럼 노인에 대한 공적인 노후소득보장제도의 역할이 충분하지 않은 경우 효율적인 소득보장의 대안으로 제시될 수 있다. 노인을 위한 역모기지론의 핵심은 주택 소유자의 사망, 이주 등의 상황이 발생하지 않는 한 대출자가 보유주택에 계속 거주할 수 있으며, 금융기관은 종신 시점까지 상환청구권을 행사할 수 없어 대출자가 안정적으로 연금을 수령할 수 있다는 것이다.

2. 외국의 역모기지론

1) 미국의 역모기지론

미국의 역모기지론은 1960년대에 도입되었다가 1989년에 미국 주택 및 도시개발청(Department of Housing and Urban Development: HUD)이 산하기관인 연방주택청(Federal Housing Administration: FHA)을 통해 보증을 실시한 이후 크게 활성화되었다.

일반적으로 역모기지론은 대출만기와 대출총액이 사전에 정해지지 않는 장기대출로서, 대출원리금 상환이 담보주택의 매각대금으로 제한되어 금융기관의 위험부담이 매우 크다. 따라서 금융기관들의 손실부담을 회피할 수 있는 제도적 장치가 필요하며, 미국의 경우에는 이러한 문제를 해결하기 위하여 역모기지론의 원리금 상환을 보증해 주는 역모기지 보험을 도입하였다. 연방주택청이 보증하는 HECM(Home Equity Conversion Mortgage)의 경우 금융기관에 대해서는 역모기지론 취급에 따른 손실을 보전하는 한편, 차입자에게는 금융기관 파산 시 약정된 월 대출금을 대신 지급한다. 차입자는 대출계약 시 총 대출약정금액의 2%(최고한도 2천 달러), 매년 대출원리금의 0.5%를 보증보험료로 납입한다.

현재 미국에서 판매되는 역모기지론 상품은 미국 주택 및 도시개발청의 HECM,

연방주택저당권유동화공사(Federal National Mortgage Association; Fannie Mae)의 Home Keeper, 민간금융기관인 Financial Freedom 사의 Jumbo Cash Account의 3가지가 있으며, 이 중 HECM이 전체 역모기지론 시장의 90% 이상을 점유하고 있다.

〈표 9-1〉 미국의 역모기지론 상품

상품명	HECM	Home Keeper	Jumbo Cash Account
개발주체	HUD	Fannie Mae(반관반민)	Financial Freedom 사 (민간금융기관)
운영주체	민간금융기관 (HUD 승인)	민간금융기관 (Fannie Mae 승인)	민간금융기관
도입시기	1989년	1995년	1993년
이용자 연령	62세 이상	62세 이상	62세 이상
대출한도 (주 대상층)	172,632~312,896달러 (저 자산가 층)	359,650달러 (중 자산가 층)	제한 없음 (고 자산가 층)
주택유형	• 단독주택 • 아파트 • 기타 HUD가 승인한 주택	• 단독주택 • 아파트	• 단독주택 –아파트
대출형태	• 한도설정형 • 종신지급형 • 확정기간지급형 • 혼합형	• 한도설정형 • 종신지급형 • 혼합형	• 한도설정형 • 일시지급형
금리	변동금리(금리상한 설정) • 기준: 1년 U.S. T-Bill[1]	변동금리(금리상한 설정) • 기준: 1년 U.S. T-Bill	변동금리(금리상한 설정) • 기준: 6개월 LIBOR[2]
보증기관	연방주택청	Fannie Mae	없음
주택자산 관리기관	HUD가 승인한 대출기관 및 자산관리기관	Fannie Mae가 승인한 자산관리기관	Financial Freedom 사
지역제한	지역제한 없음	지역제한 없음	캘리포니아 주 등 주로 서부지역으로 제한

출처: 강길부(2005).

1) 미국 재무성이 발행하는 만기가 1년 이하인 단기재정국채(Treasury bill)
2) 런던 금융시장에서 은행 간 대출 시 적용되는 금리(London Inter-Bank Offered Rate: LIBOR)

2) 영국, 일본, 프랑스의 역모기지론

영국의 경우 Home Income Plan과 Home Reversion으로 두 종류의 역모기지론이 있다. Home Income Plan은 주택을 담보로 한 대출금으로 종신연금보험에 가입하여 매년 연금을 수령하고 연금에서 대출이자를 납입하는 방식이다. 사망 시 대출원금을 상환하며 잔여분은 상속된다. 반면 Home Reversion은 거주권 및 법적 소유권을 이전하는 방식이다.

일본의 무사시노 방식의 경우 지방자치단체 일반예산으로 운용하며 원칙적으로 종신지급하나, 담보가치 초과 시 지급을 중단하는 방식으로 운용한다. 세타가야 방식은 지방자치단체의 예산을 사용하지 않고 복지공사가 민간금융기관과 제휴하여 금융기관이 대출을 시행하며, 이자는 복지공사가 무이자로 대출하는 방식이다. 이는 민간금융기관의 자금을 대출재원으로 사용하는 구조다.

〈표 9-2〉 영국, 일본, 프랑스의 역모기지론

구분	명칭	운영주체	특징
영국	Home Income Plan	보험회사	• 대출금으로 종신연금보험에 가입하여 연금 수령
	Home Reversion	보험회사	• 거주권 및 법적 소유권 이전 방식
일본	무사시노 방식	지방자치단체	• 원칙적으로 종신지급하나, 담보가치 초과 시 지급 중단 • 지방자치단체 일반 예산으로 운용
	세타가야 방식	지방자치단체(개발) 제휴금융기관(운영)	• 원금은 금융기관에서 제공, 이자는 복지공사가 무이자로 대출 • 제휴 금융기관의 자금을 대출재원으로 이용
프랑스	Sale Lease-Back	금융기관	• 주택을 금융기관에 매각하고 사망 시까지 주택을 임차하여 이용 • 금융기관은 매각대금을 연금 형태로 지급

출처: 강길부(2005).

프랑스의 경우에는 Sale Lease-Back을 운영하고 있다. 노인이 주택을 금융기관에 매각하고 사망 시까지 그 주택을 임차하여 거주할 수 있다. 금융기관은 주택매입대금을 지불하지 않고 연금화하여 노인에게 지급한다. 주택은 할인가격으로 매각되며, 금융기관은 일시금(계약 시 10%)과 매입금을 할부상환(연금거치기간)한다(강길부, 2005; 성주호, 김준석, 2005).

3. 한국의 역모기지론 실태 및 전망

1) 한국의 역모기지론

한국의 역모기지론은 1995년에 처음 도입되었으나 판매실적이 저조해 중단되었다가 2004년 이후 일부 금융기관이 다시 판매를 시작하였다. 현재 주택금융공사의 보증을 통해 대출자의 자격조건에 따라 역모기지론인 주택연금이 실행되고 있다. 연금의 지급과정은 [그림 9-1]과 같다.

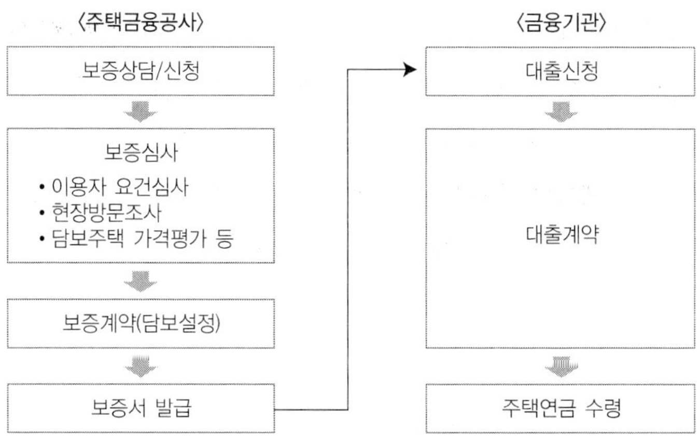

[그림 9-1] 주택금융공사 역모기지론 구조

출처: 한국주택금융공사(2009a).

주택연금을 이용하려면 주택 소유자는 한국주택금융공사에 보증상담 및 신청, 보증심사, 보증계약을 마치고 한국주택금융공사에서 보증서를 발급받아야 한다. 이용자는 발급받은 보증서를 가지고 주택연금 취급 금융기관에서 대출을 신청하고 계약을 체결하면 된다.

(1) 이용자격과 대상주택[3)]

이용자격은 만 60세 이상인 1세대 1주택 소유자이고, 배우자가 있는 경우 배우자 역시 만 60세 이상이어야 한다. 대상주택은 9억 원 이하의 주택으로 단독, 다세대, 연립주택, 아파트 및 보건복지부 인가 노인복지주택 등이 대상이고, 실버주택, 오피스텔, 상가주택, 상가, 판매 및 영업시설, 전답 등은 제외된다. 또 권리침해(경매신청, 압류, 가압류, 가처분, 가등기 등)가 없는 주택으로 저당권 및 전세권, 임대차계약이 없는 주택이 역모기지론 대상주택이 된다.

(2) 보증기한

주택연금의 보증기한은 주택의 소유자 및 배우자가 사망할 때까지 이루어진다. 즉, 연금지급이 종신지급방식이다. 단, 주거 이전 목적의 이사, 주택에 대한 소유권 상실(화재로 인한 주택 소실, 재건축 · 재개발 등으로 인한 주택소유권 상실 등 포함), 소유자가 사망 후 배우자가 6개월 이내에 소유권이전등기 및 채무인수를 하지 않을 경우, 1년 이상 담보주택에서 거주하지 않을 경우는 주택연금 계약이 해지된다. 하지만 병원이나 요양소 등 입원이나 개인적인 특별한 사정 등을 공사가 인정한 경우는 1년 이상 거주하지 않아도 된다.

---

3) 제도 도입 당시 부부 모두 65세 이상이어야 했던 가입조건을 60세 이상으로 낮췄다. 2014년 3월부터는 3년 이내에 집을 팔 경우 2주택자로 가입이 가능해졌다. 상가주택이라도 면적의 50% 이상이 주택이면 가입이 허용된다. 2015년 말 제3차 저출산 · 고령사회 기본계획에 의해 이용자격과 대상주택이 확대되었다. 즉, 부부 중 1인이 60세 이상으로 확대되었고, 9억 원이 넘는 집도 가입이 허용되나, 주택의 가격최고인정금액은 9억 원까지다. 주거용 오피스텔도 이제 대상에 포함된다.

(3) 월 수령액 및 지급방식

주택연금의 월 수령액은 가입연령, 주택가격, 지급방식에 따라 달라진다. 〈표 9-3〉은 종신지급이며 정액형(사망할 때까지 매달 일정 금액을 받음)일 때, 주택가격별 연금수령액을 계산한 표다.

〈표 9-3〉 주택연금 연령별 월 수령액 (종신지급방식, 정액형, 2015. 2. 1. 기준; 단위: 천 원)

연령 \ 주택가격	1억 원	2억 원	3억 원	4억 원	5억 원	6억 원	7억 원	8억 원	9억 원
60세	227	455	682	910	1,138	1,365	1,593	1,820	2,048
65세	272	544	816	1,088	1,360	1,632	1,904	2,176	2,448
70세	328	657	986	1,315	1,643	1,972	2,301	2,630	2,958
75세	403	807	1,210	1,614	2,017	2,421	2,824	3,172	3,172
80세	505	1,011	1,517	2,023	2,529	3,035	3,493	3,493	3,493

출처: 한국주택금융공사 홈페이지(http://www.hf.go.kr).

지급방식은 종신지급방식과 종신혼합방식이 있으며, 이용 도중 지급방식 및 인출한도 설정비율 변경이 가능하다. 종신지급방식은 수시인출한도 설정[4] 없이 사망할 때까지 일정 금액을 지급하는 방식이다. 연금은 시간이 지날수록 매년 증가하는 증가옵션과 시간이 지날수록 매년 감소하는 감소옵션 방식이 있다. 한국주택금융공사 홈페이지에는 이러한 내용이 자세히 소개되어 있으므로 이를 참고하여 본인의 라이프스타일에 따라 초기에는 연금을 적게 수령하고 시간이 지나면서 수령액이 증가하는 것을 선택할지, 혹은 그 반대를 선택할지를 정하는 것이 좋다. 종신혼합방식은 일정 한도(대출한도의 50%) 내에서 개별인출을 허용하고, 나머지 부분에 대해서는 매달 일정 금액을 종신토록 지급하는 방

4) 종신혼합방식은 일정 한도 내에서 개별인출을 허용하여 급전이 필요한 노인들에게 도움을 준다. 단, 인출한도 설정이 50%까지 가능하며, 이 경우 주택담보대출 상환 및 임대차보증금 상환 용도를 포함할 경우에 한한다.

식으로, 개별인출 용도는 주택구입(임차) 자금, 사행성, 사치오락성이 아닌 용도는 모두 허용된다.

(4) 대출금리 및 보증료

주택금융공사에서 주택을 담보로 대출을 받을 수도 있다. 개별인출금으로 상환할 수 있는 최대 금액은 대출한도의 50%(2억 5천만 원 이내)[5]다. 보증기한은 대출자 및 배우자 사망 시까지이고, 보증기간 종료까지 매달 일정 금액을 지급하는 방식이다. 앞에서 설명한 종신혼합방식으로, 일정 한도(대출 한도의 50%) 내에서 개별인출을 허용하고, 나머지는 매달 일정 금액으로 평생 동안 지급하는 방식이다. 개별인출 용도는 주택구입(임차) 자금, 사행성, 사치오락성이 아닌 용도는 모두 허용된다. 선택에 따라 월 지급금 증가옵션과 감소옵션이 있는데, 대출금리는 3개월 CD금리에 1.1%가 더해진 수준에서 결정된다. 보증료는 주택가격의 2% 이하를 최초 대출실행 시 납부하는 초기보증료와 보증잔액의 연 0.5%를 매월 납부하는 연보증료가 있다.

(5) 대출금 상환과 세제혜택

주택 소유자와 배우자가 사망 후 주택가격보다 주택연금 지급액이 클 경우, 주택을 처분하고도 부족한 금액은 가입자(상속인)에게 청구하지 않는다. 물론 과다지급분에 대한 금융기관의 손실은 주택금융공사에서 보전(補塡)해 준다. 또한 주택연금 지급액보다 주택가격이 클 경우, 주택을 처분하고 남은 금액은 가입자(상속인)가 수령한다.

세제혜택으로는 주택연금 이용자 전체에게 적용되는 저당권 설정 시 등록세 면제, 교육세 면제, 농어촌특별세 면제가 있다. 이뿐만 아니라 재산세 25% 감면(5억 원 초과주택은 5억 원에 해당하는 재산세액), 주택연금 대출이자비용, 소득공제

5) 「한국주택금융공사법 시행령」 제3조 제2항(연금의 방식 등)

(200만 원 한도)의 세제지원도 이루어진다. 이 모든 업무는 한국주택금융공사(Korea Housing Finance Corporation: HF)를 통해 이루어지며, 본인의 예상 연금액도 조회가 가능하다(한국주택금융공사, 2010).

2) 우리나라의 주택연금 현황

2007년부터 시행된 주택연금 가입자 수는 현재까지 계속적으로 상승하고 있다. 2007년에는 515건에 불과하던 주택연금은 2014년에는 5,039건으로 합계 22,634건에 이르고 있다.

〈표 9-4〉 주택연금 연도별 공급추이

'07	'08	'09	'10	'11	'12	'13	'14	합계
515건	695건	1,124건	2,016건	2,936건	5,013건	5,296건	5,039건	22,634건

출처: 한국주택금융공사 홈페이지(http://www.hf.go.kr).

2014년까지 주택연금 가입자의 연령은 평균 72.1세, 주택가격은 평균 2억 7,800만 원, 월 수령액은 평균 98만 원으로 조사됐다. 또 가입주택의 94.4%가 시가 6억 원 이하의 주택이었으며, 국민주택규모(85m² 이하)의 주택이 전체 가입주택의 77.3%를 차지하고 있다(한국주택금융공사 홈페이지).

주택연금 가입자의 주택가격을 분석한 결과, 시가 6억 원 이하의 비율이 2012년 93.1%, 2013년 95.1%, 2014년 95.6%를 기록하며 2년 연속 증가한 것으로 나타났다. 이처럼 주택연금 가입자 수가 증가하는 이유는 대상자 확대를 위해 연령을 낮추고(65세 → 60세), 대상 주택가격을 높였으며(6억 원 → 9억 원), 수시인출한도를 확대(30% → 50%)하는 등 가입요건을 완화했기 때문이다.

또한 농어촌특별세 전액 면제, 대출이자비용 소득공제 대상자 확대 등으로 고객부담비용을 경감하였으며, 전문상담사 확충, 보증심사 기간 단축 등으로 노인

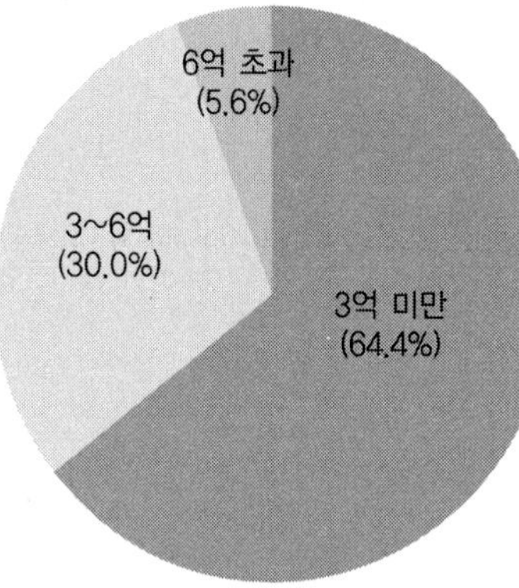

[그림 9-2] 주택연금 가입주택가격 현황

출처: 한국주택금융공사 홈페이지(http://www.hf.go.kr).

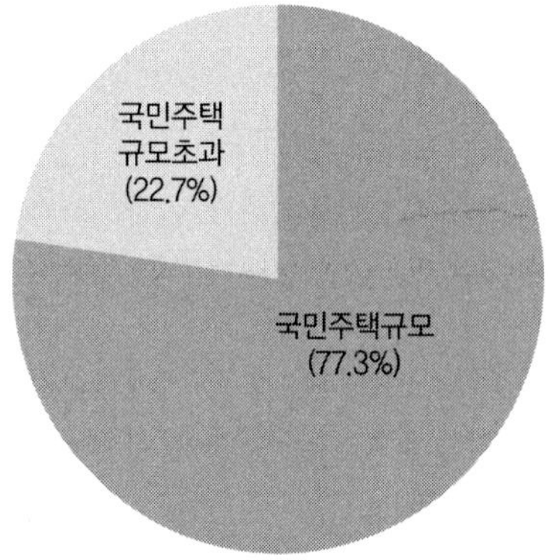

[그림 9-3] 주택연금 가입주택규모 현황

출처: 한국주택금융공사 홈페이지(http://www.hf.go.kr).

특화 서비스를 강화하는 등 다양한 방식의 연금제도 개선이 이루어진 결과다. 한편, 최근 부동산 경기침체로 주택가격이 하락하면서 주택을 통한 차익실현으로 노후자금 확보가 어려워져 주택가격이 더 하락하기 전에 주택연금에 가입해 연금수령액을 높게 받으려는 노인들의 수요도 반영된 것으로 보인다.

3) 한국의 주택연금 과제

주택연금이 가입조건을 만족시키는 대상자에게만 제한적으로 연금혜택이 주어지는 사회보장적 성격을 띠고 있고, 주택의 가치만으로 연금수령액이 결정되는 등 아직 몇 가지 개선점이 남아 있다.

(1) 지역에 따른 주택연금 월 수령액 차별화

수도권을 제외한 지방 거주자의 주택연금 가입자 비율도 2012년 23.0%, 2013년 26.6%, 2014년 29.2%를 기록하고 있어 지방의 주택연금 가입자의 비율도 꾸준히 증가하고 있다. 하지만 서울과 경기도의 주택가격이 다른 지역보다 높아 연금수령액이 상대적으로 많기 때문에 지방의 가입자가 적을 수밖에 없다. 이는 수도권 지역을 제외한 지역의 노인에게 상대적 빈곤감을 줄 수 있다. 그렇다고 주택가격을 임의로 변경하는 것은 불가능하다. 따라서 이와 같은 제도의 한계는 주택가격이 낮은 지역의 연금수령액을 높일 수 있도록 지역별로 연금수령방식이나 월 지급금 옵션을 다양화해야 한다. 최근 농지연금 도입이 확정되었는데, 이 제도는 만 65세 이상의 노인이 소유한 농지를 담보로 연금을 수령할 수 있다. 기존의 주택연금이 주택을 활용한 추가 수입 확보 제한, 지역별 주택가격의 차이로 인한 연금수령액 차이 등의 문제점이 지적되는바, 농지연금의 도입은 이러한 한계를 극복하는 데 도움이 될 것으로 전망된다.

〈표 9-5〉 주택연금 지역별 공급현황

(단위: 건, %)

구 분	'07		'08		'09		'10		'11		'12		'13		'14		합계	
	건수	비율	건수	비율	건수	비율	건수	비율	건수	비율	건수	비율	건수	비율	건수	비율	건수	비율
수도권	393	76.3	556	80.0	884	78.6	1,547	76.7	2,160	73.6	3,862	77.0	3,888	73.4	3,566	70.8	16,856	74.5
지 방	122	23.7	139	20.0	240	21.4	469	23.3	776	26.4	1,151	23.0	1,408	26.6	1,473	29.2	5,778	25.5
합 계	515	100	695	100	1,124	100	2,016	100	2,936	100	5,013	100	5,296	100	5,039	100	22,634	100

출처: 한국주택금융공사 홈페이지(http://www.hf.go.kr).

(2) 주택연금의 다양한 결정구조

주택연금제도가 복지사각지대에 있는 노인의 실질소득 및 복지수준을 높이기 위해 도입되었지만 저가의 주택을 소유한 저소득층 노인의 경우 월 수령액이 생활비에 비해 턱없이 부족하다. 이는 주택연금의 대출금 산정기준이 주택가치만을 기준으로 결정되기 때문에 발생하는 문제다. 주택연금이 주택가격을 기준으로 연금수준을 결정하는 구조라고 하지만 저소득층 노인의 복지수준 향상에 제도의 목적이 있는 만큼 저가의 주택을 소유한 저소득층 노인들을 배려한 제도 개선이 필요하다. 따라서 자가주택 가치가 낮으면서 생활형편이 어려운 노인들에게는 연금이자율을 높여 주는 차등지급방식이 도입되어야 한다.

(3) 주택연금 가입자 증가에 따른 재원 확보

부동산 가격이 계속 오른다면 주택연금 담보가치의 하락을 걱정하지 않아도 되지만 인구의 감소 및 자산유형 선호도 변화 등은 앞으로 부동산 가격의 하락으로 이어질 수 있다. 따라서 주택연금은 향후 가입자 수가 늘어날 경우 대량담보부족 사태로 이어질 수 있다. 공적 보증제도인 주택연금으로 인한 손실은 발생하지 않지만 이는 국가 재정에 큰 부담으로 작용할 수 있기 때문에, 주택연금 가입자나 금융기관은 이에 대한 대책이 필요하다. 현재 9억 원 이상의 주택으로 주택연금의 범위를 확대했기 때문에 신중한 접근이 필요하다.

단, 주택연금 시행은 사회 전체적인 측면에서 상대적으로 작은 규모의 재정지원으로 노인층의 빈곤화를 일부 해결할 수 있어 노인복지 예산에 도움이 될 수 있다. 이뿐만 아니라 저비용 · 고효율의 예산운용이 가능해지며 부수적으로 부동산 시장의 안정도 기여할 수 있을 것으로 보인다. 다시 말해, 노인이 보유한 자산을 활용하여 스스로 복지수준을 유지한다는 점에서 아무런 조건 없이 지급되는 부양정책보다 국가의 복지예산 절감효과를 얻을 수 있다. 절감된 예산은 다른 복지 부문에 투입이 가능해질 것으로 예상된다. 따라서 주택연금에 투입되는 예산이 국가 재정에 도움이 될 수도 있다는 예측도 가능하니 이를 고려한 주택연금 재원 확보를 위한 장기계획이 필요하다.

(4) 주택연금에 대한 국민 인식 개선

주택연금은 금융상품이면서 사회보장의 성격을 가지는 제도로 향후 주택금융시장 및 노인복지 증진에 이용가치가 큰 제도다. 하지만 시중 금융기관과 노인들은 주택연금의 활용에 아직까지 소극적인 편이다. 현재 주택연금의 리스크(risk)[6]를 주택금융공사의 보증을 통해 일정 부분 상쇄시켜 주는 만큼 시중 금융기관도 적극적인 활용방안을 모색해야 할 것이다. 일부 은행을 통해 주택구입자금을 주택금융공사가 보증해 주는 보금자리론의 가입자 수가 급증하고 있는데, 주택연금도 향후 시중 금융기관의 다양한 상품개발을 통해 노인들에게 보급되어야 하겠다.

한편 주택연금에 대해 부정적인 선입견을 가지고 있는 노인들이 많다. 2009년 주택금융 수요실태조사에 따르면 50대 이상 노인의 29.3%가 주택연금 가입을 꺼리는 이유로 자녀들에게 주택을 상속해야 하기 때문이라고 응답하였다. 하지만 노인 부양에 대한 부담이 증가하고 있어 세대 간 갈등으로 문제가 확대되는 이때, 주택을 자식에게 상속해 주는 것보다 자녀가 부모의 생활비를 걱정하지 않게 하는 것이 향후 자녀에게도 더 도움이 된다는 노인의 인식 전환이 선행되어야 하겠다. 또한 자녀들도 부모의 주택을 상속받으려 하기보다는 오히려 부양 부담을 줄일 수 있는 주택연금을 부모께 권장해야 한다.

(5) 적극적인 홍보 · 교육 필요

주택연금은 평균수명보다 오래 살수록, 주택가격이 낮아질수록 가입자에게 유리한 상품이다. 평균수명보다 오래 살면 수령한 연금이 주택의 가치보다 더

---

6) 시중 금융기관은 역모기지론이 부동산 가격, 금리, 장수 리스크 등의 여러 가지 위험에 직면하게 되어 부정적인 입장이다(이석호, 2006).

많아질 수 있다. 또 받게 될 연금의 금액은 계약 시점의 주택감정가를 기준으로 정해지기 때문에 집값이 내려갈 때 유리하다. 지급할 연금액 수준은 한국주택금융공사가 매년 기대수명과 장기 주택가격 상승률, 연금이자율 등의 변수를 고려해 결정한다. 따라서 주택연금의 안정적인 정착과 활성화를 위해 노인 및 일반인을 대상으로 주택연금의 이점과 이용방법 등을 홍보 · 교육하는 것이 중요하다. 노인들을 찾아가 직접적인 홍보 · 교육 활동과 아울러, 노인복지 관련 업무에 종사하는 전문직 종사자들을 통한 간접적인 홍보도 이루어져야 한다. 또한 주택연금 신청 전에 보증기관이 주도하는 상담을 의무화함으로써 노인에게 보다 정확한 정보를 제공하고, 취급금융기관이 자체적으로 주택연금 계약 시 노인에게 주택연금 조건 등에 관한 자문 제공을 의무화하는 제도를 시행하여야 할 것이다.

노인이 소득이 없는 경우는 물론이고, 국민연금이나 개인연금 같은 연금소득이 있거나 금융소득, 임대소득처럼 다른 소득이 있는 경우에는 주택연금에 가입할 수 있다. 주택연금은 부부 모두의 평생 생활비를 보장하기 때문에 연금수령자가 사망하더라도 남아 있는 배우자에게도 기존에 받던 연금과 동일한 액수의 연금을 지급한다. 그러나 주택연금은 일단 한 번 가입하면 부동산의 매매나 추가 대출, 상속에 제한이 생긴다. 또한 중도에 해지하면 5년 안에 같은 주택을 담보로 가입할 수 없는 만큼 신중하게 가입하도록 자문해야 할 것이다.

참고문헌

강길부(2005). 역모기지론 활성화를 위한 정책방안. 토지와 건물, 20, 12-32.

성주호, 김준석(2005). 생명보험회사의 역모기지론 운영리스크 분석. 보험개발연구, 16(1), 3-32.

이석호(2006). 노후보장의 효자 역모기지. 나라경제, 6, 37-40.

한국주택금융공사(2009a). 서민의 평생금융친구. 연차보고서.

한국주택금융공사(2009b). 2009년 주택금융 및 보금자리론 수요실태조사.

한국주택금융공사(2010). **주택금융월보**, 72, 2-159.

한국주택금융공사 http://www.hf.go.kr

제10장

3세대 동거주택

김세진

인구고령화와 함께 노인부양의식이 약화되면서 노부모세대와 자녀세대가 별거하는 경향이 높아지고 있다. 그러나 연령이 증가함에 따라 의존성이 높아져 가는 노인들은 결국 자녀들과 동거하게 될 가능성이 높다. 이에 따라 3세대 동거주택과 관련된 실버산업은 노부모세대와 자녀세대가 조화를 이루며 생활하는 데 많은 영향을 미칠 것이다. 따라서 이 장에서는 3세대 동거주택의 필요성에 대해 생각해 보고, 그 개념과 특성을 알아보도록 하겠다. 또한 외국의 3세대 동거주택의 사례와 우리나라의 사례를 살펴봄으로써 우리나라 3세대 동거주택에 대한 전망을 하고자 한다.

핵가족이 우리 사회의 가족형태로 이미 고착화된 상황에서 인구고령화에 따른 독거노인의 증가와 세대 간 교류 단절로 인한 사회적 문제가 지속적으로 발생하고 있다. 이처럼 노부모세대와 자녀세대의 별거로 인하여 나타나는 다양한 노인문제뿐만 아니라 세대 간의 교류 단절을 예방하기 위해서는 하나의 공간에서 여러 세대가 동거하는 과거 우리의 전통적인 주거문화가 더욱 필요하다. 또한 근래에는 주택가격의 상승, 손자녀 양육문제, 조부모의 건강문제 등의 이유로 점차 자녀와 동거하는 세대들이 증가하고 있는 추세다. 그러나 세대 간의 문화 차이가 점점 더 깊어지고 있는 우리의 현실에서 한 공간에서의 밀착된 생활은 또 다른 세대 간 갈등을 유발할 수 있는 원인이 될 수 있다. 따라서 다양한 세대들이 하나의 공간에서 갈등 없이 생활할 수 있는 공간 구성의 필요성은 매우 높다고 볼 수 있다. 이를 위해 하나의 공간을 유연하게 분리하거나 통합시킬 수 있는 세대 구분형 주택구조가 개발되는 등 다양한 대안들이 제시되고 있다. 이에 이러한 구조들을 적절히 활용하여 세대 간 단절과 노인의 고독감 예방을 위한 3세대 동거주택 개발은 사회적으로 큰 의미를 갖는다고 볼 수 있다.

1. 3세대 동거주택의 필요성 및 태도

1) 3세대 동거주택의 필요성

인구고령화 현상의 급속한 진전과 더불어 전통적인 가족부양기능 약화, 그리고 이를 대체할 사회적 · 제도적 장치 미비 등은 인구고령화에 따른 개인, 가족 및 사회의 불안과 염려를 더하고 있다(조성남, 2006). 특히, 우리나라는 세대 간 부양 규범이 워낙 급격한 속도로 변화되면서 전통적 규범과 새로운 규범이 혼재하고, 노부모세대와 젊은 세대 간에 노인부양에 대한 태도가 차이가 있으므로,

자녀와의 동·별거가 노인의 복지감에 미치는 영향이 서구에 비하여 훨씬 더 복잡한 모습을 갖는다(한경혜, 윤순덕, 2001).

이에 따라 노인들의 거주형태는 주요 관심 대상이 되고 있는데, 이는 노인들의 생활과 안녕에 자녀와의 동·별거 여부가 중요한 의미를 갖기 때문이다. 특정한 노인들의 욕구, 가령 신체쇠약과 건강악화에 따른 노인들의 건강보호욕구는 대체로 함께 거주하는 가족에 의해 이루어질 수밖에 없는 것이 현실이다(김정석, 2005). 그럼에도 불구하고 〈표 10-1〉과 같이 자녀와의 동거 비율보다 비동거 비율이 더 높게 나타났는데, 이는 가치관의 차이에 따른 심리적 갈등으로 인해 자녀와 별거하려는 태도가 빠르게 진행되고 있기 때문이다(박현정, 최혜경, 2001). 통계자료를 보면, 2009년 대비 2015년 자녀와의 동거비율이 소폭으로 상승한 것을 볼 수 있다. 특히 65세~69세, 80세 이상의 동거율이 눈에 띄게 증가한 것을 볼 수 있다. 65~69세의 동거율이 증가한 이유는 초혼연령의 증가와 신캥거루족[1)]의 증가로 볼 수 있다. 80세 이상의 동거율이 증가한 이유로는 현대사회의 의식 변화로 인하여 많은 노인들이 자녀로부터 독립적인 삶을 원하고 있지만, 평균수명의 증가로 노인에게 의존적인 시기가 찾아오게 되면 결국 자녀세대와 동거를 할 수밖에 없는 상황에 처하게 됨을 나타낸다고 볼 수 있다. 기존 연구들에서도 노인의 절반 이상이 건강에 문제가 있고 신체적 의존성이 증가하게 되면 돌보는 사람이 필요하게 되므로 자녀부양을 선호하는 것으로 나타나, 건강이 노인의 자녀와의 동거 여부에 영향을 미치는 중요한 요인임을 시사하였다(김혜연, 김성희, 1999; 박현정, 최혜경, 2001; Crimmins & Ingegneri, 1990; Eu, 1992; Lee & Dwyer, 1996). 이러한 결과에 따르면 노년가구에서도 연령대에 따라 자녀와의 동거율과 동거 이유에서 많은 차이를 보이고 있음을 알 수 있다.

---

1) '캥거루족' 이란 독립할 나이가 지났음에도 불구하고 부모의 경제력에 기대 사는 젊은이들을 가리키며, '신캥거루족' 은 높아진 집값으로 따로 집을 마련하기가 어려워 부모에게 일정액의 주거비용을 지불하며 부모와 함께 사는 젊은이들을 말한다.

〈표 10-1〉 현재 자녀와의 동거 여부(60세 이상) (단위: %)

유형		같이 살고 있음		같이 살고 있지 않음	
		2009년	2015년	2009년	2015년
전체		31.7	32.2	68.3	67.8
성별	남	30.2	31.1	69.8	68.9
	여	32.9	32.1	67.1	67.9
연령	60~64세	38.4	40.1	61.6	59.9
	65~69세	29.5	29.9	70.5	70.1
	70~79세	27.6	26.3	72.4	73.7
	80세 이상	33.0	30.3	67.0	69.7

출처: 통계청(2009, 2015).

또한 향후 자녀와의 동거 희망 여부에 대한 인식은 현재 자녀와의 동거 여부와 유사한 분포를 나타내고 있다. 연령에 따른 분포에서는 연령이 높아질수록 향후 자녀와 동거하고 싶은 비율이 증가하고 있다. 이는 한국 사회에서는 아직도 전반적으로 노부모 부양책임이 자녀에게 있다는 의식이 높으며, 연령이 증가할수록 더 높아진다는 박현정과 최혜경(2001)의 연구와 일맥상통한다고 볼 수 있다. 그러나 2009년과 2015년 결과를 비교했을 때 실제 자녀와의 동거율은 증가했지만 자녀와의 동거를 희망하는 비율은 감소한 결과에 따르면 노년기의 자녀와의 비자발적 동거가 높을 수 있음을 예측할 수 있다.

다음으로, 배우자와 사별했을 경우 자녀와의 동거를 희망하는 비율이 높았다. 한경혜와 윤순덕(2001)의 연구에서는 독립거주를 희망하는 노인들도 건강악화나 배우자 상실 등의 위기상황에 직면하면 기혼자녀와 동거하기를 희망한다고 하였다. 이는 배우자가 있을 경우 신체 · 심리 · 경제적 지지를 배우자에게서 받음으로써 자녀와의 동거에 대한 필요성을 적게 느끼다가, 배우자 상실 후 이에 대한 공허감으로 자녀와 동거하는 비율이 높다고 볼 수 있다.

〈표 10-2〉 향후 자녀와 동거 의향(60세 이상 인구) (단위: %)

유형		같이 살고 싶음		같이 살고 싶지 않음	
		2009년	2015년	2009년	2015년
전체		37.1	24.9	62.9	75.1
성별	남	33.5	22.6	66.5	77.4
	여	35.4	26.7	64.6	73.3
나이	60~64세	31.3	20.5	68.7	79.5
	65~69세	36.1	21.1	63.9	78.9
	70~79세	39.8	27.3	60.2	72.7
	80세 이상	46.8	35.2	53.2	64.8
배우자 유무	배우자 있음	32.7	21.9	67.3	78.1
	사별	47.0	34.0	53.0	66.0
	이혼	31.4	19.8	68.6	80.2

출처: 통계청(2009, 2015).

이처럼 노부모세대는 건강악화, 배우자 사별 등의 이유로 노년기의 후반부를 자녀세대와 동거하면서 보내야 할 것이다. 그러나 노부모세대와 자녀세대의 동거는 가치관과 삶의 방식 차이 등으로 인하여 다양한 문제를 야기할 수 있다. 또한 건강 및 경제적 이유로 자녀와 비자발적 동거를 해야 하는 상황을 고려한다면 3세대 동거주택은 노부모세대와 자녀세대가 동거를 하면서도 갈등을 최소화할 수 있는 환경을 마련해야 할 것이다.

2) 3세대 동거에 대한 태도

(1) 3세대 동거에 대한 노부모세대와 자녀세대의 태도

김지애(1994)는 자녀세대와의 동거에 대한 노부모세대의 태도로서 전통형, 봉사형, 타협형, 미련형, 완전 독립형 등 5가지 유형을 제시하였다. 전통형의 부모는 아들, 손자, 며느리와 함께 살면서 편안히 부양받고 싶어 하며, 봉사형의 부모는 아들이나 딸과 함께 살면서 손자들도 돌보고 자식들도 좀 더 뒷바라지해 주며 자신이 희생하는 것을 마다하지 않는다. 타협형의 부모는 서로 불편할 것 같아 동거에는 자신이 없지만, 자신에게 무슨 일이 생길까 불안하기 때문에 자녀와 바로 옆에 붙은 집에 살기를 원한다. 미련형의 부모는 함께 살면서 불편한 관계가 되는 것은 싫고, 가까이에서 자주 보며 살기를 원한다. 완전 독립형의 부모는 자녀로부터 완전히 해방된 기분으로 따로 살기를 희망하여 후에는 노인요양시설에 입소하기를 희망한다.

김지애(1994)는 또한 자녀세대의 태도로서 효행형, 실리형, 실속형, 합리형, 도피형 등 5가지 유형을 제시하였다. 효행형은 부모님을 같은 집에서 모시고 살기를 원하는 전통적 태도를 가지고 있으며, 실리형은 같이 살면서 집문제와 아이양육문제, 가사부담의 문제를 해결할 수 있기를 희망한다. 실속형은 부모님과 붙어 있는 집에서 서로의 프라이버시를 존중하면서 동거하기를 희망하며, 합리형은 근교에서 살면서 자주 왕래하기를 희망한다. 마지막으로 도피형은 부모님을 편안한 노인시설에 보내 드리는 것이 더 바람직하다고 여기는 유형이다.

이와 같은 유형에 따라 노부모세대와 자녀세대는 동거에 대한 각자의 생각을 조정하고 동거여부를 결정할 것이다. 그러나 보다 행복한 3세대 동거가 이루어지기 위해서는 이러한 유형에 대한 인지뿐만 아니라 동거를 함에 있어 각 세대에게 미치는 영향과 동거의 장단점에 대한 정확한 파악이 필요할 것이다.

(2) 3세대 동거의 장단점

3세대 동거는 다양한 부분에서 장점과 단점을 가지고 있다. 임만택과 박경갑(2000)의 연구에서는 3세대 동거의 장점으로 5가지를 제시하였다. 첫째, 노부모세대와 자녀세대가 서로 도우며 생활할 수 있다. 노부모는 자녀에게 직접 부양을 받을 수 있고, 자녀는 자녀양육과 가사에 대한 부담을 노부모와 나눌 수 있기 때문이다. 둘째, 정신적으로 안정감이 있다. 함께 살면서 매일 서로의 안부를 확인하고, 지지를 받으며, 안정감을 얻을 수 있다. 셋째, 활기차며 즐겁다. 핵가족세대에서 개인 생활 중심으로 살아가는 것보다 노부모세대와 자녀세대가 함께 살면서 많은 대화가 오가며 삶의 즐거움을 찾을 수 있다. 넷째, 곤란한 일이 있을 때 상담할 수 있다. 노부모는 자녀세대에게, 자녀세대는 노부모에게 상담자와 지지자의 역할을 한다. 다섯째, 가계의 낭비를 줄일 수 있다. 노부모세대와 자녀세대가 별거를 하면서 이중으로 부담되는 생활비가 동거를 하게 되면서 감소할 것이다.

그러나 이연숙(1992)과 손승광(2003)은 3세대 동거의 단점을 6가지로 제시하였다. 첫째, 세대 사이에서 생활시간대에 어긋남이 있다. 노인들은 이른 저녁 수면을 취하지만 자녀세대들은 그렇지 않는 등 생활패턴에서의 차이로 불편이 발생할 수 있다. 둘째, 세대 사이에서 취미, 흥미가 다르다. 세대 간 느끼는 문화의 차이는 두 세대 간의 흥밋거리에서도 차이를 발생시키며, 이는 같은 공간에 거주하면서 갈등을 발생시키는 요인이 될 수 있다. 셋째, 손자녀의 교육 및 예의범절에 대하여 노부모세대와 자녀세대 간 의견대립이 일어나기 쉽다. 두 세대 간 삶의 경험의 차이로 인하여 자녀교육 등의 가치관 차이가 손자녀 교육에 있어 의견 차이를 발생시키는 것이다. 넷째, 친구나 지인들을 초대하기 어렵다. 두 세대 모두 서로의 세대에 대한 배려와 공간 활용의 문제로 인하여 자유롭게 지인들을 초대하기 어렵게 된다. 다섯째, 자녀와 떨어지고, 부모와 떨어지기 어렵다. 동거를 하면서 서로에 대한 의존도가 높아져 정신적 독립이 어려워질 수 있다. 여섯째, 별거하고 있는 자녀와의 관계가 소원해진다. 동거하는 자녀에 대한 의존도가 높아지고, 별거하는 자녀들 역시 동거하는 자녀가 있기 때문에 부모세대에 관심을 적게 가지게 되면서 별거하는 자녀들과의 교류가 줄어들게 된다. 그 외에 세대 간의 프라이버시 존중의 문제는 3세대 동거에서 가장 중요한 문제점 중 하나로 볼 수 있다.

이와 같은 장단점을 가지고 있는 3세대 동거주택은 현재 독거노인 100만 시대인(동아일보, 2010. 10. 7.) 우리 사회의 현실에서 점차적으로 증가시켜야 할 주택유형이라 볼 수 있다. 양 세대 간의 불편함이라는 커다란 문제로 인하여 3세대 동거가족은 점차 감소하고 독거노인세대가 계속 증가하게 된다면 우리 사회의 노인문제는 더욱 깊어질 것이다. 따라서 3세대 동거의 단점을 보완하여 노인과 젊은 세대가 함께 어울려 살 수 있는 3세대 동거주택에 대한 연구는 매우 의미 있는 연구가 될 것이다.

2. 3세대 동거주택의 개념 및 특징

1) 3세대 동거주택의 개념

노인가구의 가족 모형은 자녀와의 동 · 별거를 기준으로 구분할 수 있다. 별거를 하고 있는 가구로는 노부모만 살고 있는 1세대 노인핵가족, 노부모와 미혼자녀가 동거하는 2세대 노인핵가족이 있으며, 동거가구는 3세대 직계가족 분리형과 3세대 직계가족 개방형이 있다(최성재, 장인협, 2002).

3세대 직계가족 분리형은 한 지붕 아래 살면서도 위 · 아래층의 구조 또는 입구는 같으면서 벽으로 분리된 형의 주거시설에 노부모세대와 자녀세대가 생활하는 구조적 형태다. 3세대 직계가족 개방형은 노부모가 아들 또는 딸 부부와 동거하며 자녀세대가 가사를 주관하고 생활공간이 개방된 가운데 상호 간의 독립성과 프라이버시를 존중할 수 있는 방법을 강구하는 유형이다.

이와 같이 3대가 함께 거주하는 주택을 일반적으로 '3세대 동거주택'이라고 하며, 이는 노부모세대와 자녀세대 가족이 함께 사는 주거로서, 동거의 개념을 동일평면에서 함께 거주하는 것만이 아닌 인접건물 거주, 동일건물의 거주, 단지 내 다른 건물에서의 거주를 포함하는 광범위한 사용을 의미한다(이연숙, 신화경, 이선미, 윤영선, 1992).

2) 3세대 동거주택의 유형 및 특징

3세대 동거주택의 유형 및 특징은 〈표 10-3〉과 같이 나누어 볼 수 있다. 동거형의 주택은 한 지붕 아래에서 부모세대와 자녀세대가 함께 거주하는 유형이다. 인거형은 3세대가 옆집에 거주하는 것으로, 현관을 각자 사용하되 부모세대와 연결통로를 만들어 유기적 관계를 맺는 유형과 연결통로가 없이 각자의 공간에서 생활하는 유형이 있다. 근거형은 흔히 '스프가 식지 않을 만큼의 거리'에서 거주하며 서로의 안부를 확인하는 유형이다. 이러한 유형들은 각각의 유형별 장단점이 있으며, 이들을 잘 조절한다면 각 유형을 선호하는 3세대에게 효과적인 주거공간을 제시할 수 있을 것이다.

다음에서 제시되는 각 유형별 평면도는 1986년 3대가족 공동주택 설계안 현상공모에서 최우수상을 수상한 계획안으로, 3대가족형 공동주택 개발과 관련하여 동거형, 인거형, 근거형의 예다.

〈표 10-3〉 생활형별 3세대 동거주택 유형

<table>
<tr><th colspan="3">주택 유형</th></tr>
<tr><td rowspan="4">동거형</td><td colspan="2">침실 분리형</td></tr>
<tr><td colspan="2">침실, 화장실, 욕실 분리형</td></tr>
<tr><td colspan="2">침실, 화장실, 욕실, 부엌 분리형</td></tr>
<tr><td colspan="2">침실, 화장실, 욕실, 부엌, 식사실, 거실 분리형</td></tr>
<tr><td rowspan="5">인거형</td><td rowspan="4">내부 연결통로가 있는 형</td><td>침실 분리형</td></tr>
<tr><td>침실, 화장실, 욕실 분리형</td></tr>
<tr><td>침실, 화장실, 욕실, 부엌 분리형</td></tr>
<tr><td>침실, 화장실, 욕실, 부엌, 식사실, 거실 분리형</td></tr>
<tr><td colspan="2">내부 연결통로가 없는 형</td></tr>
<tr><td rowspan="2">근거형</td><td colspan="2">동일동 내 거주형</td></tr>
<tr><td colspan="2">별동 거주형</td></tr>
</table>

출처: 대한주택공사(1986).

(1) 동거형

동거형은 3세대 동거주택의 장점과 단점을 가장 직접적으로 느낄 수 있는 동거유형이다. 동거형에서 거주하는 가족은 '아침식사는 어떻게 할 것인가?' '친구가 놀러 오기로 했는데 며느리가 싫어하지 않을까?' '밤에 화장실에 자주 가는데 애들이 시끄러워 깨지는 않을까?' 등 일상생활에서 빈번히 일어날 수 있는 많은 고민을 할 수 있으며, 이를 해결하기 위해서는 적절한 공간 활용이 필요하다.

동거형 주거구조의 가장 큰 문제점은 침실과 욕실의 크기 및 개수다(이동숙, 윤충열, 2000). 침실과 욕실은 가장 개인적인 공간으로, 이 두 공간은 노부모세대와 자녀세대의 정확한 구분이 있어야 하며, 이것이 제대로 분리되지 않을 경우 세대 간 잦은 마찰이 발생한다.

침실의 크기는 노부모세대와 자녀세대의 또 다른 갈등의 원인이 될 수 있다. 노부모세대가 원하는 침실의 적정도에 대한 연구에서는 침실의 크기가 가장 중요한 평가요인으로 나타났다(이동숙, 윤충열, 2000). 전통적 인식에 따라 안방(가장 큰 방)은 부모님들이 쓰시는 것이 아직도 노부모에게는 중요한 부분인 것이다. 그러나 자녀세대의 연령이 높아지고 손자녀가 성인이 되면서 자녀세대가 안방을 쓰기도 하는데, 그 과정에서 노부모세대와의 작은 마찰이 일어날 수 있다. 따라서 안방을 2개 만들어 이러한 갈등을 줄일 수 있을 것이다.

욕실은 동일 시간에 공동 이용이 불가능하기 때문에 사적 공간으로서 개인의 이용시간과 빈도에 따른 독립성이 요구된다. 노부모의 경우 욕실 사용에 있어 '미끄럽다' '춥다' '야간 이용 시 불편하다'고 하였으며, 욕실의 수가 주거 적정성의 중요한 평가요인이었다(이동숙, 윤충열, 2000). 따라서 화장실의 출입이 잦은 노부모세대를 위하여 욕실을 두 개로 만들 필요가 있다.

거실은 모든 세대가 모일 수 있는 공간으로 가족의 의사소통이 이루어지는 공간이다. 거실에 대한 관점은 두 가지로 나누어 볼 수 있다. 하나는 거실이 가족이 모두 모일 수 있는 공동체적 공간이라는 거실 공유의 장점이며, 다른 하나는 개인의 손님을 접대할 수 있는 공간 부족, 방만 나서면 서로 마주치게 되어 사생활이 보장되지 않는다는 단점이다. 이를 해결하기 위해서는 서로의 생활을 위해 2층으로 구분할 수 있다. 아래층에서는 노부모세대가 거주하며 거실을 사용하고, 위층은 자녀세대가 거주하며 거실을 사용하면 서로의 독립생활이 이루어질 수 있을 것이다. 또한 1층 거실을 넓게 만들어 가족이 모두 모일 수 있는 공간의 배치가 이루어지는 것이 좋다.

앞에서 3세대 동거의 단점으로 지적되었던 친구 및 지인 초대의 어려움에 대한 해결방안으로는 거실의 분리뿐만 아니라 부엌의 분리도 필요하다. 모든 가족이 함께 식사를 할 수 있는 전체 부엌공간은 물론이고, 노부모세대의 공간에 지인들이 방문했을 때 다과를 준비할 수 있도록 간단한 부엌공간을 마련한다면 서로 간의 독립적 생활이 이루어질 수 있을 것이다.

동거형은 노부모세대와 성인자녀세대가 욕실을 분리하여 사용하고, 각 세대별로 고유의 공간이 있으며, 공동으로 거실과 식당을 사용함으로써 가족생활의 유대성과 독립성을 유지할 수 있는 공간구성을 보여 주고 있다.

[그림 10-1] 3세대 동거주택-동거형 평면도

출처: 대한주택공사(1986).

(2) 인거형

동거가 불편하고, 멀리 살기에는 부모님을 자주 뵙고 싶고, 자녀세대 쪽에서 옆에 살면서 도움을 받고 싶은 경우에는 위 · 아래층으로 또는 옆으로 붙어 있는 집에 살기도 한다. 서로 양보와 이해를 가지고 모여 사는 지혜에 따라 불편은 줄이고, 세대 간 교류는 활발한 즐거운 삶의 방법이 될 수 있다(김지애, 1994). 최정신(2004)의 연구에서도 46%의 예비 노부모세대들이 자녀와 인접한 두 개의 주택에서 살기를 희망하였다.

인거형의 가장 일반적인 예는 위 · 아래 또는 옆으로 붙어 있는 집을 마련하여 함께 사는 경우다. 이미 싱가포르에서는 공동주택 분양에서 옆에 붙은 짝을 이룬 집이 공급된 사례들이 있다(김지애, 1994). 이미 우리나라에서도 상계동 19단지 3세대 동거주택은 현관은 따로 사용하지만, 집 안은 내부 연결통로로 이어져 있는 인거형 주택들을 선보인 바 있으며, 일본에서는 페어하우스(pair house)가 공급되기도 하였다.

[그림 10-2] 3세대 동거주택-인거형 평면도

출처: 대한주택공사(1986).

인거형 주택은 이미 지어져 있는 집을 개조하여 두 세대를 연결하는 것일 수도 있고, 처음부터 자녀의 집 옆에 노부모가 살거나 혹은 노부모와 자녀세대가 같은 공간의 다른 건물에서 살 수 있는 집을 지을 수도 있다. 인거형은 노부모세대와 성인자녀세대의 집이 서로 붙어 있으나 현관문, 부엌, 욕실을 분리하여 독립적인 생활을 할 수 있도록 하여 가족생활의 유대성과 독립성을 모두 고려한 주택유형으로 볼 수 있다.

(3) 근거형

동거를 하면서 생기는 문제점은 감당할 수 없고, 부모님과 완전히 떨어져 살 수 없는 경우에 주로 선택한다. '스프가 식지 않는 거리'에서 자주 왕래는 하지만 각 세대의 독립적인 생활을 유지하는 방식으로 부모가 아직 건강하고 나름대로의 생활을 가지고 있을 때 이루어질 수 있는 방법이다(김지애, 1994).

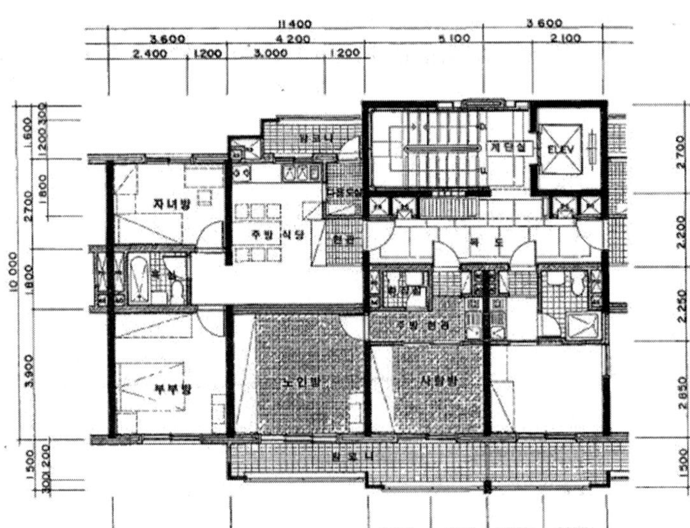

[그림 10-3] 3세대 동거주택-근거형 평면도

출처: 대한주택공사(1986).

근거형은 주로 같은 아파트 단지 내에서 거주를 하거나, 같은 동네에서 사는 것이다. 서로 왕래하기에 부담이 없을 거리 정도에서 생활하면서 서로의 안부를 확인할 수 있는 유형이다.

근거형은 하나의 주거동 내에서 노부모세대와 성인자녀세대가 각각 별도의 주호에 거주하는 형태다.

3. 외국의 3세대 주택 사례

1) 호주

호주에서는 1938년부터 저소득층 주거지원을 위한 정책을 진행해 왔다. 1983~1984년 연방정부와 각 주의 정부는 주택공급을 위한 지원협약(Commonwealth State Housing Agreement: CSHA)을 체결하였다. 이는 집을 구입하거나 임대할 능력이 없는 저소득층에게 주택 관련 서비스를 제공하는 내용으로, 정부주택(public housing)을 제공하며, 집세 지불능력이 없는 거주자들에게는 집세를 할인해 주고, 노인과 장애인들이 거주할 수 있도록 주택을 계획하는 것이었다(Thorne, 1986: 이영심, 이상해, 2002 재인용).

호주의 각 주들은 연방정부로부터 받는 주택자금을 다양한 목적으로 사용한다. 저소득층을 위한 주택을 건설하기도 하고, 일반주택을 구입하여 저소득층에게 임대하기도 하며, 저소득층의 주택 임대비용을 원조하고, 저소득층을 위해 일하는 비영리단체와 자선단체에게 주택과 운영자금을 제공하기도 한다(이영심, 이상해, 2002).

정부의 임대주택과 지역사회주택에는 저소득층 노인을 위한 주택들이 있다. 정부주택으로는 고층아파트, 그래니 플랫(granny flat)이 있으며, 지역사회주택으로는 애비필드주택(abbeyfield housing), 임대주택조합(Rental Housing Co-operative:

RHC), 공동임대주택조합(Common Equity Rental Housing Co-operative: CERC), 무주택 노인용 지역사회주택, 장애노인용 소규모의 지역사회주택 등이 있다(이영심, 이상해, 2002).

이 중 그래니 플랫은 3세대 동거주택 중 하나로 노인이 가족이나 친구들 가까이에서 독립적으로 살 수 있는 주거형태다. 이는 우리나라 제주도의 '안팎거리형 주택'[2)]과 유사한 형태로 볼 수 있다. 그래니 플랫은 노인의 총 자산이 3만 불을 기준으로 그 이하인 경우는 정부주택으로 시(council)에서 대여 받을 수 있으며, 그 이상인 경우는 개인적으로 구입해야 한다. 그래니 플랫에는 난방용 가스히터, 오븐레인지 및 가스레인지가 제공되며, 이것들과 주택은 노인이 사망 또는 이주할 경우 반환해야 한다. 대여료는 일주일 노령연금의 25% 정도다(최정신, 2004). 그래니 플랫의 유형은 1침실형, 거실 연장형 그리고 2침실형이 있으며, 장애노인을 배려한 별도의 디자인을 실시하기도 한다(이영심, 이상해, 2002).

2) 미국

(1) 액세서리 주택

액세서리 주택(Accessory Dwelling Unit: ADU)은 일반주택에 부수적인 주택을 추가하여 개축한 것으로, 미국에서는 가장 일반적인 3세대 동거주택 유형이다. 액세서리 주택은 독립된 부엌과 욕실, 출입구를 갖추고 있으며, 분리된 주택이다. 마당이 있는 단독주택의 경우, 정원 등에 부수적으로 노부모가 살 수 있는 주택을 추가하여 부모님을 모시고 살다가 부모님의 운명 후 이를 철거하는 방식으로 많이 이용하는 것으로 알려져 있다.

단독주택에서 활용할 수 있는 액세서리 주택은 주 건물에서 떨어져 따로 짓거

---

2) 안팎거리형 주택: 하나의 대지 내에 안채에는 부모가, 별채에는 자녀세대가 별도의 부엌과 공간을 가지고 생활하는 주거형태를 말함.

나 붙여서 짓지만, 붙여서 짓는 경우에도 구조적으로는 주 건물과 독립되어 있다. 액세서리 아파트는 기존의 공간을 이용하므로 단독주택에 짓는 것보다 저렴하다(Hare, 2000). 인거형을 희망하는 경우에 좋은 대안이라 볼 수 있다.

액세서리 주택은 개축 후 타인에게 임대를 할 수도 있어 소득이 증가하며, 주택개조 후 자식과 같이 살면서 동거로 인한 주택관리비가 경감되고, 사생활을 보호하면서 상호 원조가 가능하다. 그러나 주택개조에 비용이 많이 든다는 점과 단독주택지대가 아파트 주거지역으로 변질됨으로써 부동산 가치가 하락할 수 있다는 단점을 가지고 있다(이정헌, 2006).

(2) 에코 주택

에코 주택(Elderly Cottage Housing Opportunity: ECHO)은 호주에서 사용되는 그래니 플랫(granny flat)을 미국에서 지칭하는 용어로, 많은 노인들이 그래니 플랫에 대해서 가지고 있는 부정적인 이미지를 없애기 위하여 1980년대 초에 미국은퇴자협회 주택 코디네이터였던 Leo Baldwin이 처음으로 사용하기 시작하였다. 한편, 에코 주택이란 큰 주택의 옆에 있어서 '메아리(echo)'라는 뜻을 가지고 있기도 하다(최정신, 2004).

에코 주택은 공장에서 생산된 작은 이동식 주택을 자녀가 거주하는 집 정원이나 옆에 설치하는 형태로, 가족이나 친구와 가까운 곳에서 독립적으로 살 수 있는 경제적인 방법이다. 이는 이동이 가능하며, 재사용이나 철거가 가능하고, 자녀와 독립적인 생활을 하지만 가까이 거주함으로써 노인이 심리적 안정감을 가질 수 있다. 그러나 미관상 좋지 않다는 이유로 지역에 따라서는 설치 허용이 불가한 곳이 있으며, 노인 사망 시 즉시 철거를 해야 한다.

3) 일본

일본의 페어주택(pair house)은 1970년대에 처음으로 공급되었으며, 고령자와 그 자녀 가족이 동거할 수 있으면서 서로의 프라이버시를 지킬 수 있도록 설계되었다. 각 지방자치단체에서 공급된 공영주택과 주택공단이 집합주택에 공급한 3세대 주택으로 노부모세대와 성인자녀세대를 인접시켜 각 세대에 현관, 부엌, 화장실 등을 별도로 설치한 것으로, 노부모세대와 성인자녀세대 간의 생활상의 분리와 융합을 꾀하기 위한 주택이다(곽희석, 2002).

입주조건은 노부모세대의 월평균 수입과 자녀세대의 월평균 수입의 합계액이 페어주택 세대용의 임대료와 고령자용 임대료 총액의 4배 이상이 되어야 한다. 또한 신청 당사자 및 동거인, 혹은 가구 구성원 중 만 60세 이상의 고령자가 있어야 하며, 신청자의 월평균 수입이 도시가구가 정한 기준금액(임대료의 4배 또는 33만 엔) 이상이어야 한다(이현정, 2007).

이는 노인이 사망, 퇴거하거나 동거가족의 수가 감소하는 경우 원칙적으로 이전해야 하는 단점을 가지고 있으며(이정헌, 2006), 두 채의 주택을 사용함에 따라 임대료가 비싸지는 점 등의 실질적 어려움이 많아서 현재는 중지되었다(최정신, 2004).

페어주택은 A와 B 두 가지 형태가 있다. A형은 계단을 사이에 두고 성인자녀

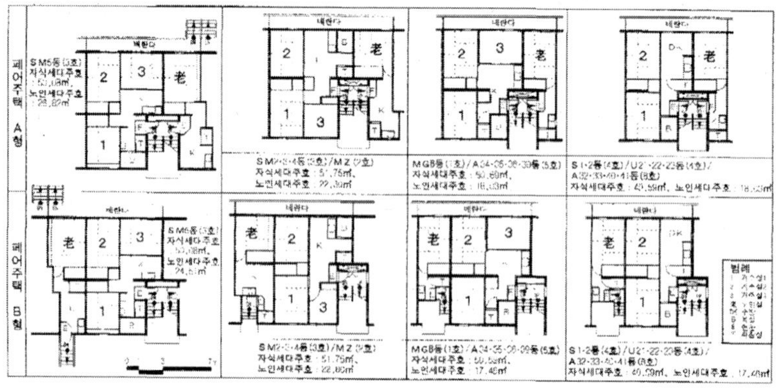

[그림 10-4] 일본의 3세대 주택-페어주택 평면도

출처: 곽희석(2002).

세대와 노부모세대가 마주 보고 있는 형태이고, B형은 성인자녀세대와 노부모세대의 현관이 서로 떨어져 있는 형태다. 이 두 형태는 모두 성인자녀세대와 노부모세대가 베란다로 연결되어 있다. 페어주택 거주자들은 베란다의 연결에 대해 호의적이었으며, 현관과 노부모세대의 부엌 설치는 양 세대 간의 생활상의 독립을 위한 기본적 요소로서 활용되기 때문에 긍정적으로 평가하였다(곽희석, 2002).

이 외에도 일본에는 세대교류형 주택인 '컬렉티브하우스 스가모'[3]가 있다. 이는 가족용 주택 3가구와 원룸 8가구로 구성되어 있으며, 각 가구는 독립된 공간을 갖고 있다. 각 가구는 공용식당에서 월 1회씩 의무적으로 음식을 만들어 먹으며 이웃의 정을 쌓고 있다(조선일보, 2011. 1. 25.). 이는 3세대 동거형 주택의 또 다른 형태로 볼 수 있으며, 직계가족과의 교류의 어려움에 따른 세대 간 단절을 가족 밖에서 찾는 대안이 될 수 있을 것이다.

4. 한국의 3세대 동거주택 현황 및 전망

1) 한국의 3세대 동거주택 현황

우리나라에서 3세대 동거주택의 유형을 아파트에 도입한 것은 1980년 중반으로, 당시 반포 1단지 32평(복층형으로 실제 61평형)과 목동 1단지 45평 C형, 목동 3단지 45평 B형, 55평 D형이었으나 중산층의 접근성이 낮아, 정부에서는 1988년 서울 상계동에 중산층을 위한 3세대 동거아파트를 분양하였다(신경주, 최정신, 1989).

---

3) 세대교류형 주택: 주방, 거실 등을 공용으로 사용하는 유럽의 컬렉티브하우스(collective house)에서 유래된 용어

〈표 10-4〉 1980년대 3세대 동거주택 유형

<table>
<tr><th>이름</th><th>내용</th><th>구조</th></tr>
<tr><td>목동 3세대 동거 아파트</td><td>1985년에 중·상류층을 대상으로 개발된 45평과 50평 규모의 수평인거형 3세대 동거아파트다.
현관을 들어오면 좌우 양쪽으로 자녀세대와 노부모세대가 분리되며, 노부모세대에게는 욕실과 부엌이 따로 제공된다.</td><td>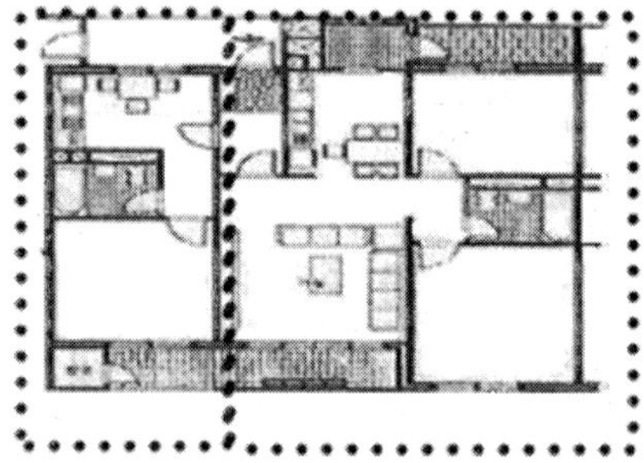</td></tr>
<tr><td rowspan="3">대한 주택 공사에서 개발한 상계동 아파트</td><td colspan="2">대한주택공사에서는 중산층들의 3세대 동거를 권장하고, 주택 구입을 지원하기 위하여 1986~1989년에 상계동 19단지에 3세대 동거아파트를 개발하였다. 상계동 19단지는 수직동거형 25평형 120호, 수평동거형 27평형 120호, 수평인거형 27평형 120호 총 360호를 건설하였다. 상계동의 3세대 동거아파트는 이와 같은 구성으로 개인의 프라이버시를 유지하면서 공동체적 삶을 살 수 있도록 개발되었다.</td></tr>
<tr><td>① 수직동거형(25평)
1층에는 거실과 부엌이 있어 가족이 공동생활을 하면서 노인들이 소외감을 느끼지 않도록 하였으며, 1층에 노인실을 배치하여 노인들이 계단을 오르내리지 않도록 배려하였다. 2층의 자녀세대 공간에도 욕실을 따로 배치하여 사적인 부분을 배려하였다.</td><td>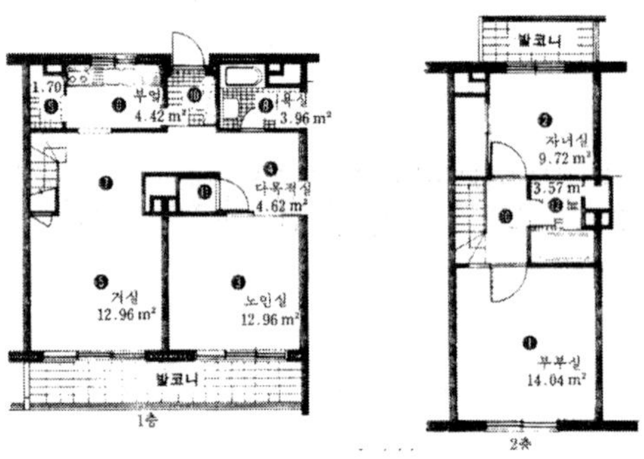</td></tr>
<tr><td>② 수평동거형(27평)
일반 아파트의 구조와 유사하다. 그러나 노인실에 욕실과 화장실을 배치하여 노인들이 보다 자유롭게 화장실을 오갈 수 있도록 배려하였으며, 공용공간과 개인공간을 분리하였다.</td><td>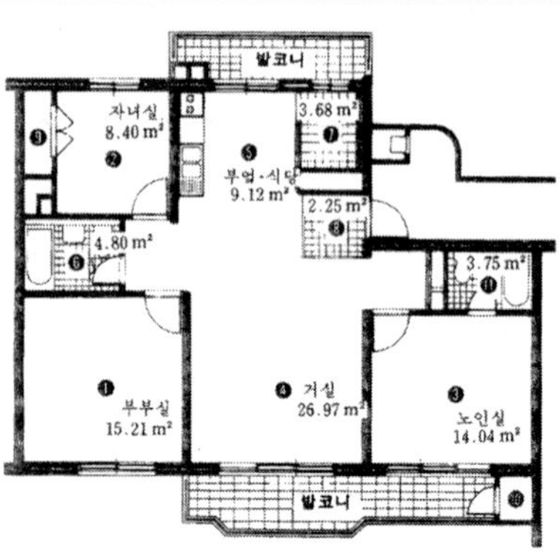</td></tr>
</table>

	③ 수평인거형 A형(27평) 현관은 함께 사용하지만 두 세대 간 공간이 완전히 분리되어 있다. 노부모세대에 욕실을 배치하였으나 부엌은 배치되어 있지 않다.	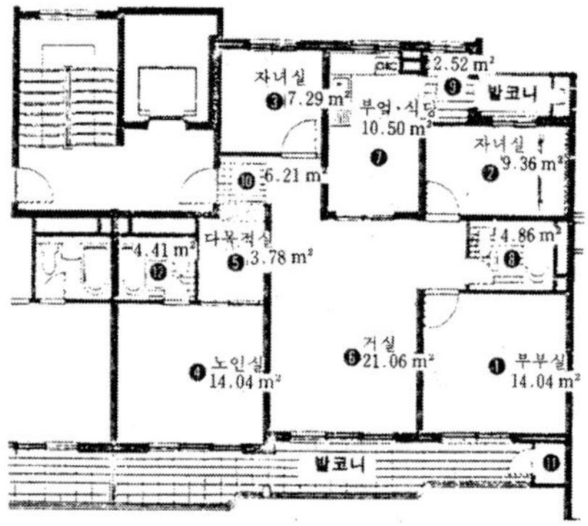
	④ 수평인거형 B형(27평) 노부모세대와 자녀세대의 현관이 분리되어 있으며, 노부모세대에 간이부엌과 욕실이 설치되어 있어 두 세대의 독립성이 강화되었다. 필요에 따라서는 거실쪽 문을 이용하여 두 세대가 교류할 수 있는 구조다.	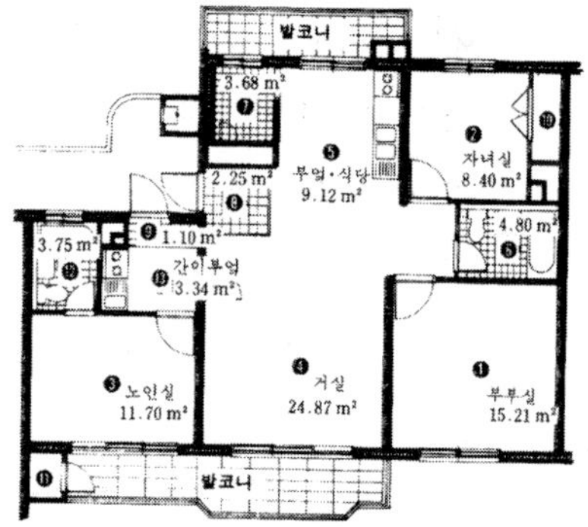

출처: 최정신(2004).

그러나 목동아파트의 경우 중 · 상류층 대상의 평형으로 분양가가 높아 분양에 많은 어려움이 있었으며, 노부모세대와 동거를 희망하는 저소득 및 중류층에게는 접근성이 부족하여 미분양 비율이 높았다(최정신, 2004). 또한 상계동 19단지 3세대 주택의 경우 주택규모가 너무 협소하고, 향후 매각이 어려울 것으로 예상되는 등의 문제점이 제기됨에 따라 이후 확대, 공급되지 못하고 중단되었다. 2000년 6월의 조사에 의하면, 인거형 중 노인부부와 자녀부부가 거주하는 경우는 하나도 없었다(박신영, 2006). 이처럼 이러한 3세대 동거주택은 분양실적이 좋지 않아 일반주택으로 개조해서 분양되기도 하는 등 실패한 정책이라는 평을 받기도 하였다(노년시대 신문, 2013. 9. 6.).

그러나 앞에서 언급한 바와 같이 경제 및 건강상의 이유와 자녀양육 등의 문제로 부모-자녀세대가 동거하는 3세대 가구의 수가 점점 증가하고 있으며, 최근에는 다세대가 한 집에 거주하면서도 별도 아파트처럼 독립된 생활이 가능한 세대분리형 구조가 등장하고 있다. 그 구조로는 실내구조를 쉽게 변형할 수 있는 스마트 평면, 부분 복층형 등의 다양한 형태로 나타나고 있다(한국주택신문, 2012. 5. 1.).

특히 LH공사에서 제공하고 있는 'Two in One' 주택구조는 개인의 라이프스타일에 맞게 다양한 목적으로 사용할 수 있는 독립적인 공간으로 제시되고 있다. 이는 〈표 10-6〉과 같이 3가지 선택형으로 구분된다. 이러한 1980년대 3세대 주택과 2012년 3세대 주택구조의 특성은 3세대 동거라는 동일한 목적을 가지고 있지만 활용성 면에서 차이를 보이고 있다. 2012년에 제시된 'Two in One' 주택구조는 필요에 따라 공간을 별도로 임대할 수 있도록 하여 1980년대에 제시되었던 주택구조에 비해 상황에 따른 활용성을 높였다고 평가할 수 있다.

〈표 10-5〉 두 가족 이상이 살 수 있는 평면을 갖춘 단지(2012년)

위치	사업명	규모(m^2)	총 가구 수	특성
서울 강남구 삼성동	LH도시형 생활주택 (공공임대)	27~41	47	나눔형(home share), 쌍둥이형(twin), 복층형(duplex) 3가지 형태로 소형가구임
서울 송파구 석촌동		17~26	22	
서울 송파구 송파동		18~27	24	
고양시 일산동	성우오스타	124~132	124	세대분리형 평면구조 거실을 2곳으로 분리
부천시 약대동	약대아이파크	59~182	1,613	출입구 1개 욕실과 주방 별도
김포한강신도시	한라비발디	105~126	857	부분복층평면
인천 영종하늘도시	한양수자인	59	1,304	현관, 욕실, 주방 2개로 독립성 강조
부산시 금정구 장전동	블루밍디자인시티	59~164	1,682	현관, 욕실, 주방 2개로 독립성 강조

출처: 한국주택신문(2012. 5. 1.).

〈표 10-6〉 'Two In One' 주택구조

유형	면적	특성
나눔형	전용 $74m^2$ 또는 $84m^2$	노년층이 자녀의 유학이나 결혼 등의 사유로 가족이 줄어들 경우 여유 공간을 부분임대로 활용하고, 수익을 낼 수 있는 평면 집을 합칠 때는 다시 공간을 통합해 생활이 가능
쌍둥이형	$59m^2$	싱글족 등 1~2인 가구를 위한 주택으로, 공간을 균등 분할해 부분임대를 주거나 재택근무 공간으로 활용하는 등 다양한 변환이 가능. 통합사용 시 일반적인 표준가구(3인 정도)가 거주 가능. 부분임대나 재택근무공간으로 사용 시 별도의 세대 현관문을 설치하여 상호 간의 프라이버시 보호 가능
복층형	전용 $84m^2$	복층 개념으로 계획한 평면으로, 1, 3층 각각의 세대가 2층을 양분(1/2)해 사용이 가능하며, 1층과 3층은 2~3인 가구가 사용하고, 2층은 부분임대를 주거나 재택근무 등 목적에 따라 다양한 활용이 가능. 자녀와의 합가 등의 경우에도 별도의 층에 거주함으로써 상호 간의 프라이버시 존중이 가능하도록 계획. 각 층에서 출입이 가능하도록 별도의 출입문을 설치

출처: 한국토지주택공사 블로그(2012. 1. 11.).

2) 한국의 3세대 동거주택의 전망

(1) 노인의 특성을 고려한 주거환경 개선

지금까지 3세대 동거주택은 주로 개인의 프라이버시를 존중하면서 가족 구성원의 공동체성 향상에 초점을 맞추어 개발되었다. 3세대 동거의 주된 연령층은 80세 이상으로, 이 시기는 노부모가 자녀에게 의존하는 시기다. 따라서 3세대 동거주택은 노부모의 의존적 특성을 고려하여 주거환경 개선이 이루어져야 할 것이다.

특히 노인에게 있어 가장 중요한 건강과 안전성은 필수적으로 고려해야 할 요소다. 예를 들어, 무릎과 허리에 관련된 질병이 있는 노인이 걷기와 앉기 등을 자주 하는 것은 건강을 악화시킬 수 있으므로 이들을 위해 입식가구시스템을 설치하는 것이 좋을 것이다. 또한 안전을 위해서는 미끄러짐에 의한 사고 발생을 최소화하기 위해 미끄럽지 않은 바닥 설치, 노인들의 신체특성을 고려한 레버식 수도꼭지 설치, 좌식생활과 보행에 불편을 겪는 노인들을 고려한 주요 설비시설 집중화 등 노부모세대를 고려한 주거환경이 제공되어야 할 것이다(한필원, 손명기, 김홍용, 박진옥, 이주옥, 2007). 노부모세대는 신체 · 심리적으로 사회적 약자로서 이들에게 편리한 도구들은 자녀세대들에게도 편리할 것이다.

(2) 한옥의 특성을 고려한 3세대 동거주택

지금까지 정책적으로 제안된 3세대 동거주택은 우리나라에 아파트 위주의 주거환경으로 인하여 아파트 내에서의 3세대 융화를 위한 주택구조에 대한 것이 많았다. 그러나 단독주택거주는 생활영역이 마당으로 연결되어 확장되거나 서로 직접 부딪히는 정도가 감소할 가능성이 높아져 스트레스를 덜 받게 되므로(손승광, 2003), 3세대 동거가족에게는 아파트보다는 단독주택에 거주하는 것이 심리적 안녕을 위해 좋을 것이다.

우리나라의 전통주택인 한옥의 특성은 마당이라는 공간과 그 공간을 사이에 두고 각 세대가 분리되어 있는 것으로, 호주의 그래니 플랫, 미국의 에코 주택과 유사하다.

한옥의 특성을 고려하여 3세대 동거주택을 디자인한 이연숙(2006)은 『오고 있는 미래, 반응하는 세계주택』이라는 책에서 2010년 주택의 모델로 전통 3대 동거문화를 현대적 평면에서 갈등 없이 풀어낼 수 있는 3세대 동거주택 디자인을 선보였다. 이 디자인은 한옥의 기능을 접목시켜 노인실 옆에 툇마루를 설치하였고, 노부모세대가 편히 쉴 수 있는 공간과 자녀세대와의 독립적 생활을 영위할 수 있는 공간을 마련하는 등 현대의 편리함과 3세대 동거가족에서 발생할 수 있는 갈등을 완화할 수 있는 구조를 이루고 있다.

따라서 한옥의 특성을 고려한 3세대 동거주택은 기존의 아파트의 편리성과 한옥의 분리적 특성을 고려하여 3세대가 융화하여 살 수 있는 좋은 주거환경을 제공할 수 있을 것이다.

(3) 저소득층을 위한 3세대 동거주택

초기의 3세대 동거주택들은 45평 이상의 중 · 상류층을 겨냥하여 개발되었으나, 상계동 19단지 3세대 동거아파트는 서민을 위하여 개발되었다. 그러나 소득부족으로 삶의 어려움을 겪고 있는 저소득가구를 위한 3세대 동거주택의 개발은 이루어지지 않고 있다. 손승광(2003)은 기존의 낡은 13평형의 임대아파트 2가구를 병합하여 좁은 공간에서도 3세대가 원활하게 동거할 수 있는 방법을 제시하였다. 그러나 저소득층에게는 2주택 소유 역시 불가능한 상황이다. 따라서 정부에서는 임대아파트 건축 시 단지 내에 소규모의 3세대 동거형 주택을 마련하여 저소득층 가구들에게 임대받을 수 있는 기회를 제공할 필요가 있다.

최근 정부에서는 고령자의 주거복지향상을 위해 국토교통부를 중심으로 '고령자용 국민임대주택 시범사업'을 진행하고 있어 저소득층의 노인들을 위한 저렴주택(affordable housing)의 계획을 가지고 있는 것으로 보인다(배정윤, 강경연, 이경훈, 2008). 고령자용 국민임대주택 제공 시 3세대 동거형 주택을 혼합하여 건설한다면 저소득층의 3세대 동거를 장려할 수 있을 것이다.

참고문헌

곽희석(2002). 페어주택 거주자의 거주실태에 관한 연구-일본 시즈오카 시영 페어주택의 조사를 통하여. 대한건축학회 학술발표대회 논문집, 22(2), 163-166.

김정석(2005). 초고령 노부모들의 세대구성별 가구형태. 가족과 문화, 17(3), 3-18.

김지애(1994). 21세기엔 이런 집에 살고 싶다. 서울: (주)서울포럼.

김혜연, 김성희(1999). 노인의 부양유형 선호와 영향요인. 대한가정학회지, 37(2), 85-97.

대한주택공사(1986). 3대 가족형 공동주택 설계안 현상공모 우수작품 설계도집. 경기: 한국건설기술연구원.

대한주택공사(1987). 3대가족형 공동주택개발연구. 서울: 건우사.

박신영(2006). 고령자 주거지원 중장기 계획 수립 연구. 서울: 건설교통부.

박현정, 최혜경(2001). 한국노인의 자녀와의 동거여부에 영향을 미치는 요인들-노인의 노후 부양가치관을 중심으로. 한국가정관리학회지, 19(1), 63-75.

배정윤, 강경연, 이경훈(2008). 고령사회에 대응한 고령자용 국민임대주택의 계획방향 설정에 관한 연구. 대한건축학회 학술발표대회 논문집, 24(5). 23-30.

손승광(2003). 3대가족 동거주택을 위한 수직 2호 1주택 아파트 재구성 연구. 한국주거학회 논문집, 14(3), 147-156.

신경주, 최정신(1989). 3대 동거형 아파트의 입주 후 실태분석-상계지역의 경우-. 대한가정학회지, 27(3), 89-102.

이동숙, 윤충열(2000). 3세대 동거주택에 대한 부모, 손자녀 세대의 주의식. 한국주거학회지, 11(1), 1-12.

이연숙(1992). 삼대가족 아파트의 잠재적 효용성 및 계획 지침 설정에 관한 연구. 서울: 연세대학교 출판부.

이연숙(2006). 오고 있는 미래, 반응하는 세계주택. 서울: 연세대학교 출판부.

이연숙, 신화경, 이선미, 윤영선(1992). 실증적 관점에서 본 삼대가족의 아파트 개발 타당성에 관한 연구. 한국주거학회지, 3(1), 21-33.

이영심, 이상해(2002). 호주 멜버른 지역의 저소득층 노인 주거 사례연구. 한국가정관리학회, 20(1), 103-114.

이정헌(2006). 고령화 사회에 따른 부산시 노인주거정책 추진방안 연구. 부산: 부산발전연구원.

이현정(2007). 일본의 고령자 주거지원정책 및 고령자 주택 특성 분석. 대한건축학회 논문집: 계획계, 23(12), 11-18.

임만택, 박경갑(2000). 3세대가족의 동거실태와 동거의식에 관한 연구. 한국주거학회지, 11(1), 13-23.

임만택, 박경갑(2002). 고령자의 동거형 주택계획에 관한 연구. 한국주거학회지, 13(3), 85-91.

조성남(2006). 노인부모부양에 관한 기혼자녀세대의 인식-초점집단토론(FGD) 자료분석을 중심으로. 한국인구학, 29(3), 139-157.

최성재, 장인협(2002). 노인복지론. 서울: 나남출판사.

최정신(2004). 수도권거주 50대 중년층의 3대 동거 주택에 대한 의식변화. 대한건축학회

논문집: 계획계, 20(10), 67-78.
통계청(2009). 2009년 사회조사보고서.
통계청(2015). 2015년 사회조사보고서.
페데스개발(2012). 2012년 주거공간 7대 트렌드.
한경혜, 윤순덕(2001). 자녀와의 동 · 별거가 농촌노인의 심리적 복지감에 미치는 영향. 한국노년학, 21(2), 163-178.
한필원, 손명기, 김홍용, 박진옥, 이주옥(2007). 노인의 주거요구 분석을 통한 영구임대 아파트의 리모델링 계획요소 연구-대전시 보라아파트 1단지를 대상으로. 대한건축학회 논문집: 계획계, 23(12), 73-82.

Crimmins, E. M., & Ingegneri, D. G. (1990). Interaction and living arrangements of older parents and their children: Past trends, present determinants, further implications. *Research on Aging, 12*(1), 3-35.
Eu, H. S. (1992). Health status and social and demographic determinants of living arrangements among the Korean elderly. *Korean Journal of Population and Development, 21*(2), 197-223.
Hare, P. H. (2000). *ECHO Housing, The Encyclopedia of Housing*. Sage Publication, 129-330.
Lee, G. R., & Dwyer, J. W. (1996). Aging parent-adult child coresidence: Further evidence on the role of parental dependency. *Journal of Family Issue, 17*(1), 46-59.
Thorne, R. (1986). *The Housing and Living Environment for Retired People in Australia*. Hale and Iremonger in association with the Ian Buchan Fell Research Center.

노년시대신문(2013. 9. 6.). (30)세대간 교류를 위해 만든 '3세대 동거형 주택' 실패.
동아일보(2010. 10. 7.). 독거노인 100만 가구 돌파.
조선일보(2011. 1. 25.). 노인 · 젊은이 골고루 나눠 임대 日 '세대교류형 주택' 급속 확산.
한국주택신문(2012. 5. 1.). 3세대가구 증가. 두 가족 살기 좋은 평면 인기.

한국토지주택공사 블로그(2012. 1. 11.). http://blog.naver.com/bloglh?Redirect=Log&logNo=150128883335&from=postview

제11장

노인주택과 디자인

유병선

은퇴 후 많은 시간을 가정 내에서 보내는 노인에게 있어서 주택디자인은 안전하고 건강한 노인의 삶에 매우 중요한 역할을 하게 된다. 따라서 노인주택산업에 있어서 가장 전제가 되어야 할 조건이 바로 안전하고 쾌적한 주택디자인이다. 이 장에서는 노인의 특성에 맞는 주택디자인 방향에 대해 생각해 보고, 노인주택디자인의 기본 원칙과 구체적인 디자인 가이드라인을 알아보고자 한다.

노인은 연령의 증가와 함께 점차로 일상생활능력이 저하되며, 결과적으로 주거환경에 장애를 경험하게 되는데, 만일 노인이 바람직하지 못한 환경에 장시간 노출되면 통제감을 상실하고 무기력하게 되어 행동에 위축현상이 나타나게 된다. 따라서 노인의 주거환경에서는 노인의 정신적 · 심리적 안식처로서의 기능과 안전한 환경으로서의 기능이 절실히 요구된다.

또한 노인은 보행능력, 시각적 능력, 청각적 능력, 공간통합능력이 연령의 증가와 더불어 감소하므로, 노인을 위한 주거환경은 환경적 자극물로서 여러 가지 시각적 자극이나 상징적 단서를 풍부하게 제공하고, 외부 환경에 대해 더 많은 정보를 얻어 노인의 학습 경험이 계속 이루어질 수 있도록 해야 한다(Lawton, 1975). 따라서 노인주택은 노인의 주거욕구 충족의 수단뿐만이 아니라 노인의 특성을 반영하여 노인 스스로 독립성을 유지하고, 안전하고 안락한 일상생활의 장이 될 수 있도록 디자인되는 것이 중요하다.

1. 노인의 특성에 대응한 주택디자인 방향

노인주택이 노인에게 지지적인 환경을 제공하기 위해서는 무엇보다 노인이 노화현상을 겪으면서 나타나게 되는 신체적 쇠약한 상태를 지원할 수 있어야 할 뿐만 아니라 심리적 · 사회적 측면에서 노인이 갖는 특성을 보완할 필요가 있다.

1) 노인의 신체적 · 생리적 · 감각적 특성에 대응한 주택디자인 방향

(1) 노인의 신체적 변화와 주택디자인 방향

노년기에는 신체적 골격의 변화가 일어나고, 근육의 탄력성이 감소하며, 신체의 자세와 신체의 전반적인 균형상태가 흐트러지게 된다. 이와 관련하여 일반성인 남녀와 기본적인 신장의 차이뿐 아니라 노화과정으로 인해 신체적 골격의 변화로 신장이 감소할 뿐만 아니라 신체운동을 조절하는 신경과 근육의 기민성 손실로 노인의 동작영역과 작업영역이 크게 줄어들게 된다(Valins, 1988). 또한 균형유지능력의 상실이나 감소는 낙상의 위험을 가져온다. 이러한 낙상의 위험과 관절의 마비 등으로 인해 노인의 운동성은 제한을 받게 되며, 그 결과 생활영역이 한정되게 된다. 따라서 노인의 이러한 신체적 특성을 반영한 주거환경디자인이 필요하다. 이를 요약해 보면 〈표 11-1〉과 같다.

〈표 11-1〉 노인의 신체기능 변화, 일상생활의 영향 및 주택디자인 방향

신체기능의 변화		일상생활에 미치는 영향	주택디자인 방향
인체 치수	• 골격이 작아짐 • 신체치수가 작아짐	• 젊은 시절 쓰던 물건이나 주거공간이 신체에 맞지 않음	• 수납공간의 치수 재검토 • 주방의 치수 조절 • 동작상의 필요 치수 재검토 (스위치, 문의 손잡이 등)
근력	• 근섬유가 가늘어져 근력 저하 • 손끝이 기민하게 움직이지 않음 • 쥐는 힘, 손가락 끝의 힘이 약해짐 • 민첩성이 떨어짐 • 속도, 지구력이 약해짐 • 평형감각기능 저하	• 작은 손잡이를 잡기 어려움 • 신체지수가 작아짐 • 낙상위험 증가 • 운동동작능력 감소	• 조작하기 쉬운 손잡이 설치 • 발에 걸릴 단차 제거 • 미끄럽지 않은 바닥재 사용
골격계	• 다리와 허리가 약해짐 • 균형감각이 저하 • 발끝의 기민성 약화 • 보폭이 좁아짐 • 발을 들어올리는 힘이 약해짐 • 팔과 손끝의 힘이 약해짐	• 일어서는 데 시간이 소요됨 • 단차가 있으면 이동하기 어려움 • 잘 미끄러지고, 걸려 넘어짐	• 높이가 조절되는 의자 사용 • 이동거리 단축계획 • 단차 제거 • 통로에 안전손잡이 설치 • 미끄럽지 않은 바닥재 사용

출처: 건설교통부(2005); 김용엽(2010) 재정리.

(2) 노인의 생리기능 변화와 주택디자인 방향

노화과정과 함께 신체 내부의 기관 및 조직의 변화가 일어나면서 소화기능이 감퇴하고, 기초대사율이 크게 저하되어 온도 변화에 따른 적응능력이 떨어지며 혈액순환 또한 둔화되고 불규칙해진다. 따라서 적정한 체온유지가 어려워지게 되므로 노인의 주요 사망 원인 중 하나인 저체온증(hypothermia)을 방지할 수 있어야 한다(Valins, 1988). 또한 생리적 배설기능의 저하로 화장실 출입이 빈번하게 되며, 수면시간이 적어져 잠에서도 자주 깨게 된다. 또한 폐조직의 탄력성 저하로 인해 천식 등이 발병할 확률도 높아지므로 이에 대비한 디자인이 필요하다. 노인의 생리적 기능 변화에 따른 주택디자인 구축방향을 살펴보면 〈표 11-2〉와 같다.

〈표 11-2〉 노인의 생리기능 변화, 일상생활의 영향 및 주택디자인 방향

생리기능의 변화		일상생활에 미치는 영향	주택디자인 방향
심혈관	• 혈관의 탄성 저하에 따른 동맥경화, 협심증, 심근경색, 고혈압 발생	• 온도 변화에 따른 적응능력이 떨어짐	• 1년 내내 적절한 온도로 유지될 수 있는 냉난방설비 설치
배설	• 생리적 배설기능 저하 • 배설이 잦아짐 • 소화기능의 저하	• 밤중에 화장실 출입이 빈번함	• 침실 가까이에 욕실 및 화장실 배치 • 야간 조명등 설치
수면	• 중추신경이 약해져서 수면시간이 대체로 짧아지고 잘 깸	• 밤 시간의 수면 부족으로 낮잠을 자거나 불면증으로 인한 우울증 발생	• 소음이 없도록 침실의 방음성능 개선
호흡	• 폐조직 탄력성 저하 • 폐활량 감소	• 격렬한 운동 불가능 • 천식 발생률 증가 • 건조한 공기, 오염된 공기에 대한 인내력 저하	• 먼지 및 오염 방지설비(공기청정기) 완비 • 온습도 조절 장치 시설

출처: 건설교통부(2005), 김용엽(2010) 재정리.

(3) 노인의 감각기능의 변화와 주택디자인 방향

노화현상의 결과 감각기능에도 크게 변화가 일어나게 되는데, 눈부신 빛에 예민해지고 밤눈이 어두워지는 등 시각기능이 쇠퇴한다. 따라서 환경으로부터 더

높은 조도가 제공되어야 할 것이며, 번쩍거리는 마감재료는 안전사고의 위험률이 높아지므로 사용을 피하여야 한다. 청각능력의 경우도 주파수가 높은 고음을 듣는 능력이 감퇴하게 되는데, 이와 같은 시각과 청각의 쇠퇴는 노인으로 하여금 타인을 의심하거나 노인 스스로를 소외된 것으로 느끼도록 만드는 원인이 된다. 청각적 프라이버시의 문제를 일으키기도 한다. 이 밖에도 미각, 후각, 촉각의 경우도 지각능력이 감소하여 후각의 경우 냄새로 화재의 위험을 지각하는 능력이 떨어지므로, 이러한 측면에서 고려된 경보체제가 요구된다. 노인의 감각적 기능 변화에 따른 주택디자인 구축방향을 살펴보면 〈표 11-3〉과 같다.

〈표 11-3〉 노인의 감각기능 변화, 일상생활의 영향 및 주택디자인 방향

감각기능의 변화		일상생활에 미치는 영향	주택디자인 방향
시각	• 야간 시각기능 저하 • 노인성 백내장 발생 • 암순응력의 쇠퇴 • 시력 저하 • 눈부심에 민감 • 유사 색상 구분 어려움 • 노인환	• 눈부심으로 순간적응력 약화 • 명암 변화에 적응 시간 소요 • 사물인지 약화 • 물건이 잘 보이지 않음 • 계단 오르기가 어려움	• 광원이 직접 보이지 않는 조명기구 선택 • 천천히 밝아지는 조명장치 설치 • 계단의 단차가 구분되는 조명설치 • 높은 조도 • 명확한 색대비 • 크게 표시함
후각	• 후각기능의 약화	• 가스 냄새를 잘 인지하지 못함	• 충분한 환기시설 • 가스감지장치 부착
청각	• 난청과 어음의 변별능력 저하 • 가청거리 축소 • 언어 이해력 저하	• 벨소리가 들리지 않음 • 원활한 대화를 하기 어려움 • 높은 음을 듣기 어려움 • 작은 소리가 잘 안 들림	• 명료도가 높은 음환경 제공 • 빛으로 알 수 있는 전화 또는 인터폰 설치
촉각	• 촉각 기능 약화 • 온도감각 둔감 • 피부 건조	• 화상을 입기 쉬움 • 더위와 추위의 조정이 잘 안 됨	• 바닥 난방 설치

출처: 건설교통부(2005); 김용엽(2010) 재정리.

2) 노인의 인지적 · 심리적 특성에 대응한 주택디자인 방향

노년기가 되면 우울증 경향이 전반적으로 증가하게 되는데, 이는 노화과정에 따른 스트레스에 그 원인이 있는 것으로 신체적 질병, 배우자의 죽음, 은퇴로 인한 경제적 사정의 악화, 사회와 가족으로부터 고립, 그리고 지나온 일생에 대한 불만 등으로 인하여 생겨나는 경향이다. 또한 새로운 환경에 대하여 적응하는 능력이 저하됨으로써 바람직하지 못한 환경에 장시간 노출되면 통제감의 상실과 무기력이 학습되어 행동의 위축현상을 보이게 된다. 노인은 친근한 사물에 대한 애착심이 증가하며, 행동이나 사고에 있어 경직성 경향이 증가되어 관습적인 옛날 방법을 고수하려는 보수적인 경향을 보인다. 노인의 인지적 · 심리적 기능 변화에 따른 주택디자인 구축방향을 살펴보면 〈표 11-4〉와 같다.

〈표 11-4〉 노인의 인지적 · 심리적 기능 변화, 일상생활의 영향 및 주택디자인 방향

인지적 · 심리적 변화		일상생활에 미치는 영향	주택디자인 방향
기억력/사고력 저하	• 잘 잊어버림 • 보는 대로 믿어 버림	• 물건을 어디에 두었는지 잊어버리게 되는 경우가 많음	• 손쉬운 수납 장치 • 넣고 꺼내기 쉬운 위치에 수납
적응력 저하	• 새로운 환경에 대한 심리적 위축, 무기력 현상 유발	• 새로운 환경에 익숙해지기 어려움 • 과거에 대한 애착이 강함	• 지금까지의 일상생활과 친근한 환경을 연출 • 주거공간 이주나 노인전용시설 입주 시 기존에 사용하던 집기 비품 이용 • 'Aging in Place' 실현
언어/행동능력 퇴보	• 언어기능 저하 • 동작기능 둔화	• 과거에 손쉽게 하던 말이나 행동을 쉽게 하지 못함	• 지적 능력 개발 프로그램 제공
보수성 강화	• 보수적 성격, 완고한 성격으로의 변화	• 사고의 유연성 저하	• 자율성이 보장되고 프라이버시를 배려한 공간 구축
심리적 위축	• 노쇠함과 육체적 질병으로 인한 위축	• 건강에 대한 관심 증대	• 의료서비스 시설의 접근성 강화

출처: 건설교통부(2005), 김용엽(2010) 재정리.

3) 노인의 사회적 특성에 대응한 주택디자인 방향

노년기에는 사회적으로 직업에서 은퇴를 하게 되는데, 사회적 역할의 상실과 동시에 사회적 접촉과 정보학습의 기회를 상실하게 된다. 또한 자녀의 분가 등으로 인한 가족의 축소 등으로 인해 사회적으로 고립감을 느끼게 되는 경우도 있다. 또한 거주지역의 교통이 불편하거나, 사회활동이 전혀 없거나, 이웃과 단절되는 주거환경은 노인에게 정신적 고립으로 이어지게 한다. 따라서 노인이 사회적으로 고립되는 것을 방지하기 위한 디자인도 함께 고려되어야 한다(〈표 11-5〉 참조).

〈표 11-5〉 노인의 사회적 특성 변화, 일상생활의 영향 및 주택디자인 방향

사회적 특성 변화	일상생활에 미치는 영향	주택디자인 방향
활동영역 축소	• 소외감, 고독감, 역할 상실감 증대 • 사회적 관계 축소 • 우울증, 내향성, 의존성 증가 • 주거 내 거주시간의 증대 • 가정 내 역할 변화	• 활력 있는 공간 구성 • 프라이버시를 확보한 공간 구축 • 밝은 색상과 디자인 연출 • 다양한 취미, 오락시설 등 여가복지시설 제공 • 주변 이웃과의 교류 공간 제공 • 획일적인 공간 구축 지양 • 일사, 온도, 습도 등을 고려한 쾌적한 공간 구성

출처: 김용엽(2010) 재정리.

2. 노인주택디자인의 원칙[1)]

여기서 소개하는 환경디자인 원칙은 일반주택이나 양로시설 등에서 적용될 수 있는 원칙이다.

1) 여기서 제시하는 노인주택디자인 원칙은 Regnier(1994, 2002)가 제시한 환경디자인 원칙을 중심으로 요약 정리하였음.

1) 프라이버시

노인은 주위의 동료나 방문객으로부터 피할 수 있는 자신만의 공간이 필요하다. 이것은 노인들에게 자아인식을 가능하게 하고, 스스로의 독립성을 확보하는 데 중요하다. 따라서 노인주택에서는 이러한 물리적으로 분리된 독립된 공간을 제공하여 시각적 · 청각적으로 다른 사람들과 분리되도록 해야 한다.

[그림 11-1] 노인주택에서 프라이버시가 확보된 개인주택

출처: Windsor Oak, 미국 Iowa.

2) 사회적 활동

'집'은 가족 구성원끼리 의지하며 사랑을 주고받는 사회생활이 시작되는 장소다. 특히 노인주택에 거주하는 거주자는 독신이거나 부부이므로 공동주택 내에서 소속감 부여를 통해 확장된 가족 개념을 준다면, 노년기에 느끼기 쉬운 소외감이나 외로움 등을 감소시키고, 자신 있는 사회생활을 지속할 수 있는 원동력이 될 뿐만 아니라 우울증 등을 완화시킬 수도 있다.

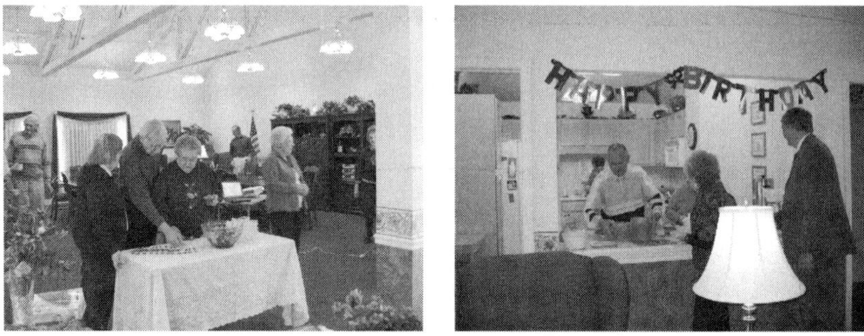

[그림 11-2] 노인주택에서의 커뮤니티 활동

출처: Windsor Oak, 미국 Iowa.

사람들이 편안하고 자연스럽게 만날 수 있는 곳에서는 활발한 친선교류가 일어날 수 있고, 결과적으로 빈번한 이웃 교류를 통해 사람들은 공동체 의식이 높아지게 된다. 따라서 거주자 간에 커뮤니티가 잘 형성될 수 있도록 공용공간의 위치를 주택 중심에 배치시키거나, 소규모 모임을 위한 작은 알코브(alcove: 방 한쪽에 설치한 오목한 장소) 공간을 배치시키는 것 등도 좋은 방법이 된다. 또한 커뮤니티 활동을 조망할 수 있도록 시각적 교류를 증대시켜 타인의 활동을 바라보면서 소속감을 높일 수 있는 방법을 활용하는 것도 좋다.

3) 통제/선택/자율과 개인화

노인들은 제약과 통제가 심한 환경에 대해 만족하지 않을 뿐 아니라 이런 환경에서 보다 더 의존적인 생활을 하게 된다. 노인 스스로 선택하고 자율성이 보장된다면, 생활에 대한 만족도가 훨씬 더 높아지게 된다. 따라서 노인 스스로 선택할 수 있도록 하는 선택권 보장이 중요한데, 이를 위해서는 노인에게 자기 정체성과 개성을 표현할 수 있는 기회를 제공하는 방법이 좋다. 예를 들어, 이제까지 살아온 주택에서 사용해 온 가구나 물건들을 가져올 수 있거나 자신의 물건을 진열하고 전시할 공간을 마련하는 등의 디자인적 배려가 있다면 주택은 더욱

[그림 11-3] 자신이 원하는 방식으로 주택을 꾸민 사례

출처: Harmony Homes, 미국 California.

친근하고 편안함을 가질 수 있는 공간이 될 것이다. 또한 전시에 사용되는 개인 물품은 여행이나 가족 및 친구와의 정서적 유대감에 관한 기억을 불러일으켜 노인에게 생기를 불어넣을 수 있다.

4) 방향/길 찾기

노인주택 내부에서는 방향감각이 혼동되어 길을 잃는 경우가 종종 발생하게 된다. 건물 안에서 길이나 방향을 잃어버리게 되면 자존감을 떨어뜨리게 되고, 두렵고 당황스러운 느낌을 받게 된다. 따라서 내부 공간에서 길 찾기가 용이하

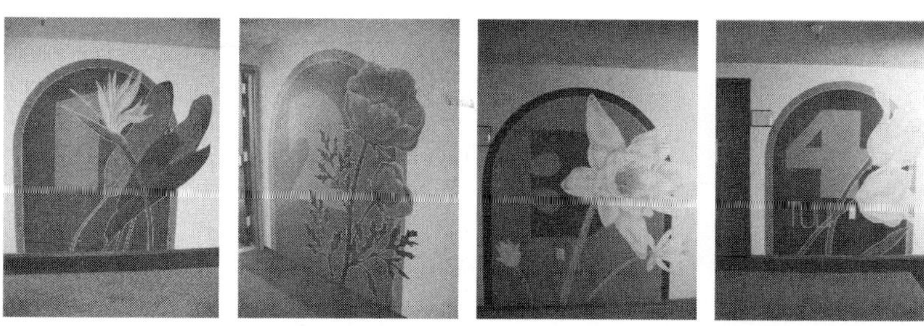

[그림 11-4] 주택의 층마다 표시를 달리하여 노인이 쉽게 알아볼 수 있게 한 사례

출처: Stonman Village, 미국 California.

도록 설계하는 것이 중요하다. 따라서 표지판 등은 큰 글씨로 구별이 잘 되게 디자인하는 것이 중요하며, 각각의 층마다 고유의 색을 지정하여 노인들이 무의식적으로 색만 보고도 자신이 거주하는 층을 찾아갈 수 있도록 하는 것이 좋다.

5) 안전/보호

노년기에는 신체적으로 기능이 저하되므로 안전하고 편리한 주거를 보장하기 위하여 다양한 지원이 필요하다. 노후에는 골절의 약화 및 지구력, 평형감각 등의 저하로 미끄러지거나 넘어지기 쉬우며, 낙상사고 등에 대해 취약하다. 따라서 노인주택 계획 시 주거환경의 안전성에 대한 배려는 타 연령층에 비해 더욱 강화되어야 한다. 따라서 욕실 등 사고 발생빈도가 높은 공간에서는 비상벨을 설치하거나 바닥마감재의 선택을 신중히 해야 하며, 되도록 계단을 없애고, 불필요한 돌출부를 제거해야 한다. 또한 안전손잡이를 설치하여 사고의 위험을 줄일 수 있도록 하는 것이 좋다.

[그림 11-5] 계단에 안전손잡이와 색채 차이를 둔 사례

출처: Tiffany Court, 미국 California.

6) 접근성/적응성

노인의 주거생활에서 접근성의 확보는 전체 주택의 공간계획에서부터 개별공간에 이르기까지 세심하게 배려되어야 하는 중요한 부분이다. 노인의 신체적으로 허약해진 기능을 보완할 수 있는 각종 생활보조기구를 두어 노인이 자립적이고 독립적인 생활을 할 수 있도록 해야 한다. 또한 휠체어 등의 사용을 위

[그림 11-6] 노인의 독립성을 지원할 수 있는 생활기기

출처: Universal Design Studios in Iowa State University, 미국 Iowa.

한 공간의 확보와 설비(단차, 문턱의 제거, 문과 통로의 유효 폭 및 크기의 고려, 경사로의 설치 등)에 유의하여야 한다.

또한 노화 속도는 사람마다 다르다. 따라서 노인주택의 디자인은 개인의 결함을 보상하고 변화하는 능력에 맞게 대처할 수 있도록 계획되어야 한다. 예를 들어, 혼자 걸을 수 있는 노인이나 휠체어가 필요한 사람들이 같이 이용할 수 있게 하기 위해서는 걸을 수 있는 노인을 위한 계단과 함께 휠체어 사용자가 이용할 수 있는 경사로가 같이 계획되어야 한다.

7) 자극/도전

노인주택은 안전성을 확보하는 것도 중요하지만 노인의 여러 기능을 자극할 수 있는 환경을 조성하는 것도 중요하다. 자극적 환경은 노인들의 의욕을 높이게 되는데, 색채, 공간의 다양성, 패턴 등을 활용하여 자극적인 환경을 구성할 수 있다. 또한 세대 간 활동, 애완동물 치료, 음악 프로그램 등으로 환경에 생기를 불어넣는 형태가 될 수도 있다. 관리와 청결을 지나치게 강조하는 환경은 종종 획일적인 색채와 패턴을 사용하게 되는데, 이러한 디자인은 노인에게 전혀 자극

[그림 11-7] 공용공간에 새장을 두어 자극적인 환경 조성

출처: Scottish Rites Park, 미국 Iowa.

적인 환경이 되지 못한다.

또한 노인주택은 시각, 청각, 후각의 변화가 환경 안에서 수용될 수 있어야 한다. 노인들은 노화로 인해 감각이 약해지므로, 이를 자극할 수 있도록 정원에서 오는 향기, 가구의 문양과 색채, 내부 가구들의 질감 등을 충분히 활용하여 노인들의 약해진 감각기능을 자극할 수 있는 환경을 구성하는 것이 좋다.

8) 친숙함

새로운 주거환경으로 옮겨 가는 것은 노인들에게는 매우 당황스러운 경험이기 때문에, 과거와의 계속성을 심어 주고 새로운 환경에 쉽게 적응할 수 있도록 디자인하는 것은 중요하다. 이를 위해서는 자신에게 익숙한 기념물이나 그림을 사용하여 친숙한 느낌을 제공하는 것이 좋다. 또한 친밀한 공간은 식당 크기와 거주자의 수, 음식서비스 방법에 따라 달라질 수 있으므로 개인의 단위세대인 개별공간에서뿐만 아니라 공동거실, 공동식당, 활동실 등 주택 내외의 모든 공용공간에서도 거주자들이 '집'이 주는 편안함과 친숙함을 가질 수 있게 계획되어야 한다.

[그림 11-8] 친숙한 느낌을 주는 공용서재

출처: Green Hills, 미국 Iowa.

[그림 11-9] 친숙한 느낌을 주는 개인주택

출처: Windsor Oak, 미국 Iowa.

9) 미학/외관

노인주택의 외관이 집이 아닌 시설과 같은 이미지를 준다면, 이는 결코 바람직하지 않은 디자인이다. 사람들은 전반적인 외관을 통해서 강력한 상징적인 메시지를 전달받기 때문에 공공시설과 같은 시설의 이미지가 아닌 최대한 집과 같은 느낌의 외관을 제공해야 한다.

[그림 11-10] 일반주택과 같은 느낌을 주는 외관

출처: Ages of Moraga, 미국 California.

3. 노인주택디자인 가이드라인

1) 노인주택디자인 가이드라인

노인주택은 각각의 공간이 갖는 기능을 적절하게 수행할 수 있도록 디자인되어야 한다. 각 공간별로 고려되어야 하는 노인주택디자인 가이드라인을 살펴보면 다음과 같다.

(1) 현관

현관은 집 안팎을 연결하는 공간이다. 출입자의 통제가 가능해야 하며, 문단속이 간편하고 안전하게 이루어져야 한다. 현관은 문을 여닫기 쉽고, 신발을 신고 벗기 편해야 하며, 드나들기 안전한 공간이 확보되어야 한다. 또, 현관 외부와 내부 공간의 단차로 인해 사고가 발생하지 않도록 배려해야 한다.

(2) 침실

침실은 노인에게 있어서 야간의 수면뿐만 아니라, 천천히 느긋하게 쉬기 위한 중요한 공간이다. 침실은 취침, 휴식, 취미생활, 옷 갈아입기 등을 할 수 있고, 프라이버시가 잘 보장되어야 하며, 개성과 기호가 고려된 공간으로 계획해야 한다. 그 밖에 침구나 의류를 수납할 공간이 확보되어야 하고, 채광, 환기, 차음이 잘 되는 쾌적한 공간이어야 한다. 또한 가족 간의 교류가 쉽게 이루어질 수 있도록 거실이나 식당과 가까운 곳에 배치해야 한다. 또한 욕실이나 화장실 가까이에 배치해 안전하게 이용할 수 있게 하며, 비상시에 탈출이 용이하고 외부 공간에 나가기 쉽도록 발코니나 테라스와 연결시킨다.

(3) 욕실 및 화장실

욕실 및 화장실은 물을 사용하는 공간이므로 거동이 불편한 노인에게 일어날 수 있는 안전사고에 대비해야 한다. 예를 들면, 욕실의 문턱을 제거하고, 바닥의 단차를 없애며, 물에 젖어도 미끄럽지 않은 재료로 마감하고, 세면대, 욕조, 샤워기, 양변기 주변에 안전손잡이를 설치하도록 한다. 또한 세면대, 욕조, 샤워기, 양변기 이외에도 거울, 수건걸이, 휴지걸이, 수납장, 선반을 고루 갖춘다. 스위치, 콘센트, 조명, 환기팬 등의 전기설비, 온도조절을 위한 냉난방설비, 위급상황에 대비하기 위한 비상연락장치를 설치해야 한다.

욕실에서 또 신경 써야 할 부분이 바닥이다. 바닥이 미끄러운 경우 미끄럼 방지용 스프레이를 뿌리고, 욕조 바닥에는 미끄럼방지용 패드를 부착한다. 또한 바닥을 건조시키는 데 효과적인 바닥 난방을 한다. 단차를 없애는 것도 중요하다. 단차가 있는 경우에는 15mm 이하로 하고, 식별하기 쉽게 마감재의 색을 달리한다. 단차를 줄이기 어려운 경우 보조발판이나 완만한 경사로를 사용한다. 또한 스위치는 소등 시에도 위치를 쉽게 알 수 있는 램프스위치로 교체하고, 사용하기 쉽도록 조작판이 넓은 스위치를 선택한다. 스위치는 문손잡이가 있는 쪽의 벽에 바닥으로부터 100~120cm 높이에 설치하는 게 좋으며, 벽 모서리로부터 50cm 이상의 거리를 두고 설치한다. 콘센트는 플러그를 꽂고 빼기 쉬우며, 습기 방지용 덮개가 있는 것으로 교체한다.

(4) 거실

거실은 주택에서 대화가 이루어지는 장소이며, 각자가 다른 일을 하면서도 동일 공간에 있는 것만으로도 화목해지는 중심이 되는 공간이다. 특히 노인들은 하루 중 가장 많은 시간을 거실에서 보내는 경우가 많다. 따라서 가족 선원이 쾌적하게 보낼 수 있도록 배려할 필요가 있다. 일상생활 공간은 특히 노인들이 빈번하게 사용하는 공간(특정 침실 등)으로 동선이 길어지지 않는 위치에 배려하고, 가능하면 노인이 사용하는 침실과 가깝게 배치한다. 또한 휠체어를 놓아둘 수 있는 여유 있는 넓이를 확보하며 휠체어를 사용하는 경우에도 단란한 가족 모임에 참여하기 쉽도록 배려한다.

(5) 부엌

부엌은 오랫동안 서서 일을 해야 하는 경우가 많은 곳이다. 부엌 작업대나 수납장의 높이와 배치, 형태 등이 노인의 신체에 적합하지 않으면 조리할 때 몸에 무리가 오게 되므로 노인이 작업하기에 편리하도록 구성되어야 한다. 부엌은 물과 불을 많이 사용하는 곳으로, 거동이 불편한 노인들에게는 안전사고가 발생할 위험이 높은 공간이다. 따라서 조리할 때 화재의 위험이 없는 벽재료와 물에 젖었을 때 미끄럽지 않은 바닥재를 사용해야 한다. 조리할 때 생기는 연기나 냄새가 잘 빠지도록 하며, 전체적으로 조도를 밝게 하여 눈이 어두운 노인들이 작업할 때 눈이 피로하지 않도록 한다.

부엌에서 사용하는 다양한 크기와 종류의 그릇 또는 양념류 등을 노인이 효율적으로 보관하고 꺼내어 사용할 수 있는 위치에 충분한 수납공간을 마련하는 것도 매우 중요하다. 휠체어 사용자의 경우 휠체어가 자유롭게 움직일 수 있도록 부엌 작업대 사이에 1,500mm×1,500mm의 공간을 확보하며, 조리대는 휠체어의 발올림대가 들어가기에 충분한 공간을 확보함과 동시에 뒤쪽으로 회전하여 나갈 수 있는 공간을 확보한다.

부엌은 밝아야 한다. 안전한 작업을 위해 전반조명을 설치하되 조명 광원이 직접 눈에 들어오지 않는 조명으로 하며, 어두운 경우 조명기구를 추가한다. 부엌 조명은 개수대나 조리대 혹은 가열대 상부에 설치하고, 상부수납장 하부에 국부조명을 설치하는데, 이때 국부조명은 작업대 위 80cm 이내에 설치한다. 작업대 중에서도 특히 개수대를 밝게 해야 한다. 그 밖에 수전은 사용이 편리한 냉·온수 일체형 레버식이나 발을 이용해 조작할 수 있는 형태가 좋다.

(6) 발코니 및 다용도실

발코니와 다용도실은 앞 발코니의 경우 거실과 연결되어 거실의 일부로 쓰이거나 세탁공간 및 건조공간으로 쓰이고, 뒷 발코니, 즉 다용도실은 보통 부엌과 연결되어 세탁, 수납, 저장, 조리 등의 용도로 사용하거나 보일러가 놓이기도 하는 공간이다. 발코니는 침실 또는 거실에서 안전하고 쉽게 드나들 수 있어야 하고, 다용도실은 부엌과 가깝게 배치하고 물을 사용하기 편리하게 하며, 수납을 충분히 할 수 있어야 한다.

2) 우리나라 노인주택디자인 가이드라인

우리나라에서 노인을 배려한 건축기준을 도입한 최초의 법률은 1997년에 제정된 「장애인 · 노인 · 임산부 등의 편의 증진 보장에 관한 법률」이다. 이는 장애인, 노인, 임산부와 같은 신체적인 결함을 가진 이들을 대상으로 접근권을 보장하기 위한 시설을 설치하는 것을 강조하고 있으며, 처음으로 공동주택에서도 장애 없이 쉽게 접근할 수 있도록 규정하고 있다(최재순, 이의정, 2001).

이어서 노인을 배려한 신축주택 기준을 정하기 위해 2007년 국가기술표준원에서 '고령자 배려 주거시설 설계치수 원칙 및 기준'에 관한 KS규정을 제정하였으며, 2007년 건설교통부에서 '고령자를 위한 공동주택 신축기준안'을 제정하였다.

(1) 고령자 배려 주거시설 설계치수 원칙 및 기준

국가기술표준원에서 우리나라 고령자와 비고령자의 인체 특성과 편의성을 고려해 보편적 설계(universal design) 개념이 적용된 건축계획 방법과 설계규격을 제시하여 '고령자 배려 주거시설 설계치수 원칙 및 기준'에 관한 한국산업규격-KSP 1509을 2007년에 제정 · 고시했다.

표준화 대상은 주거 공간별로 현관, 통로, 거실, 침실, 부엌 및 식당, 화장실 및 욕실, 발코니 등이며, 요소별로는 가구, 문, 창문, 난간, 조명, 스위치 및 콘센트, 비상장치 등 주거시설 내 생활공간 대부분을 포함하고 있다. 한국산업표준(Korean Standards)을 구체적으로 살펴보면 다음과 같다.

① 계단

계단은 성인 남녀 2인(고령자와 수발자)의 원활한 이동을 위해 900mm 이상의 폭을 확보해야 하며, 가장자리에는 30mm 이상의 추락방지턱을 설치하고, 난간은 엉덩이 높이인 750~850mm가 되도록 규정했다.

② 식사실

식사 시 바닥을 이용할 때 정좌나 책상다리를 할 수 있는 공간과 테이블 공간을 확보할 수 있는 공간을 확보해야 한다.

예: [책상다리(310mm) + 테이블 길이] × [책상다리(309mm) + 아래팔의 수평길이(313mm)] (309mm: 앉은 엉덩이의 무릎수평길이, 310mm: 앉은 엉덩이의 오금수평길이, 313mm: 아래팔의 수평길이)

③ 거실

각종 스위치는 팔꿈치로도 조작이 가능한 높이인 1,000~1,200mm 정도로 설치해야 하며, 콘센트는 가능한 한 허리를 구부리지 않는 치수인 바닥에서 500~850mm 이내에 설치하도록 한다. 거실 벽면의 스위치 등 조작기들은 휠체어 사용자를 위하여 벽 모서리로부터 500mm 이상의 거리를 두고 설치한다.

④ 화장실

화장실은 휠체어가 자유롭게 움직일 수 있도록 직경 1,500mm 정도의 공간을 확보해야 하고, 문의 손잡이는 레버형으로 850~1,000mm 높이에 설치하며, 변기는 휠체어에서 접근이 용이하도록 400~450mm 정도 높이를 유지해야 한다.

출입문은 유효폭 850mm 이상으로 밖여닫이 또는 미닫이로 설치해야 한다.

이 같은 내용의 고령자 배려 주거설계 KS는 우리나라 고령자의 인체치수를 주거시설 기준에 반영함으로써 고령자가 독립적으로 생활할 수 있는 주거환경을 최대한 보장하고, 한국인의 특성을 감안하여 쪼그려 앉기, 책상다리 등 바닥에 앉는 자세의 치수를 반영했으며, 보행장애자 · 고령자의 휠체어에 의한 활동과 앉은 상태에서의 활동 등을 고려하여 고령자의 거주와 활동에 대한 편의성을 최대한 확보했다.

또한 휠체어에서 접근이 용이하도록 변기, 욕조, 침대의 높이와 공간 등을 확보하고, 고령자와 같이 생활하는 사람의 편리함을 위해 비고령자의 인체치수를 동시에 적용하는 등 고령자의 독립적 주거환경 제공은 물론 수발자의 편의성을 함께 반영해 재가노인 보호 활성화도 신경을 썼다.

(2) 고령자를 위한 공동주택 신축기준(안)

건설교통부는 고령사회를 대비하여 고령자의 안정적인 주거생활을 지원하고 주거복지 수준의 향상을 도모하기 위하여 '고령자를 위한 공동주택 신축기준(안)'을 마련하였다. 고령자를 위한 공동주택은 스스로 주거생활을 할 수 있는 65세 이상의 고령자가 자녀세대와 동거하거나 단독 또는 부부가 거주하는 주택을 말하는 것으로, 고령자에게 주거 및 안전관리 등 일상생활에 필요한 편의를 제공하는 것을 목적으로 건설하는 공동주택을 말한다. 고령자를 위한 공동주택 신축기준의 구체적인 내용은 다음과 같다.

① (단지계획) 고령자의 쾌적한 주거환경을 위한 단지 계획

공동주택은 남향으로 우선 배치, 고령자의 건강 및 치유를 고려하여 산책로, 수경 공간, 텃밭 등 옥외공간을 설치한다. 고령자를 위한 주동을 동 단위로 배치할 경우에는 주택단지 내에서 고령자가 일반 거주자와 함께 생활할 수 있도록 접근성이 좋은 곳에 배치한다. 또한 공동체 활성화를 위해 복리시설은 보행로와 단위세대에서 접근이 쉽고 시각적으로 인지할 수 있는 장소에 설치하며, 가로공간을 활성화시킬 수 있는 계획기법과 단지주변지역과의 교류 활성화를 위한 연계기법을 고려하여 유기적으로 건축한다. 또한 보행로에는 길 찾기가 용이하도록 콜로네이드(colonnade: 지붕이 있는 회랑 형식의 보행로)를 설치하며, 고령자의 보행 안전 및 편의를 고려한 계획을 해야 하고, 단지 내에 시설물에 대한 정보를 제공하는 안내표지판을 설치한다.

② 주동 및 단위세대 계획

주동의 저층부는 필로티(piloti: 건물을 지면보다 높게 받치는 기둥) 설치, 옥상, 주동출입구의 홀에는 휴게시설 등 주민 교류를 촉진하는 공간계획을 한다. 또한 화재 등의 응급상황 발생 시 고령자의 안전을 우선적으로 확보할 수 있도록 피난동선을 고려하여 계획하도록 한다. 주동출입구는 고령자가 인지하기 쉽도록 상징성 및 인식성을 제고할 수 있는 외관 및 공간을 계획하며, 길 찾기 등을 배려하여 인식성 높은 시설물과 색채계획 등을 적용한다.

한편 단위세대 계획에서 현관은 고령자가 인지하기 쉽도록 각 세대마다 가급적 차별화된 디자인(색채, 형태 등)을 적용하고, 거실 등 세대 내 공간은 불필요한 벽체나 문 등을 최소화하여 인접한 공간과 개방하여 사용할 수 있도록 고려되어야 하며, 고령자의 다양한 생활, 가족 구성, 신체적 건강상태 변화에 따라 대응할 수 있도록 세대 간 통합 또는 분리, 세대 내 가변확장 등이 가능하도록 계획한다.

수납공간은 고령자의 특성을 고려하여 충분한 수납공간을 계획하고, 간이벽, 수납벽체 등을 사용하여 공간의 가변성 확보가 용이하도록 계획한다. 또한 발코니는 긴급 시 피난공간으로 활용할 수 있어야 하며, 거주자의 의도에 따라 다양한 생활공간으로 활용할 수 있도록 계획한다.

③ 부대 및 복리시설 계획

다목적실, 주간보호실 등은 단지 외부에 개방하여 인접 지역의 고령자와 함께 사용이 가능하도록 계획하며, 고령자를 위한 주차장은 각 주동까지의 접근거리를 짧게 하고, 안전하게 승·하차를 할 수 있도록 계획한다.

④ (설비계획) 고령자의 편의성 및 유지관리를 고려

외부공간 및 보행로에는 야간에도 보행안전을 확보할 수 있는 조명계획을 한다. 자동으로 개폐되는 주동 현관 및 승강기 등의 출입문은 고령자의 반응속도를 감안하여 계획한다. 침실, 욕실에는 비상호출장치 설치, 외부 응급기관과의 긴급통보시스템을 설치한다. 주택 내 가열기구의 화재 및 안전사고 예방을 위하여 충분한 감지기 등의 시설을 계획하고, 실내 공기의 원활한 환기시스템을 계획한다. 또한 실내 온도가 일정하도록 거실, 침실 등의 난방구획을 균일하게 계획하고, 고령자의 시력저하 등을 감안하여 실내 조도를 상향하도록 조명계획을 세운다.

⑤ 무장애 공간 설계

고령자의 거주성, 접근성, 안정성 등을 확보할 수 있도록 다음 각 호에서 규정한 외부공간, 공용공간 및 단위세대 공간에는 배리어 프리 공간 설계 기준을 적용한다. 무장애 설계 장소는 다음과 같다.

- 외부공간 중에서 산책로, 보행로, 경사로 등
- 공용공간 중에서 계단, 복도, 통로, 승강기 등
- 단위세대 공간의 경우에는 다음의 각 공간에 적용할 것
  - 현관, 계단, 통로, 거실, 침실, 부엌 및 식당, 화장실 및 욕실, 발코니 등
  - 가구, 문, 창문, 난간 등
  - 조명, 스위치 및 콘센트, 비상장치 등

참고문헌

건설교통부(2005). 노인가구의 자립생활증진을 위한 주택개조기준 개발 및 보급방안 연구.

건설교통부(2007). 고령자를 위한 공동주택 신축기준.

김용엽(2010). **노인주거 복지시설론**. 서울: SB21.

이연숙, 이성미(2006). **노인주택디자인**. 서울: 연세대학교 출판부.

최재순, 이의정(2001). 노인과 장애인의 주택 신축 및 개조 사례 비교 연구. **대한가정학회지**, 39(10), 39-53.

Lawton, M. P. (1975). *Planning and Managing Housing for the Elderly*. NY: Wiley Co.

Regnier, V. A. (1994). *Assisted Living for the Elderly*. NY: Van Nostrand Reinhold.

Regnier, V. A. (2002). *Design for Assisted Living: Guidlines for Housing the Physically and Mentally Frail*. NY: John Wiley & Sons.

Valins, M. (1988). *Housing for Elderly People: Options and Design*. NY: Nichols Publishing.

산업통상자원부 http://www.motie.go.kr

찾아보기

ㅅ

편저자 소개

김동배(Kim Dongbae)

연세대학교 정치외교학과를 졸업한 후 기업에서 5년간 직장생활을 하다가 도미 유학하였다. Kent 주립대학교에서 사회학 석사학위를, Michigan 대학교에서 사회복지학 석사학위와 도시학 박사학위를 취득하였다.

모교인 연세대학교에서 교수로 있으면서 사회복지학과장, 평생교육원 교학과장, 사회복지대학원 초대 원장, 사회복지센터 소장을 역임하였다. 사회봉사활동 경력으로 가정법원 가사조정위원, 서울시 사회복지공동모금회 부회장, 양천구 양천사랑복지재단 이사장, 기독교윤리실천운동 사회복지위원장, 한국기독교사회복지협의회 공동대표 등이 있다.

그동안 노인복지, 자원봉사, 영성이라는 세 가지 주제에 관심을 갖고 연구하여 왔으며, 한국노년학회, 영성과 사회복지학회 회장을 역임하였다.

노인복지 관련 저서로는 『제3의 인생설계, 신노년문화』(소야, 2015), 『노인복지론』(2판, 공저, 학지사, 2016) 등이 있다.

유병선(Yoo Byungsun)

경희대학교 주거환경학과에서 학사, 석사, 박사 학위를 취득하고, 미국 Iowa 주립대학교 노인센터에서 박사후과정을 보내고, 연세대학교 사회복지대학원에서 노인복지를 전공하였다.

모교인 경희대학교에서 겸임교수를 역임하였으며, 현재는 경기복지재단 정책연구실에서 연구위원으로 근무 중이다.

그동안 주거복지, 노인주거, 노인복지에 관심을 갖고 연구하여 왔으며, 100세 시대를 대비할 수 있는 신개념 주거공간을 개발하는 연구를 중점적으로 수행하고 있다.

노인주거복지 관련 저서로는 『고령사회의 노인주거복지과제: 노인공동생활주택으로 해결하자』(한국학술정보, 2006), 『노후용공동생활주택: 신개념 주거공간』(공저, 경희대학교 출판국, 2006) 등이 있다.

글쓴이 소개

제1장	김현정(Kim Hyunjeong)	연세대학교 사회복지대학원 박사 정화예술대학교 사회복지학과 교수
제2장	정지홍(Jeong Jihong)	성균관대학교 사회복지학 박사과정 대한노인회 서울시연합회 사회복지사
제3장	이지현(Lee Jihyun)	연세대학교 사회복지대학원 박사 장로회신학대학교 기독교와 문화(사회복지)학과 교수
제4장	김동배(Kim Dongbae)	Michigan 대학교 도시학 박사 연세대학교 사회복지학과 명예교수
제5장	박서영(Park Seoyoung)	연세대학교 사회복지대학원 박사 신구대학교 사회복지학과 교수
	이정은(Lee Jeongeun)	연세대학교 사회복지대학원 박사과정 한국보건사회연구원 전문연구원
제6장	임진섭(Lim Jinsyup)	연세대학교 사회복지대학원 박사 배제대학교 실버보건학과 교수
	조아라(Cho Ahra)	연세대학교 사회복지대학원 석사
제7장	채수진(Chae Soojin)	연세대학교 사회복지대학원 박사 명지대학교 사회복지대학원 객원교수
제8장	김명일(Kim Myung Il)	연세대학교 사회복지대학원 박사 한양대학교 공공정책대학원 겸임교수
	조완기(Cho Wangi)	연세대학교 사회복지대학원 석사
제9장	김성웅(Kim Seongung)	연세대학교 사회복지대학원 석사
제10장	김세진(Kim Sejin)	연세대학교 사회복지대학원 박사과정 한국보건사회연구원 전문연구원
제11장	유병선(Yoo Byungsun)	경희대학교 주거학 박사 연세대학교 사회복지대학원 박사수료 경기복지재단 정책연구실 연구위원

노인주택의 정책과 관리

Policy and Management of Retirement Housing

2016년 12월 20일 1판 1쇄 인쇄
2016년 12월 30일 1판 1쇄 발행

편저자 • 김동배 · 유병선
펴낸이 • 김진환
펴낸곳 • (주) 학지사
04031 서울특별시 마포구 양화로 15길 20 마인드월드빌딩
대표전화 • 02-330-5114 팩스 • 02-324-2345
등록번호 • 제313-2006-000265호

홈페이지 • http://www.hakjisa.co.kr
페이스북 • https://www.facebook.com/hakjisabook

ISBN 978-89-997-1131-2 93330

정가 17,000원

편저자와의 협약으로 인지는 생략합니다.
파본은 구입처에서 교환해 드립니다.

이 도서의 국립중앙도서관 출판시도서목록(CIP)은 서지정보유통지원시스템 홈페이지(http://seoji.nl.go.kr)와 국가자료공동목록시스템(http://www.nl.go.kr/kolisnet)에서 이용하실 수 있습니다.
(CIP 제어번호: CIP2016031277)